DESTINY OF THE STATE ②

# 国家命运
## 反腐攻坚战

邱学强　徐伟新　袁曙宏　
马怀德　任建明　王长江 ◎等著

## 图书在版编目(CIP)数据

国家命运：反腐攻坚战 / 邱学强等著. —北京：中央编译出版社，2015.10
ISBN 978-7-5117-2694-0

Ⅰ. ①国… Ⅱ. ①邱… Ⅲ. ①反腐倡廉－研究－中国 Ⅳ. ①D630.9

中国版本图书馆 CIP 数据核字 (2015) 第 135513 号

### 国家命运：反腐攻坚战

| 出 版 人： | 刘明清 |
|---|---|
| 出版统筹： | 董 巍 |
| 责任编辑： | 邓永标 |
| 责任印制： | 尹 珺 |
| 出版发行： | 中央编译出版社 |
| 地　　址： | 北京西城区车公庄大街乙5号鸿儒大厦B座(100044) |
| 电　　话： | (010) 52612345（总编室）　(010) 52612371（编辑室） |
|  | (010) 52612316（发行部）　(010) 52612317（网络销售） |
|  | (010) 52612346（馆配部）　(010) 66509618（读者服务部） |
| 传　　真： | (010) 66515838 |
| 经　　销： | 全国新华书店 |
| 印　　刷： | 山东鸿君杰文化发展有限公司 |
| 开　　本： | 710 毫米 ×1000 毫米　1/16 |
| 字　　数： | 296 千字 |
| 印　　张： | 21 |
| 版　　次： | 2015 年 10 月第 1 版第 1 次印刷 |
| 定　　价： | 58.00 元 |

| 网　　址： | www.cctphome.com　　邮　　箱：cctp@cctphome.com |
|---|---|
| 新浪微博： | @中央编译出版社　　微　　信：中央编译出版社（ID：cctphome） |
| 淘宝店铺： | 中央编译出版社直销店 (http://shop108367160.taobao.com) (010)52612349 |

凡有印装质量问题，本社负责调换，电话：010-55626985

# 第一篇 以零容忍态度惩治腐败,"老虎""苍蝇"一起打

邱学强:新时期反腐败理论与实践的重大创新——深入学习领会习近平总书记反腐败战略思想 / 003

袁曙宏:加强对处科级干部的监督管理 / 013

王长江:反腐需加强制度顶层设计 / 021

纪明葵:反腐使军队更有战斗力 / 029

辛 鸣:今日中国反腐败的"三个自信" / 035

## 反腐时评

反腐无上限 / 041

腐败没有"保险箱" / 043

反腐不留死角 / 044

零容忍的态度不变 / 045

## 反腐观点摘编

警惕碎片化反腐可能出现的三种失灵 / 048

反腐败热点问题再思考 / 049

遏制腐败需要整体设计 / 052

让互联网反腐发挥"正能量" / 053

村官腐败和查处难的原因 / 054

加大惩治力度,让行贿得不偿失 / 056

彻底反腐与全面深化改革如何契合 / 057

# 目录 CONTENTS

## 第二篇 从严治党，用好巡视和问责"利剑"

徐伟新：开创全面从严治党新局面 / 061

周淑真：巡视工作的历史沿革、现实成就和制度创新 / 065

庄德水：新时期巡视监督改革的实践方向探析 / 073

李军鹏：当前政府问责存在的问题及对策 / 081

高　波：反腐需纪律与法律"无缝衔接" / 091

**反腐时评**

猛药去疴的决心不减 / 094

刮骨疗毒的勇气不泄 / 095

严厉惩处的尺度不松 / 097

**反腐观点摘编**

准确把握全面从严治党的内涵 / 099

十八大以来巡视工作的经验与启示 / 101

发挥好巡视的三大职能作用 / 104

推动官员问责制的实施与完善 / 106

集体责任如何追究 / 108

筑牢党内制度之"笼" / 111

# 目录 CONTENTS

## 第三篇 把权力关进制度的笼子里

杨小军：如何让权力不任性 / 115

李永忠：以制度反腐破解反腐困境 / 119

李成言：把权力关进制度的笼子里，着力消除腐败之源 / 127

程文浩：权力制约和协调机制建设需注意的
　　　　四个实践问题 / 137

袁　峰：治理腐败的四种机制 / 145

何增科：以史为镜，建构中国特色廉政制度体系 / 151

### 反腐时评

"风暴式反腐"并非治本之策 / 162

反腐之道：从治标到治本 / 163

让政务公开成为常态 / 165

### 反腐观点摘编

"八项规定"制度化建设：香港对"利益冲突"的管理与
　　借鉴 / 167

不断完善反洗钱工作体系 / 169

通过廉洁性评估促进制度廉洁 / 170

对"一把手"权力制约监督难在何处 / 171

限权是遏制"一把手"腐败的基础 / 173

对公职人员登记的财产实行"名单管理" / 175

发挥不动产登记制度的反腐败功能 / 178

全面科学推行权力清单制度 / 181

# 目录 CONTENTS

## 第四篇 以法治思维和法治方式反腐

马怀德：国外反腐败立法的特点及启示 / 187
黄苇町：依法治国必须坚持依法治腐 / 193
邵景均：坚持用法治思维法治方式反腐败 / 199
吴建雄：加强反腐败国家立法 / 211

### 反腐时评

追责的红线不容逾越 / 216
明晰公权边界才能实现法治 / 217
让反腐法制刚性运行 / 219

### 反腐观点摘编

反腐败工作的法治思维 / 222
法治反腐的科学内涵和主要任务 / 225
强化法律监督，遏制腐败蔓延势头 / 227
核心是依法治权 / 229

# 目录 CONTENTS

## 第五篇 培育廉政文化，净化政治生态

俞可平：破除官本位观念 净化政治生态 / 235

周文彰：优化政治生态须建设行政文化 / 241

林 喆：以法治廉培育廉政文化土壤 / 245

任建明：全方位廉洁教育让"不想腐"成为官员价值取向 / 257

杜治洲：将"一把手"权力关进笼子是净化政治生态的关键 / 269

高新民：重构政治生态 / 275

### 反腐时评

治贪也要治"混" / 281

当官就不要想发财 / 283

适应反腐带来的官场"新常态" / 284

以反腐促团结 / 286

### 反腐观点摘编

廉洁政治建设的特征 / 288

以传统文化助建廉政文化 / 291

反腐倡廉徒法不足以自行 / 293

廉政文化培育的现实路径 / 297

# 目录 CONTENTS

**附录　国外制度反腐镜鉴**

1. 美国　/301
2. 英国　/305
3. 德国　/309
4. 澳大利亚　/312
5. 新加坡　/316
6. 韩国　/319

# 前言 PREMISE

反腐败是关乎社稷稳固、国家昌盛、人民幸福的安邦工程。党的十八大以来，我们党从关系党和国家生死存亡的高度，以强烈的历史责任感、深沉的使命忧患感、顽强的意志品质推进党风廉政建设和反腐败斗争，坚持无禁区、全覆盖、零容忍，"打虎""拍蝇"不留死角，以踏石留印、抓铁有痕的决心坚决查处周永康、薄熙来、徐才厚、郭伯雄、令计划、苏荣等严重违纪违法案件，使党风政风为之一新，党心民心为之一振。

反腐败斗争成效令人鼓舞，但形势依然严峻复杂。"我们一定能够打赢党风廉政建设和反腐败斗争这场攻坚战、持久战。"习近平同志在十八届中央纪委五次全会上的讲话，说出了人民的心愿，也表明了我们党打赢这场硬仗的决心和信心。党风廉政建设和反腐败斗争永远在路上。不能退，也退不得。只要我们横下一条心，锲而不舍、驰而不息，水滴石穿、久久为功，就一定能彻底扫除一切顽瘴痼疾，让歪风邪气和腐败无处躲藏。

下一步，如何打赢党风廉政建设和反腐败斗争这场攻坚战、持久战？反腐攻坚有哪些新思路、新对策？如何建立、完善反腐败体制机制？如何重构政治生态？这是各级党委、政府和广大民众十分关心的问题。

为帮助广大干部群众系统学习、理解十八大以来党中央一系列反腐攻坚举措的理论背景、政策支撑，掌握未来若干年中国反腐败斗争的攻坚路线图和工作重点，我们编辑了《国家命运——反腐攻坚战》一书。

本书作者邱学强、徐伟新、俞可平、袁曙宏、马怀德、任建明、何增科、王长江、辛鸣、袁曙宏、周淑真、李永忠、程文浩、黄苇町、林喆等都是我国研究反腐问题的顶尖专家学者，他们是讨论当前中国反腐败对策、研究中国未来政治发展极有影响力的人物。

本书共分五大部分。为便于解读，每部分另精选若干资深学者、媒体观察员、评论员、资深编辑的"反腐时评"和"反腐论点摘编"。附录是美国、英国、德国、澳大利亚、新加坡、韩国等6个国家"如何把权力关进制度的笼子"的反腐经验。本书许多论述是第一次公开发表，相信对广大党政干部、社会各界人士深入了解下一步反腐攻坚会有重要的参考价值。

编者

2015年10月

## 第一篇

# 以零容忍态度惩治腐败，"老虎""苍蝇"一起打

# 新时期反腐败理论与实践的重大创新
## ——深入学习领会习近平总书记反腐败战略思想

邱学强

**邱学强**

山东莘县人，1975年7月参加工作，1980年12月入党，中央党校研究生学历。现任中央纪委常委，最高人民检察院副检察长、党组副书记（正部长级）、检察委员会委员，一级大检察官。

党的十八大以来，习近平总书记多次就党风廉政建设和反腐败斗争发表重要讲话，提出了一系列富有创见的新思想新观点新论断，形成了新时期党和国家反腐败战略思想，标志着我们党对长期执政规律和社会主义建设规律的认识达到了新的历史高度。习近平总书记反腐败战略思想，是一个内在联系、有机统一的科学体系，是新形势下指导我们做好反腐败工作的世界观和方法论。我们必须从总体上、相互联系上和精神实质上去全面、准确地理解和把握，既要"钻进去"，做到抓住精髓、领会实质、武装头脑；又要"走出来"，做到联系实际、指导实践、推动工作，使中国特色反腐败道路越走越宽、越走越实，不断夺取反腐败斗争新的胜利。

**以科学的思想体系完善反腐败战略布局**

一种科学思想体系的形成，主要着眼于三个要素：有没有一种科学的世界观方法论贯穿其中；有没有一个主要研究和解决的中心问题；是否围绕着中心问题形成了一系列相互联系的观点。习近平总书记反腐败战略思想，贯穿着辩证唯物主义和历史唯物主义的立场、观点和方法，指导我们从"四个全面"战略布局的内在要求出发，把握和处理好作风建设与惩治腐败、打"苍蝇"与打"老虎"、反腐败与改革发展稳定、查处职务犯罪与防控职务犯罪风险、加大反腐力度与自身反腐败、建章立制与制度执行、党委领导责任与纪委监督责任、国内反腐与国际反腐等各种重大关系，充分体现了对新形势下反腐败斗争规律的深刻把握，为我们辩证地观察分析事物，正确研究解决问题，提供了强大思想武器。

习近平同志反腐败战略思想，立足于对国内政治、经济、社会发展和复杂多变的国际形势的准确洞察与研判，紧紧围绕我们党要团结和带领全国各族人民实现"两个一百年"奋斗目标和中华民族伟大复兴中国梦的时代主题，着眼于从严治党、执政为民，深入推进党风廉政建设和反腐败斗争，提出了一系列相互联系的观点。比如：以"零容忍"的态度惩治腐败，以猛药去疴、重典治乱的决心，以刮骨疗毒、壮士断腕的勇气将反腐败斗争进行到底等论述，确立了新时期反腐理念；保持高压态势的基本定力，"老虎""苍蝇"一起打，既坚决查处领导干部违纪违法案件，又切实解决发生在群众身边的不正之风和腐败问题等论述，进一步明确了新时期反腐任务；善于运用法治思维和法治方式反对腐败，加强反腐败国家立法，加强反腐倡廉党内法规建设，让法律制度刚性运行等论述，强调了依法反腐的基本方式；把权力关进制度的笼子里，形成不敢腐的惩戒机制、不能腐的防范机制、不易腐的保障机制等论述，指明了新时期反腐败斗争基本走向；坚持全面从严治党，以更大的政治勇气和智慧，不失时机深化重要领域改革，攻克体制机制上的顽症痼疾，突破利益固化的藩篱，构建良好的政治生态，实现干部清正、政府清廉、政治清明等论述，这些都彰显了反腐败的价值目标。

习近平总书记反腐败战略思想，把反腐治标的极端重要性和现实紧迫性鲜明地摆在了全党面前，强调现阶段反腐败斗争的战略重心是以治标为主，为治本赢得时间、赢得主动。反腐败呈现出新的战略布局。从横向看：一是果断打虎，高频灭蝇，形成清除腐败存量的高压态势；二是严纠"四风"、关口前移，构筑防控腐败增量的坚实屏障；三是巡视创新，"利剑"常举，威慑常在；四是国际合作、织密天网，决不允许国外成为腐败分子的"避罪天堂"；五是聚焦主业、深化改革，落实党委主体责任和纪委监督责任。从纵向看：破除"反腐一阵风论""影响经济发展论""权力斗争工具论"等杂音噪音，保持坚强的政治定力；破除"刑不上常委"的疑虑，树立起党纪国法的权威；破除"法不责众"的陈旧观念，打造腐败塌方地区新的政治生态；破除反腐就是办案的简单思路，把反腐败延伸到价值观的深度较量，一个从"不敢腐"迈向"不能腐""不想腐"的战略走势正在形成。

## 以清晰的政治理念凝聚反腐败精神力量

习近平总书记关于党风廉政建设和反腐败斗争的政治理念，是全面从严治党、抵御腐败侵蚀的鲜明态度，是全面依法治国、提高反腐败法治水平的坚定立场，是党的科学发展理念、改革创新理念、从严治党理念、依法执政理念在反腐败斗争领域的具体体现。既与毛泽东、邓小平等老一辈革命家的党风廉政建设和反腐败斗争思想一脉相承，又是新时期党风廉政建设和反腐败斗争经验的科学总结，具有鲜明的时代特征。

一是"零容忍"的反腐理念。长期以来，我们党坚持把反对腐败、建设廉洁政治作为一项重大政治任务来抓。但是，由于反腐败认识上的不一致、不统一，现实反腐实践存在法律制度执行失之于宽、失之于软的问题，比如"抓大放小"，对重大腐败案件比较重视，对轻微腐败现象却见怪不怪。习近平总书记指出："贪似火，无制则燎原；欲如水，不遏必滔天"，"反腐败高压态势必须保持，坚持以零容忍态度惩治腐败。对腐败分子，发现一个就要坚决查处一个。要抓早抓小，有病就马上治，发现问题就及时处理，不能养痈遗患。要让每一个干部牢记'手莫伸，伸手必被捉'的道理"。习近平总书记关于"零容忍"的反腐理念，是新的历史条件下我们党和国家对腐败现象蔓延机理及其演化规律的理性认识，表明了中国共产党人与腐败现象水火不容的鲜明政治立场和对任何腐败行为、腐败分子都必须依纪依法坚决惩处的法治原则。

二是"以上率下"的政治示范。过去多年来，在党风廉政建设和反腐败斗争问题上，有的地方和部门存在说到做不到，甚至根本没有去做的现象。这种情况的问题在于反腐法律制度中的措施流于形式，把法律制度当"稻草人"摆设，制定的法律规章都是"样子货"。习近平总书记指出："善禁者，先禁其身而后人"，"政者，正也。子帅以正，孰敢不正"。他提出反对腐败首先要从中央政治局抓起，"全党看着中央政治局，要求全党做到的，中央政治局首先要做到""上面没有先做到，要求下边就没有说服力和号召力"。抓好党风廉政建设和反腐败斗争，习近平总书记强化了以上率下的政治示范作用。在党的群众路线教育实践活动中，中央七位常委无论是听意见的真诚态度、找问题的较真作风，还是抓指导的对症下药、推工作的扎实坚韧，都体现了我们党高层的"范儿"角色。习近平总书记关于反腐败的政治示范理念促成了"顶层推动"与"全党行动"的良好反腐倡廉格局。

三是"常""长"结合的基本策略。当前一些领域消极腐败现象仍然易发多发，一些重大违纪违法案件影响恶劣，人民群众还有许多不满意的地方，党风廉政建设和反腐败斗争依然是一项长期的、复杂的、艰巨的任务，不可能一蹴而就。习近平总书记指出："反腐倡廉必须常抓不懈，拒腐防变必须警钟长鸣，关键就在'常''长'二字，一个是要经常抓，一个是要长期抓。"在"常"字上下功夫，就是要做到有人民群众举报的腐败现象要及时处理，有具体线索的腐败现象要认真核实。对于腐败分子，不论职位高低，有一个抓一个，防止小错酿成大错、小案拖成大案、小贪变成巨贪。在"长"字上下功夫，就是要坚持不懈，要有踏石留印、抓铁有痕的劲头，一方面要有惩治腐败的决心和信心，另一方面也要有长期作战的恒心和耐心。反腐倡廉要全党联动，全国上下"一盘棋"，决不允许有令不行、有禁不止，决不允许在贯彻执行中央决策部署上"上有政策、下有对策"，架空党和国家政策。

## 以明确的战略目标决定反腐败工作方向

习近平总书记关于构建廉洁政治生态的构想，使新时期反腐败斗争的方向更加明确。

首先,这是一个继往开来的目标。习近平总书记指出:"腐败是社会毒瘤。如果任凭腐败问题愈演愈烈,最终必然亡党亡国。"从查处腐败案件的实际情况来看,解决党内、国内存在的种种难题,尤其如腐败问题,必须营造一个良好的从政环境,也就是要有一个好的政治生态。习近平总书记对廉洁政治生态建设目标的强调是一种"倒逼"思维:好的政治生态的最终实现,意味着必须首先遏制住腐败蔓延的势头,从而让良性政治生态成为一种"势头"。习近平总书记关于廉洁政治生态构建的建设目标是一个以结果为导向的、正确的、科学的反腐败战略目标。

其次,这是一个切合实际的目标。干部清正、政府清廉、政治清明和良好的政治生态,对"四个全面"的伟大实践具有决定性意义。习近平总书记对廉洁政治生态目标"三清"内容的倡导和强调具有很强的现实意义。一方面,反对腐败、建设廉政生态是我们党根据人民群众的新要求新期待,对人民群众所做出的庄严承诺;另一方面,反对腐败、建设廉政生态是对社会关切的有力回应,能够坚定人民群众与腐败现象作斗争的信心、耐心和恒心。廉洁政治生态构建目标及其"三清"内涵把我们党执政的阶段性目标与长远目标结合了起来,不仅有助于我们党和国家从战略层面来谋划、部署、推进反腐倡廉工作,而且能够从社会关切层面来及时应对党风廉政建设所面临的新情况、新问题,以适应新的历史条件下大国治理的新要求。

再次,这是一个极富挑战性的目标。"广大人民群众最痛恨腐败现象,腐败现象对我们党的伤害最大。"我们党和国家大力反腐已近四十年,难以有效控制腐败现象的严峻现实表明:敢于提出建设廉洁政治生态这样一个具体、明确的目标是极大的自我挑战。重构政治生态,实现廉洁政治,需要进行许多具有新的历史特点的伟大斗争。这意味着我们党要借助问题倒逼之势,坚决革除那些已相沿成习的陈旧体制机制,始终以"刮骨疗毒"的决心和意志,毫不手软地剜除自身肌体上的腐败恶瘤。斗争越是深入展开,就越有可能全面挑战我们党及其领导骨干的认知力、领导力和意志力,意味着我们共产党人应该强化自我修炼、自我约束、自我塑造，在廉洁自律上做出表率。有了全心全意为人民服务的理想信念，站位就高了，眼界就宽了，心胸就开阔了，就能经受住各种风险包括腐败风险的考验，就能成功构建清正廉洁的政治生态。

## 以法治的思维方式提升反腐败斗争水平

方式是思想理念支配下的模式选择。在反腐败新形势下，习近平总书记提出了要"善于运用法治思维和法治方式反对腐败"的重要思想，这意味着新时期的反腐败斗争正在实现由既往的运动反腐、权力反腐向依法反腐的路径模式转变，是新的历史条件下反腐模式的一种超越和创新，标志着反腐败斗争法治化水平的提升。

首先，法治反腐强调惩治腐败的规范性。反腐败斗争不能搞选择性执法、象征性执法或宽容性执法，反腐败斗争也要遵守规矩，有规矩意识。习近平总书记指出，"治理一个国家、一个社会，关键是要立规矩、讲规矩、守规矩"，我们要坚持运用法治思维和法治方式反腐败，做到有案必查、有腐必惩，"要严格依纪依法查处各类腐败案件，坚持'老虎''苍蝇'一起打"，既坚决查处大案要案，又要着力解决发生在群众身边的腐败问题，坚持党纪国法面前没有例外。习近平总书记关于惩治腐败的规范性理念表明，新时期反腐败斗争更加注重法治的"顶层设计"，更加注重从法律制度、法治方式和法治机制入手，为公权力创设公正、透明的运作机制，规范公权力行使的范围、方式、条件和程序，更加充分发挥法治对公权力的引导和规范作用，使公权力执掌者不能腐败、不敢腐败。法治反腐是对运动反腐、权力反腐的新超越，是为党和国家事业发展提供根本性、全局性、长期性的制度保障。

其次，法治反腐强调法律规范的严谨性。没有健全的制度，不把权力关进制度的笼子里，腐败现象就遏制不住。如何依靠制度规范更加有效地防治腐败，仍然是我们党和国家面临的一个重大课题。习近平总书记指出，"制度问题更带有根本性、全局性、稳定性、长期性",“牛栏关猫"是肯定不行的,制定制度"要搞好配套衔接,做到彼此呼应,增强整体功能","要广泛听取党员、干部意见",增强党员干部对法律制度的内在认同。反腐败国家立法仅限于对构成犯罪的腐败行为的规制,而党员干部不构成犯罪的腐败行为则主要由党纪处理。习近平总书记对反腐制度规范科学性的强调意味着,必须加强党纪与国法的一体建设,解决好党纪与国法之间的缝隙问题、贪腐行为的法律漏洞和刚性不足问题等,坚持法律制度面前人人平等,不开"天窗"、不留"暗门",坚决维护党纪国法的法治权威。

再次,法治反腐强调腐败治理的开放性。当下的反腐是法治中国在反腐领域的切实践行,是一种全球腐败治理的协同战略。习近平总书记要求加强对国际规则和国际组织情况的研究,深入了解和掌握有关国家的相关法律和引渡、遣返规则,及时了解和掌握国际反腐败最新动态,提高追逃追赃工作的针对性。他指出:"不能让外国成为一些腐败分子的'避罪天堂',腐败分子即便逃到天涯海角,也要把他们追回来绳之以法,五年、十年、二十年都要追,要切断腐败分子的后路。任何人触犯了党纪国法都要依纪依法严肃查处,决不姑息,决不允许腐败分子有任何藏身之地。" APEC 会议上《北京反腐宣言》的通过、二十国集团峰会核准支持《2015—2016 年 G20 反腐败行动计划》、亚太经合组织反腐执法合作网络落户北京等国际合作条款的签订,反映了法治框架下的中国反腐正与跨国刑事司法协助紧密合作,构成更加严密的全球腐败治理网络。

## 以主体责任和监督责任的强化激活反腐败内生动力

习近平总书记从反腐败斗争新形势出发,强调各级党委承担主体责任,纪委承担监督责任,保障司法机关独立行使检察权、审判权,为新时期遏制腐败蔓延的势头奠定了坚实的组织基础。

一是强化了各级党委的领导责任。现在,有的党委(党组)对主体责任认识不清、落实不力，没有把党风廉政建设和反腐败斗争当成分内之事，甚至带头搞腐败，带坏了队伍，带坏了风气。习近平总书记指出，全党同志特别是党的高级干部，一定要把思想和行动统一到党中央的决策部署上来，"各级党委对职责范围内的党风廉政建设负有全面领导责任，党委主要负责人是第一责任人"。党委的主体责任主要是加强领导，选好用好干部，防止出现选人用人上的不正之风和腐败问题，避免出现源头性腐败。习近平总书记关于反腐败斗争的党委主体责任思想表明，党委（党组）能否落实好主体责任，直接关系到党风廉政建设和反腐败斗争的成效或成败。各级党委（党组）特别是主要负责人必须牢固树立不抓党风廉政建设和反腐败斗争就是严重失职的意识，在党风廉政建设和反腐败斗争这个事关党和国家生死存亡的重大问题上，必须说明白话、做明白事、做明白人，把主体责任记在心里、扛在肩头、抓在手上。

二是推进了纪委体制机制的创新。纪委的双重领导体制有其积极作用，但实践中也存在一些不适应、不协调的问题，特别是查办腐败案件时受到的牵制比较多。针对这些问题，习近平总书记指出，各级纪委要把惩治腐败作为重要职责，增强权力制约和监督效果，要保证各级纪律监督权的相对独立性和权威性，查办腐败案件要以上级纪委领导为主，各级纪委书记、副书记的提名和考察以上级纪委会同组织部门为主。各级纪委既要协助党委加强党风廉政建设和组织协调反腐败工作，又要集中精力抓好执纪监督主业。新时期纪委体制机制的调整和创新，一方面坚持了党对反腐败工作的领导，另一方面保证了纪委监督权的行使。纪委不是党内公检法，纪委的责任就是执纪、监督、问责，大力加强党的组织建设和作风建设，纪委不光要办大案、打"老虎"，更要用党章、党规、党纪去衡量党员干部的行为，用纪律的语言去描述违纪行为。把纪律挺在法律前面，这是预防和遏制腐败的重要一招。守住纪律这条底线，从严治党的各项任务就能落到实处。

三是强化了司法机关的反腐职能。习近平总书记指出，司法权是国家事权，要正确处理坚持党的领导和确保司法机关依法独立公正行使职权的关系。

各级党组织和领导干部要支持司法机关依照宪法法律独立负责、协调一致开展工作，运用法治思维和法治方式推进国家治理体系和治理能力现代化，切实提高国家法律对腐败的治理效能。面对党的纪律检查体制机制改革创新，司法机关应及时转变思想观念、工作机制、侦查方式和办案模式，加强与纪检监察机关在查办案件中的相互配合，密切协作，不断完善案件移送、信息交换、经验交流等机制，有效整合办案资源，认真落实"把权力关进制度笼子"的司法预防职责。切实强化自身监督，坚决惩治司法腐败，清除害群之马，充分发挥司法反腐的刑罚威慑力和警示、保障作用，不断提高反腐败斗争的法治化水平，做中国特色社会主义事业的实践者、维护者和捍卫者。

# 加强对处科级干部的监督管理

袁曙宏

**袁曙宏**

1985年5月加入中国共产党，北京大学法律系宪法与行政法学专业博士研究生，法学博士。曾任国家行政学院法学教研部副主任、教授、博士生导师，研究室主任，副院长、党委委员，同时兼任国际行政院校联合会副主席、亚太地区行政院校联合会主席、中国法学会副会长。现任国务院法制办公室副主任、党组成员。

近年来，腐败现象在处科级干部队伍中呈易发、高发态势，出现了家中发现上亿现金的魏鹏远、贪污受贿及非法所得近3个亿的郝鹏俊、号称"土地奶奶"的罗亚平、被爆有20多套房产的"房叔"蔡彬等一系列"小官"大贪的巨腐典型，以及一大批违法违纪、影响恶劣的失德失范问题官员，其他因各种原因未被发现和查处的就更难以估计，处科级干部已成为我国干部群体中的一个监督凹地和管理短板。

党的十八大以来，以习近平为总书记的党中央高度重视从严治党、惩治腐败，明确要求"老虎苍蝇一起打"、对腐败行为零容忍，这行动成效显著、全党振奋、全民拥护，腐败问题继续恶化的态势得到根本扭转，反腐败形势的拐点正在到来。"时来天地皆同力"，当前，反腐败斗争亟须乘势而上，落细、落小、落实，在重点加大对省部级、地市司局级、县委书记县长等领导干部群体监督管理力度的同时，切实加强对处科级干部群体的严格监督和管理，坚决把贪污腐败现象消灭在基层、消灭在萌芽状态，防止"蛀虫"滋生蔓延、"苍蝇"长成"老虎"。

### 处科级干部的地位和作用

我国处科级干部人数多、分布广，上至中央国家机关，下至乡镇，是干部队伍和公务员队伍的主体，居于兵头将尾，举足轻重。

处科级干部群体直接关系到党的执政能力和政府行政能力。处科级干部上传下达、穿针引线，在党政机关内部发挥着上下左右的联系纽带和信息传输作用，既要领导好下属，负责一个领域、一个部门、一个环节的事务——甚至主管基层一方事务，又要自己动手办文办会、办案执法，处理大量具体事务。处科级干部承担着领导者和办事员双重角色，保证着党政机关有效运转，其素质和能力的强弱，直接影响到党和政府的领导力、执行力和公信力。

处科级干部群体直接关系到党和政府与人民群众的血肉联系，他们贯通内外，身处执政行政一线，代表党和政府与人民群众打交道，直接联系人民群众，是干群关系的黏合剂。作为执政党和政府的"神经末梢"，人民群众主要是通过处科级干部来认识、感受党和政府的，他们的精神状态、言谈举止直接影响着党和政府的形象。

处科级干部群体直接关系到政策法规的制定、执行和遵守。处科级干部工作事务多、任务重，行使着审批权、执法权和监督权等具体权力，管理着人、钱、物和工程项目等重点事务，是单位的"实权派"和"主劳力"。他们往往集政策法规的起草者和执行者于一身，能够对决策、执行、监督自始至终产生直接影响。

处科级干部群体直接关系到党的事业兴旺发达和干部队伍的后继之人。处科级干部是整个干部队伍的基础，是高中级干部的蓄水池和后备军，未来的县委书记县长、市委书记市长、司厅局长和省部长乃至党和国家领导人，绝大多数必然会产生于今天的处科级干部群体之中。因此，建设一支德才兼备、清正廉洁的处科级干部队伍，对保证我们党的事业薪火相传和整个干部队伍的人才培养至关重要。

## 当前处科级干部中存在的突出问题及其原因

应当充分肯定，绝大多数处科级干部是干部队伍中的优秀分子，他们默默无闻、埋头苦干、无私奉献，构成了共和国大厦的支柱，执政党的脊梁，人民政府的根基，他们当中涌现出了一大批像焦裕禄、任长霞、沈浩、宋鱼水、王瑛、李林森等先锋模范人物。但，毋庸讳言，在我国当前经济社会急剧变革、利益关系深刻调整的大背景下，处科级干部中也的确存在着不少消极腐败现象，有的还十分突出和严重，令人触目惊心。

少数处科级干部"小官"大腐，成为干部队伍的害群之马。处科级干部虽然官位不高，权力不大，但由于不少位居关键岗位，握有管理土地、交通、资源等各种实权，又大都身处县市乡镇"熟人社会"，易生裙带关系和利于交互"托管"，权钱、权权、权色交易比较便利，因而容易造成蚂蚁搬山、集腋成裘式的"小官"多贪常贪，也容易造成不计后果、疯狂敛财式的"小官"大贪巨贪，酿成惊天大案。这些已经暴露和尚未暴露的害群之马犹如毒瘤，损毁了整个干部队伍的肌体健康，败坏了干部队伍的风气，危害了党和政府的形象。

少数处科级干部"小官"弄权，削减了政策法律权威。少数处科级干部利用长期在一个岗位上摸爬滚打、深谙相关政策法规规定虚实的职位便利，在政策、法规解释上做文章，在执法、办案证据上做手脚，在审批、管理及项目招投标等具体权力运用上做交易，有的明修栈道、暗度陈仓，有的瞒上压下、小权大用，有的假公济私、巧取豪夺，个别部门和单位甚至产生了所谓的"处长专政""科长专政"的不正常现象，导致"潜规则"大行其道，政策法律被束之高阁，制度权威受到严重消解。

少数处科级干部怠工怠政，形成损害行政效率和影响工作落实的"暗礁"。处科级干部数量庞大，提拔空间相对较小，竞争激烈，少数人眼看年龄渐大，提拔无望，逐渐心灰意冷、萎靡不振、消极怠工、牢骚满腹，不求有功、但求无过，做一天和尚撞一天钟。如放任这种消极怠工怠政现象继续蔓延，极易造成党政机关政令梗阻、运行不畅、效率低下。

少数处科级干部对群众利益漠不关心，造成有些地方干群关系紧张和矛盾纠纷激化。处科级干部处于工作一线，整天与人民群众打交道，这就容易使他们中的少数人"见怪不怪",麻木不仁,对群众的正当利益诉求敷衍塞责,对损害群众利益的违法行为熟视无睹,对群众困难和疾苦无动于衷,事不关己、高高挂起,时间一久必然致使干群关系紧张,社会矛盾突出。而一旦酿成群体性纠纷,他们或者态度粗暴、方法简单,导致矛盾急剧升级;或者惊慌失措、害怕群众,使得纠纷迅速蔓延。

当前少数处科级干部中存在的这些突出问题,是由多方面原因造成的:一是相对于高中级领导干部而言,处科级干部受重视度和被关注度不高,使命感、价值感、责任感更容易迷失,造成少数人世界观、权力观、事业观扭曲变形。二是处科级干部权力具体实用,不少关键岗位弄权谋私机会多、诱惑大、败露概率低。三是处科级干部专业性强、流动性小,常常在一个部门和岗位工作数十年,容易造成工作激情流失和利益关系固化。四是地方、特别是市县处科级干部的提拔"僧多粥少",职务晋升渠道不多,个人发展空间有限,各方面激励动力不足。五是处科级干部处于监管末端,中央监管鞭长莫及、力度递减,地方和部门监管又因关系盘根错节而形同虚设,久而久之形成了监督软肋和管理"病灶"。

## 小吏滥权腐败的深刻教训

现实生活中的"小官"滥权腐败现象古已有之,有着深厚的历史渊源。在封建社会,小吏滥权腐败轻则造成百姓仇官仇吏,重则招致王朝覆灭,因此,"勿以吏小而不治"是一条非常深刻的历史经验教训。

小吏掌实权、常越权、好弄权、擅窃权,清代顾炎武曾发出"百官者虚名,而柄国者吏胥也"的感叹。很多小吏缺少道德感和廉洁自律意识,好使小动作,弄权窃权,造成"官清如水"不敌"吏滑如油"、"县官不如现管"等弊端。

小吏鱼肉百姓,造成民不聊生。封建社会要依靠小吏来维护王朝运转和社会秩序,统治和管理百姓。收钱粮,定民刑,办公文,都少不了小吏,致使小吏容易称霸一隅、滥用权力。

小吏滥权作祟,架空主官权力,导致政务管理时常"唯吏是从"。古代任职官员多半来自外地,届满走人,而吏员世代生活于此,根深蒂固,盘根错节,官员往往"强龙难压地头蛇"。同时,由于处理公务需要具有行政、人事、刑狱、钱谷等方面的经验,但主官多是通过科举走上仕途,往往只会签字画押,因而"委权胥吏"在所难免。

小吏弄权挖倒了王朝墙角,动摇了统治根基。小吏弄权是中国古代官场的一大痼疾,历代封建王朝的灭亡,固然主要归因于封建帝王和王公大臣的专制腐败,但小吏滥权则不仅起到了推波助澜的作用,有时还是压倒"骆驼"的最后那根"稻草"。特别是到了一个朝代的晚期,朝廷腐败无能,官与吏狼狈为奸、沆瀣一气,"官逼民反"在很多时候也起因于"吏逼民反",民众因对贪官、恶官、昏官和贪吏、酷吏、油吏忍无可忍揭竿而起,封建王朝随之土崩瓦解。

### 多策并举加强对处科级干部的严格监督和管理

中央党政各部门和县级以上地方党委政府应高度重视,尽快把加强对处科级干部的监督管理问题提上重要议事日程,采取切实有效方法加大对所属处科级干部群体的选拔使用和监督管理力度,并适时出台专门的政策文件和规章制度,明确规定对这一群体干部的综合管理措施,以从根本上遏制腐败现象在这一群体中的滋生蔓延。

弘扬正气,教育处科级干部树立正确的世界观、权力观、事业观,运用各种形式对他们加强理想信念、公仆意识、奉献精神和法治观念的教育,使他们忠于党、忠于人民、忠于社会主义事业、忠于宪法法律,充分认识一切权力来源于人民,应全心全意为人民服务。多树立处科级干部的优秀典型,充分发挥先进模范人物的榜样作用和示范效应,努力在一个地区和部门形成学先进、干事业的良好氛围。加大对处科级干部群体的舆论宣传力度,通过对这一群体爱岗敬业的平凡工作的报道、宣传,不断增进他们的工作荣誉感、人生价值感、事业成就感和社会认同感。

重视激励，保证整个处科级干部队伍始终充满生机和活力。综合运用各种方式方法，以制度保证公开、公平、公正用人，让德才兼备、能干肯干的人得到重用，让投机钻营者无机可乘，形成风清气正、广以服众的正确用人导向。探索适当增加地方、特别是市县非领导职务的比例，拉大职级工资的差别和档次，增加职级的荣誉感，扩大职级激励的覆盖面和受惠群体。统筹兼顾晋升提拔激励、工资职级激励、福利待遇激励、荣誉名誉激励等多种激励手段，形成一套科学合理的激励结构，做大做好处科级干部的激励"蛋糕"。

扩大交流，打破处科级干部滥权腐败的固化环境。在横向上，大力推动部门内、系统内交流，积极探索跨部门、跨系统、跨地区交流。在纵向上，创造条件扩大省市县乡之间的交流。在重点领域和关键岗位上，坚持定期交流和全面交流。不断总结经验、完善举措，通过扩大交流力度，打破固化的利益关系，割断违法乱纪的利益链条，铲除"小官"弄权的"小气候"和"裙带网"。

严格监管，不给少数处科级干部滥权腐败以可乘之机。对重点领域和关键岗位的处科级干部，要重点配备、重点教育、重点考核、重点监督、重点管理，对人财物权力集中、腐败多发易发的岗位采取特殊防治措施。加大对滥权者的追究力度和曝光力度，纪检、监察、审计、司法等部门要重视对这一群体日常用权行为的监督和违法乱纪行为的查处，无论大贪小贪，一经发现，坚决查处，毫不手软。着力解决当前处科级干部绩效考核中存在的指标不够合理、考核过程走形式、考核结果束之高阁等问题，合理确定领导、同事、管理服务对象在考核中的分值和比例，努力提高考核的针对性、科学性和实效性，切实将平时考核、年度考核与提拔使用紧密结合起来，做到严格考核、奖惩分明。严格坚持依法决策、依法行政和依法办事，大力推进合理分权和政务公开，探索向社会公布权力清单，防止权力过分集中、易于滥用和暗箱操作，建立健全决策权、执行权、监督权既相互制约，又相互协调的权力结构和运行机制。

# 反腐需加强制度顶层设计

王长江

---

**王长江**

中央党校党建教研部主任、中央党校世界政党比较研究中心主任，教授，博士生导师。兼北京市委顾问，北京大学政府创新研究中心副主任，国家行政学院、中山大学等高校和干部教育院校的客座教授，中国统一战线研究会常务理事、中国市场经济研究会理事、国际交流协会理事、中国监察学会理事。

随着整个改革走向深入，反腐也正进入攻坚阶段。一方面，党中央新领导班子履新以来，反腐败的力度明显增大，引起了国内外的广泛关注，社会参与的力度也因为信息网络技术的发展而迅速增强。另一方面，腐败现象层出不穷，越来越严重地影响着党的公信力。不少方面腐败发展的势头并未得到有效遏制，说明我们已有的反腐措施还需进一步完善。严峻的反腐斗争形势，十分迫切地要求我们把加强反腐制度顶层设计的问题提上日程。

## 反腐倡廉建设的顶层设计仍需大力加强

我们所说的政治领域的腐败现象，归根结底，是和公权力密切联系在一起的，是公权力运行的必然伴生物。有公权力，就有产生腐败的可能；公权力缺乏约束，必然产生腐败。所以，遏制腐败，就必须对权力加以约束，把权力关进笼子里。正因为如此，才需要我们对反腐进行制度设计。

但是，历史地看，我们缺乏这方面的观念。我们往往把腐败看作来自外面的腐蚀，把腐败现象归根于剥削阶级思想的影响。不仅如此，传统理论还有意无意地强化着这样的观念，似乎共产党天然与腐败现象绝缘。例如，一说到权力，我们就强调只有具体的权力而不存在抽象的权力。权力是否产生腐败，要看掌握在什么人的手中——这就从逻辑上导致一个结论，似乎掌握在剥削阶级手中的权力自然会腐败，而掌握在无产阶级先进政党手中的权力则不可能腐败。按照这一逻辑，党内出现腐败是偶然的现象，是极少数干部经不住考验，被剥削阶级思想腐蚀而产生的结果。于是，反腐就变得很简单：想方设法对干部加强思想教育，增强他们的党性修养，提高他们为人民服务的自觉性。在这种主要靠思想教育来解决问题的理念支配下，我们忽视了制度建设问题。结果如我们看到的：在物资贫乏、可利用财富有限的计划经济时期，腐败主要以特权形式体现出来时，尚不明显；而进入经济发展的市场经济阶段后，财富总量和可供分配的资源大大增加，腐败现象便显得非常突出。

应当承认，随着改革开放的进一步推进，我们对腐败的认识在不断深入，反腐的理念也在不断转变。最突出的是，我们逐渐接受了关于腐败产生的普世观点，看到了腐败与权力的必然联系。我们终于认识到，腐败内生于权力的本性。套用邓小平的句式说："腐败现象既不姓社，也不姓资，资本主义社会有，社会主义社会同样会有"。与此相对应，从权力约束上寻求治本之策，成为今天反腐败的特点和全党共识。党的十六届四中全会《决定》反映了全党在这个问题上的认识飞跃，即"坚持标本兼治、综合治理，惩防并举、注重预防，抓紧建立健全与社会主义市场经济体制相适应的教育、制度、监督并重的惩治和预防腐败体系"。十七大强调"确保权力正确行使，必须让权力在阳光下运行。要坚持用制度管权、管事、管人，建立健全决策权、执行权、监督权既相互制约又相互协调的权力结构和运行机制"。这标志着，制度建设作为反腐的治本之策已经得到确立。

然而，制度是一项系统工程。屡禁不绝的腐败现象表明，用零打碎敲的措施进行约束，就好比堂·吉诃德用长矛大战风车，远远不足以把权力关进笼子里。除了教育和制度并重、两大领域都要加强力度之外，在权力约束领域，还必须把纵向权力制约、横向权力制约和非权力对权力的制约统筹起来，形成多元化的监督约束体系，遏制腐败才有足够的力量。建设这样一个体系，需要一个长期的过程。从现实情况看，我们的权力约束还更多地着眼于依靠行政命令体制，过多地依赖纵向的用上级权力对下级权力进行约束。我们强调了一系列"必须""一定""坚持""绝不",主体却非常单一,就是上级机关。这种权力约束导致的难题是:约束权力的权力又由谁来约束?历史证明,把希望寄托在纵向的权力约束上,不可能从根本上遏制腐败——这是中国历朝历代因腐败,而导致人亡政息给我们的最深刻的教训。所以说,从今天腐败现象尚未得到有效遏制的现实看,反腐倡廉建设的顶层设计并未完善。

**需要对现有的反腐倡廉制度进行梳理**

这些年来,反腐倡廉制度在朝着体系化的方向迈进,但是,客观地说,缺乏体系性、系统性,仍然是现有反腐倡廉制度的突出特点。究其原因,根本还在于我们对制度的思考缺乏系统思维。

什么是体系?英文为"SYSTEM",可同时译为制度、体制、体系等。可见,体系和系统本应是同一个概念。反腐制度作为一个体系,应该是一个把理论、政策、规则、程序、措施连接在一起的能运行的系统。从这个角度讲,现行反腐倡廉制度存在两个问题:第一,我们往往把它的文本体系误认为体系本身,似乎针对问题提出的要求、做出的规定、采取的措施、制定的条例之总和就是制度建设的内容,满足乃至热衷于这些文件文本的起草,似乎形成了文件,就算完成了制度建设。结果是,关于反腐败的文件不少,甚至多得记都记不住,落实起来却是雨过地皮湿,流于形式。第二,只加强了制度要素建设,而非制度体系建设。从系统论的角度讲,出台的各项要求、规定、措施,如果不能有机地连接起来,形成闭合的系统,那么,这些要求、规定、措施至多只能叫作制度的要素,而不是制度本身。对于完整的制度体系来说,制度要素必不可少。制度建设,首先应该是制度要素的建设。这好比盖一栋楼,砖瓦是必不可少的材料一样。但是,有了砖瓦并不等于建成了大楼。怎样组合这些砖瓦,才是最重要的问题。组合不科学,再多的砖瓦也无用,甚至可能没盖完就塌掉了。反腐制度建设亦是如此。不同只在于,反腐制度不是平地建楼从头开始，而是在现有的政治体制条件下进行。每个制度要素在进入这套体制时，都会和原有的各个要素发生碰撞、博弈，因此，严格说来，所谓制度，应当是新增的制度要素和原有的体制环境、已存在的各种要素进行博弈后达成的一种平衡状态。常有人说，制度是人制定的，这种观点其实并不正确。制度不是人制定的，制度要素才是人制定的，而制度则是在各要素、各既有条件的博弈中形成的。

要素之间缺乏连接，或是连接了也不能闭合起来，会导致制度建设事倍功半，甚至出现制度变形。特别是，当以上所说的三种制约出现倚多倚少的不均衡状态时，这种变形便不可避免。例如，体现上对下监督的巡视制度，若不和完善下对上的监督相结合，就会出现"谁来管钦差"的问题；单向地加强对纪委的垂直领导，就会产生"谁来管纪委"的问题。实际上，纵向权力制约只有在横向权力制约和非权力对权力制约都得到加强的情况下，才能防止出现变形，保证反腐败不误入歧途。从这个角度看，我对所谓纪委垂直领导的主张和当今部门权力普遍垂直化的趋势持质疑的态度。从原理上讲，纪委直接体现的应当是权力的横向监督而非纵向监督。间接地，它也体现非权力对权力的监督。因为按照列宁的设计，党的纪律监察机构应当是党的代表大会选出的机关，由代表们授权对党委会行使权力的行为进行监督。把它变成纵向监督，必然引发一系列其他问题。这些年地方上纪委部门腐败现象频出，事实上就是给这种状况的出现敲响了警钟。

## 从权力运行规律的高度来把握反腐倡廉制度建设

腐败没有阶级性，主要由公权力的特性决定，对任何社会和国家都是公害。任何一个国家和社会要想健康发展，都不能不把反对腐败放在重要的地位。也正因为此，在不同政治制度之间，反腐的经验和成果是可以相互借鉴的。

从实践看，遏制腐败比较成功的国家，往往也是对公权力约束力度较大的国家。其制度通常有两个特别突出的方面：其一，分散权力，使其来源多元化。西方学者很早就提出的立法权、司法权、行政权"三权分立"和权力制衡的原则,这是西方国家政治制度的基石,对维护资本主义制度的持续运行有着重要的作用。西方发达国家各有自己的文化传统,相互之间的具体制度也各有千秋,但共同特点是都体现了这些原则的基本方面。此外,广而言之,西方文官制度也是显示权力制衡的一个重要方面。这种制度把获得公职的机会均匀地分布到社会中,以法律来规范,利用宪法和法律至高无上的地位,来保证很大一部分公权力的运行不受执政者随意干扰。其二,非权力对权力的制约。通过政党之间的合法竞争,一些政党掌握公权力,败选的政党则作为在野党或反对党,自然处于监督地位,对执政党百般挑剔。此外,宪法和法律通过保障媒体和社会利益团体独立开展活动,也对执政党行使权力起着监督作用。

我们选择了中国特色社会主义道路,既不搞西方多党制,也不搞西方式"三权分立",这是我国政治体制不可逾越的底线。但是,我们要不要有权力之间的横向监督和非权力对权力的监督?答案是肯定的。没有权力之间的横向监督和非权力对权力的监督,强有力的监督便无从谈起。对此,我们亟须加大探索的力度。

在横向权力制约方面,最重要的是解决好权力相互制约与党的领导的关系。我们不能像西方一些国家那样,把权力相互制约变成为一己之私而钩心斗角、相互扯皮,而是应该让两者既相互制约,又相互协调。党的领导无疑必须做到这一点。但是,做好这个保证的前提,是党的领导要科学。对公权力运行进行过多的干预,就会变成党组织事无巨细地包揽一切,人为地搞乱不同权力之间的边界,使权力制约无从着手。这里面的关键在于,执政党应该按照权力的自身规律去影响和控制它的运行,而不是随意越过边界去取代它。

在非权力对权力的监督方面,最重要的有三点:一是民众的广泛参与。民主是约束权力的最好途径,让民众起来监督政府,政府就不敢懈怠,我们党在陕甘宁边区时就有了这样的体会。最近中央出台的八项规定,之所以获得公众好评，其意义在于把对权力的规范公之于众，让其成为民众对权力运行进行监督的依循，本质上是对非权力监督权力路径的探索。这方面的平台以前比较狭小，有进一步拓展的必要。二是纳入体制。随着信息社会的发展，新兴媒体介入反腐，成为近年反腐领域的新气象。"网络反腐"是非权力对权力监督的典型体现，其带出的消极方面固然要规范，但其积极作用应充分肯定。"网络反腐"目前之所以是一把双刃剑，很重要的一个原因是因为它是一种体制外的路径。明智的做法应该是在体制内扩展空间，尽可能把各种非权力监督权力的形式都纳入体制中，而不是任其溢出体制之外。三是防止在纳入体制的过程中把非权力约束扭曲为权力监督，特别是扭曲为纵向权力监督。在我国"官本位"观念于政治生活中居强势支配地位的现实下，这是很容易发生的事情，应予以高度警惕。

# 反腐使军队更有战斗力

纪明葵

**纪明葵**

1968年入伍。现任国防大学训练部副教育长，少将军衔。战略、战役学教授，研究生导师。清华大学、哈尔滨理工大学兼职教授。获国家自然科学二等奖、全军教学科研一等奖多项，获特优教员、全军育才奖、全军外训先进个人称号。第三届（2006）中国发展百人奖获得者。

军队的反腐败备受国人关注。2015年3月12日,习近平出席解放军"两会"代表团全体会议时说:"过去的一年,全军着力加强和改进政治工作,着力开展实战化军事训练,大力推进党风廉政建设和反腐败斗争,深入谋划推进军队改革工作,出色完成了一系列重大任务,贯彻强军目标取得了新的重大进展。"而西方媒体却借我军反腐大做文章,质疑中国军队的机器将"腐烂掉",这样的部队是否还能打仗。

**以偏盖全是阴谋**

《华尔街日报》曾对几名中国现役和退役军人的媒体谈话进行整理,掐头去尾,宣称中国军人说,过去十年中"所有的军衔岗位都被贴上了价格标签",买官卖官"席卷了整个中国军队"。该报以此为根据,质疑中国军队的机器将"腐烂掉",并质疑这样的部队是否还能打仗,还造谣说"中国军队买官卖官成了普遍现象"——这是以偏盖全是阴谋,买官卖官在军中绝不是普遍现象。军队在捍卫国家领土主权完整、应对非传统领域军事斗争,保障国家经济建设及人民生命财产安全上不辱使命。军队中的腐败反映在极少数人身上,确实在人民心中造成了极大的阴影,这种损失用什么样的语言来形容都不足以表达全军将士心中的隐痛。从另一角度说,郭正钢等30名军级以上军官被宣布立案调查或移送军事司法机关依法处理,既是军队反腐的重要成果,也是向世界宣告:中国人民解放军是一支人民的军队,绝不会为腐败分子所左右,军队坚决听党指挥,全心全意为人民服务——这是军队的唯一宗旨。

国外媒体紧盯中国军队揪出了哪些贪官,并以偏盖全,用少数贪官的罪行向全军泼污水,就是要让这支遭受腐败影响的军队雪上加霜,挑拨人民对这支军队的信任和热爱。

为遏制中国、维护西方对世界的主导地位,西方舆论扩大了部队腐败的严重性,以此来印证中国反腐,越反越腐,这样中国崩溃论就有了更多证据,其阴险用心可以说是司马昭之心。

军队自揭家丑,让人民看到了军队刮骨疗毒的决心,这种疗毒的胆量彰显了军队在自身建设上的坚定性和大无畏的决心。在人民军队中不论你职位有多高,有过多少战功,只要触犯了党纪、国法绝对是"零容忍",战争年代是这样,和平建设年代也是这样,没有任何人可以将自己凌驾于法律之上,都必须接受法纪的监督和管理。

中国军队的反腐败能够继续深入开展下去,除了舆论的支持,社会的信心也在发挥着关键作用。"世界大国里还没听说过有哪个国家是被反腐败'反垮的',那些希望中国将把自己'反垮'的人和力量终究要失望。""把中国'反腐败'当成'腐败'来报道的西方媒体,有些或许是没看懂中国,有些则是故意要这样自欺欺人。"

军队是国家的一员,在遭遇问题时从来没低过头,总是迎着困难上,从来没有停止过前进的脚步,只会变得更加强大。抓了贪官,军队的战斗力被进一步夯实,中国的强军目标建设也更加可信。

军队的腐败现象已经引起了全军高度重视,两次公开宣布处理了30名军以上干部的情况在新中国军队历史上是前所未有的。军队正用反腐的实际行动加强人民对国家政权的信任,这是不容置疑的,是人民军队在自身建设中敢于自我开刀、清除毒瘤、具有战斗力的表现。

中国这些年毕竟创造了世界性的经济发展奇迹，中国军队战斗力的提升亦是世界公认。腐败问题在中国走到这一步，令人非常遗憾、痛心，但中国在世界上取得的世人瞩目的成绩，也离不开党的各级领导干部的艰辛努力和广大党员队伍的鼎力支持。人民对此是有辩证认识的，既看到腐败的严重，也没有被它一叶障目，否则，中国社会也不会取得今天这样大的进步。

对于党风廉政建设和反腐败斗争，习近平用的是"大力推进"一词，他认为军队"出色完成了一系列重大任务，贯彻强军目标取得了新的重大进展"。

## 反腐的关键抓党委

抓好党风廉政建设和反腐败，关键在党委和主要领导。各级党委要肩负起反腐倡廉建设的政治责任，要树立一盘棋思想，把廉政反腐寓于各项建设和工作之中，要把政治强、素质好、作风正的干部重用起来，要打造过硬的纪检监察干部队伍，要不断把党风廉政建设和反腐败工作落到实处。

要坚定不移地惩治腐败、预防腐败，坚决维护军队组织纪律。各级纪委、纪检部门应该最讲党性、最讲党纪、把维护党的纪律作为天职，既要抓党性原则、理想信念这条生命线，又要抓纪律这个底线。要积极推进军队反腐败体制、机制改革创新，深化对新形势下反腐倡廉重大问题的研究，把握特点规律，创新方法手段，增强工作的时代性、针对性、有效性。

要加强组织领导，开拓军队党风廉政建设和反腐败工作的新局面。各级党委要切实负起主体责任，书记、副书记要当好第一责任人，党委领导要带头遵守各项纪律，当好廉洁自律的表率。

各级纪律查检部门要履行监督责任，真正守土尽责。坚持巡视与纪检衔接配合，用好巡视这个反腐利器，充分发挥信访、财经、审计、司法等各种手段的优势和作用，形成各级、各部门主动抓、人人参与齐抓共管的局面。要全面加强纪检监察队伍思想、组织、能力、作风建设，用铁的纪律打造一支忠诚可靠、服务人民、刚正不阿、秉公执法的队伍。

反腐要以党委班子成员为重点，盯着官兵反映强烈的、腐败易发、多发的领域聚焦用力，不解决问题不撒手，进一步加大工作力度，创新改进方式方法，再形成震慑力。

各级党委成员要做到廉洁自律、风清气正，要牢固树立正确的权力观、地位观、利益观，坚持自重、自省、自警、自励，带头遵守廉洁自律各项规定，坚决不搞特殊化和不正之风，坚决抵制腐败。

## 强化作风提高战斗力

优良的作风是我军的鲜明特色和政治优势。要把改进工作作风引向深入，贯彻到军队管理的各个环节，真正求真务实，在落实上狠下功夫，夯实依法治军、从严治军这个强军之基，保持人民军队长期形成的优良作风和良好的形象。

我军是党绝对领导下的人民军队，部队的作风和风气，不仅关系到人民子弟兵的政治本色，同时也关系到党的形象和威信。各级要充分认清加强军队党风建设和反腐倡廉建设的重要性、紧迫性，要以更加扎实有力的举措，抓好各项工作落实。

深化推进作风和风气建设，要增强改进作风、纯正党风的坚定性、自觉性，要以对党、国家和军队建设高度负责的精神，在解决重点、难点问题上求突破，坚持党委领导带头抓、带头做，务求使作风和党风根本好转。

要坚决贯彻落实中央和军委有关作风建设规定，持之以恒、锲而不舍、善始善终，不断把作风建设引向深入，以良好作风推动部队全面建设。要认真落实"标准更高、走在前列"的要求，扎扎实实抓好党的群众路线教育实践活动，深入基层、深入官兵，广泛听取意见，搞好专项整治。

要坚持高标准、严要求、不断把部队作风建设引向深入，努力实现作风建设根本性好转。集中精力持续解决"四风"问题，针对问题抓好整改，确保专项整治取得实实在在的成效。集中精力建立一整套科学合理的法规制度，推动作风建设常态化、长效化。

战斗力是在良好的作风中养成，只有加强作风培养才能出战斗力，在祖国和人民需要的时候才能拉得出、打得赢。要坚决反对官僚主义、形式主义、享乐主义和奢靡之风，着力在纠治官兵反映强烈的突出问题上见到成效，在解决深层次矛盾和问题上见到成效。

要在坚定理想信念上下功夫，培养战斗精神、提高战斗力。要在强化党的组织上下功夫，坚持党要管党、从严治党。要在改进作风、弘扬正气上下功夫，铸牢党对军队绝对领导的军魂意识，为实现强军目标提供可靠的保障。

要辩证认识军队反腐问题，防止片面性，既看到军队内部极少数人腐败的严重性，也要看到我军是一支共产党领导下的、深深地植根于人民群众之中的、为人民打天下守天下的、为国家繁荣强盛护航的军队，军队强力反腐正说明军队广大指战员对腐败现象的深恶痛绝，割掉毒瘤战斗力才会更加强大。

# 今日中国反腐败的"三个自信"

辛鸣

**辛鸣**

中共中央党校教授、博士生导师,中央电视台特约时政评论员,中国城市经济学会地区与企业发展委员会常务副主任,第十届全国青联委员会社会科学界副秘书长。长期致力于以哲学视角研究社会发展和制度创新问题,重点关注当代中国社会的经济改革、政治发展等方面的问题。

对于今日中国社会的反腐败来说，重要的是击鼓而不是鸣金，可贵的是添砖加瓦而不是吹毛求疵，需要的是义无反顾而不是瞻前顾后。

今日中国社会的反腐败虽非尽善尽美，但所取得的进展、所展现的可能、所昭示的意义，已足以让我们有理由自信和有资格自信。

## 对反腐败能取得成果要足够自信

也许中国社会腐败欠账积累多了一些，也许腐败分子在一定时间段、一定场合已经登堂入室反客为主，以至于党的十八大后、以习近平为总书记的党中央提出反腐败要求后，社会上的一些人对反腐败能否成功并不乐观，对反腐败的成果大多只是观望性期待。

但是经过一年多的时间，事情在发生着变化，事情也发生了变化：

先是"八项规定"转变作风，从党员干部的大吃大喝、铺张浪费抓起，不到半年时间，请客吃饭在官场就成为了禁忌，公款送礼成了过街老鼠，以至于一些曾经风光无限的餐饮业上市公司竟打算转行，一些大商场红红火火的购物卡业务几陷停顿。譬如中秋未到，中纪委监察部网站已经再次开通公款送月饼举报窗。

再是"苍蝇""老虎"一块打，反腐败不定指标，没有限额，毫不留情，绝不手软。十八大以来省部级以上的"老虎"就抓出四十余名，大大小小的"苍蝇"更是成千上万计，而且捕"蝇"打"虎"的速度与频率还在不断加速中。腐败官员被抓已不再是运气不好的小概率事件，而是成为必然。

更重要的是打"老虎"没有最大，只有更大。曾有人妄测所谓"刑不上大夫"的反腐"潜规则"，现在来看，职位所涉从政协副主席到政治局委员再到政治局常委，党中央打"老虎"同样没有最大，只有更大。

这一系列的在昔日或许都是不可能发生的事件，在今日中国不仅发生了而且是那样地理直气壮、气定神闲，传说中所谓"不可收拾的局面"并没有出现。

是新一届党中央运气好吗？是侥幸取胜吗？非也。是邪不压正，是正道大势浩浩荡荡势不可当的历史必然。

毋庸讳言，这些年来一些腐败分子已然结成盟友，在某个领域已能呼风唤雨，但是在中国共产党领导下的社会主义国家大环境中，他们的思想、行为、计谋、组织等，不管哪个层面都是见不得光的，都是不敢摆到台面上来的。他们可能会自我安慰说吃吃喝喝是人之常情，但肯定不好意思说常情就是正当的；他们可能会自我辩护说以权谋私是人之本性，但绝对不敢讲本性就是应该；他们也许想过困兽犹斗暗地里捣鬼，但绝不敢走到阳光下公开对垒。

所以，这样的群体尽管可能会体现为小圈子、小团体，但在8600多万共产党人面前、在13亿多中国人面前，说到底也就是"一小撮"。只要我们高扬起中国共产党人信仰的旗帜，高扬起中华民族伟大复兴中国梦的旗帜，真正的共产党人和广大的人民群众就会成为反腐败的坚强后盾、强大力量，中国社会在反腐败方面的成果也绝不会到此就止步。

## 对反腐败带来的正能量要足够自信

曾有人担心反腐败会影响经济的发展，会挫伤党员干部的积极性，甚至会失政亡党，但是，一年多来的实践表明，反腐败给中国社会带来的是满满的正能量。

首先，反腐败重塑了政党形象。为什么中国社会会形成并认可唯一执政党的模式？这是因为中国共产党能做到其他任何政党不愿意去做也做不到的事情。中国共产党是没有自己的特殊利益的，有的只是广大人民群众利益，它是以全心全意为人民服务为根本宗旨的政党。这是中国社会一切制度有效运行的逻辑前提，也是中国共产党的基本逻辑和本来面目。我们开展反腐败就是要把这被遮蔽了的逻辑重新展现出来。腐败的只是党员、领导、干部等个体，而不是政党本身，中国共产党的党员领导干部也不会集体腐败，只要拂去尘埃，它依然是晶莹剔透、光彩夺目的宝珠。因此，反腐败不仅不会亡党，反而会让党更坚强、更纯洁、更有凝聚力和感召力。反过来，如果放纵腐败分子"绑架"党，不仅党的形象会受拖累，党的存亡也就真不好说了。

其次，反腐败保护了党员干部。应当承认，在现在的腐败分子中有相当一些本来是党的好干部，他们也想有一个舞台大展身手，但在一些腐败已然成风的小环境中不想出局只能入伙，通过腐败交纳了"投名状"的同时，也让自己走上了不归路。十八大以来通过反腐败营造风清气正的执政环境，让真正想干事能干事的党员干部可以清白为官、廉洁从政，而不必去琢磨小圈子，顾忌潜规则——这样的环境才是对党员干部最真挚的关爱和最有效的保护。所以，尽管现在看起来被处理的党员干部数量似乎多了，但相比起未来被保护的党员干部，不过就是九牛一毛。这成本我们必须要承担，这成本我们也承担得起。

再次，反腐败让经济社会发展更健康。经济社会发展的资源永远是稀缺的，健康的经济社会发展就是能把稀缺的资源配置到真正促进经济社会发展的领域。当一个社会吃饭不再是吃饭而是吃场面，聚会不再是感情交流而是利益勾兑的时候，餐饮业自然是越高档越赚钱，越赚钱越扩张——但这不是经济繁荣而是病态，这不是社会进步而是社会的悲哀。我们还举前面的例子：现在反腐败让有的开餐馆的人从餐饮业转型大数据，能否成功并不重要，至少对中国社会来说把钱用来提高社会信息化水平要比用到大吃大喝上更加有价值。类似这样的资源配置转型，在房地产市场、在公务用车、在宾馆培训机构等方面皆已出现，这才是中国经济社会健康发展的良好信号。

## 对反腐败方法的科学性要足够自信

笔者以为，今日中国反腐败有鲜明的领导人风格，但这正是中国反腐败得以真正启动并深入下去的法宝。有道是"徒法不能以自行"，再好的制度如果没有权威的力行和威权的保障就是一纸空文，更何况在这充满个性化色彩的背后，我们有一系列制度体制地跟进。

试想如果没有纪检体制的改革，让纪检部门相对超脱出来更加专门化地办案；如果没有巡视制度的进一步强化与完善，巡视组长一次一授权，发现不了腐败要被追究责任，怎么可能有如此之多的腐败现象被发现并查处？如果没有一系列以"八项规定"为代表的涵盖干部选用、政绩考评、廉洁从政、作风建设等各方面的准则、规章、条例、决定等制度性建设，反腐败又怎么可能师出有名、有的放矢、切中肯綮？我们从来不否认制度反腐的根本性意义，但不能指望突然从天上掉下一套完善的制度为我们所用。真正有效的制度一定是在长期的反腐败实践中渐进改进、内生性演化才会逐渐成熟定型，我们不能借口制度尚未完善就对腐败现象熟视无睹，不作为。

这还涉及反腐败"治标"与"治本"的关系问题。王岐山同志从治标抓起、为治本赢得时间的反腐败策略，实在是对中国社会腐败形势深刻洞察后的清醒之策。姑且不用说治本是一个从长计议的系统工程，需要从治标过程中发现问题总结经验积蓄力量，就算真的某一天找到了灵丹妙药彻底堵住了腐败的根源不会再有新的腐败发生了，已有的腐败也不会主动退出历史舞台。"扫帚不到，灰尘照例不会自己跑掉"，通过治标，对已有腐败进行清理是必须要做、必然要做的事情。

更重要的是，什么是反腐败的本？曾有人说腐败就是权力滥用、权钱交易，把权力取消了不就没有了腐败的前提——这个诊断没错，但药方开得实在荒谬。姑且不说权力不可能被取消，也不能被取消。我们要把权力装进制度的笼子，这是为了让权力不乱作为，而不是说让权力不作为。尤其在发展中国特色社会主义的历史阶段，权力还是捍卫人民利益、实现奋斗目标，驾驭资本、完善市场不可或缺、不可替代的力量。具体到反腐败来说，高度统一、令行禁止的权力也是有效对抗被腐败异化了的权力的不二法门。我们不能因噎废食，更不能为了倒洗澡水，就把澡盆里的小孩也一并倒掉。

# 反腐时评

## ■ 反腐无上限

水落石出，人人关注的一个腐败"大老虎"的名字终于被公布出来。中共中央决定，周永康涉嫌严重违纪，由中纪委对其立案审查。这一决定彰显出以习近平同志为总书记的党中央反腐败的坚定决心，令人震撼，令人敬佩，令人称快，亦令人为之鼓舞。

曾经身为政治局常委的周永康以及前不久公布的徐才厚、郭伯雄、令计划等人被查处，让全党全国乃至全世界明白了一个道理：在中国，反腐无上限。

反腐有上限，这是来自于封建社会"刑不上大夫"的陈腐观念，许多人带着这种观念，对中国共产党的反腐败斗争作了种种猜测，也曾经生出诸多曲解。查处周永康等一系列案件的事实证明，这种猜测是不靠谱的。众所周知，腐败是权力的寻租行为，而一个人手中的权力越大，发生腐败的可能性越大，腐败程度严重的可能性越高，因此如果反腐败存在上限的话，等于在政治上留下了一个无法割除的产生严重腐败的祸根。这样的祸根哪怕存在一点，都是和人民利益、党的宗旨根本对立的，也必会严重损害党的形象，危及党的执政地位。因此，反腐败不仅不能设上限，而且对于重要岗位的领导干部手中的权力及其使用，越要进行必要和严格的监督。

反腐有上限，这是极少数利用职权谋取私利的人暗地里的一种愿望。同其他犯罪分子一样，腐败分子同样存在种种侥幸心理，他们总是一厢情愿地想置身于党纪国法之外。他们手中有了权力，就以为权力可以永远地操纵在自己的手里，就以为他们千方百计地编织的关系网，可以永远地罩住自己，为所欲为而不用付出代价，不用受到惩罚。然而，看一看一个个锒铛入狱的腐败分子们，哪个当初不是这样想的呢？正是这样的想法，促使他们不知顾忌，放纵欲望，不断去挑战党纪国法的底线，最后面对铁窗才终于明白：原来我的腐败也在被反之列！早知今日，何必当初？只是悔之晚矣！

为什么许多人误以为反腐败有上限？其中一个原因是，法律总是后发制人的：一个人犯罪行为没有被发现和查清楚的时候，法律不可能随便去惩罚这个人。这个时候，人们往往会认为法律是没有作为的，甚至那些位高权重的犯罪分子也以为党纪国法对自己是无能为力的。但是，当一个人的犯罪行为发展和积累到一定程度，引起社会关注和有关部门重视的时候，党纪国法的相应运行程序就会启动，其威力就立刻会显现出来。这个时候人们才会发现，对于地位高的人来说，那些惩罚性的法律总是"秋后算账"的。也就是说，当一个人误以为党纪国法对自己已经无可奈何而滥用权力、行为狂悖的时候，其实达摩克利斯之剑往往就在悬在他的头上，只是他被自己的欲望所迷失、为自己手中玩弄的权力所陶醉，而无所警觉而已。

反腐有上限，这已经是过了时、靠不住的观念。反腐无上限，广大党员干部和人民群众无不拍手称快；反腐无上限，对于那些身居一定职位又管不住自己欲望、总想以身试法的人来说，无疑是一针有效的警醒剂。这针警醒剂告诉人们：不论在什么位置上，只有严格地遵守党纪国法，才是你人生和事业可持续的基础。（钟国兴）

## ■ 腐败没有"保险箱"

周永康、薄熙来、徐才厚、郭伯雄、令计划、苏荣、周本顺、蒋洁敏、李东生、王永春等一批贪腐分子的落马，进一步表明了我党以"零容忍"的态度惩治腐败的坚定决心，也进一步拓宽了"从严治党、从严治军"和我党"自我净化、自我革新、自我完善、自我提高"的铿锵之路。

从披露的事实来看，这些腐败分子的贪腐和渎职等行为是非常严重的。为什么在党中央多年坚持反腐的形势下，他们仍然一步一步走向背离党和人民的犯罪深渊？是什么让他们有如此胆量？究其原因，是因为他们总是误读党中央的反腐决心，总是无视广大人民对中央反腐败的坚定支持，总以为在中国这片土地上，会存在腐败不被追究和惩处的某些"保险箱"。例如：一些贪腐分子认为有了一张上下左右互相照应的关系网，官官相护，就可以逢凶化吉；认为只要通过各种手段提拔上去，身居高位，就可高枕无忧了；或者认为在特别的行业里做特别的工作，就可以规避反腐败带来的"风险"。今天，我党用事实来告诉那些抱着侥幸心理的腐败分子们：在共产党执政的中国，并没有腐败分子的"保险箱"。

一系列事实证明，腐败分子心中的那些"保险箱"是靠不住的，是保护不了他们的。徐才厚等曾经位至政治局、副国级的"大官"，哪个不是位高权重？曾经身在军籍的徐才厚和在纪检系统的金道铭、魏健，身份不也是很特殊吗？但是，因为他们不检点、不自律，身份不但没有给他们提供任何保险，却由于他们自以为有了保障，反而成了他们走向囹圄的加速剂。自食其果时，不知道他们该作何感想？

看看当今中国，腐败哪有"保险箱"？关系网再复杂、职位再高、行业再特殊，只要触犯了党纪国法，损害了党和国家的形象，伤害了党同人民群众的深厚感情，必将会受到法律制裁，并被钉在历史的耻辱柱上。唯

有真正坚定理想和信念，洁身自好、廉洁自律，永远和党站在一起，为人民谋利益，才是真正的、最大的"保险"。（罗俊锋）

### ■ 反腐不留死角

不留死角，是此次反腐的一大特点。此次反腐，中央部署有条不紊：纵向上打破以往人们认为的反腐"上限"，将盘根错节的腐败利益关系网抽丝剥茧、各个击破、一查到底；横向上深入各个系统及领域，不但查处了以往人们熟悉的贪腐问题频发的党政机关，权力大、资源多的关键领域和关键岗位，还将反腐延伸到了过去人们关注并不多的军队、新闻媒体等系统，甚至科研机构等"冷门"行业以及"清水衙门"。通过整体上加强社会监督，各方面反腐力量互动，真正做到了发现一起、查处一起，不留任何死角。

不留死角，是深化反腐的迫切需要。由于一些领域的改革不彻底、不到位，腐败问题在若干年里出现了领域泛化的现象。最初只出现在掌握国民经济运行重要资源的公共部门的腐败问题，开始向其他职能部门、甚至是在公众视野中甚少出现的"冷门部门"蔓延，这需要引起高度警惕。有些领域是腐败不起的，一旦蔓延，后果严重。例如：国防系统，关系国家安全，腐败蔓延会涣散军心、削弱军队战斗力、置国家于危险境地；纪检系统，代表反腐机制的公信力，正人必须先正己，唯有监管者清正廉洁才能够保证反腐机制发挥最大效用；新闻媒体，代表党和国家形象、引导社会舆论，腐败会使无冕之王被利益绑架，丧失公正立场；科教文卫则更关系到国家未来和百姓民生，腐败会伤及国家创新能力、危害百姓的切身利益。扫除这些领域的腐败，反腐才能不留死角，这是深化反腐的必然要求。

不留死角，是巩固反腐成果的需要。此次反腐，成果丰硕，大快民心，优化了党和政府的形象，提振了人民群众对党和国家的信心。信心来之不易，信心的长期保有更比黄金还宝贵。如果反腐工作不彻底，虎头蛇尾，甚至草草收场，就会为腐败问题卷土重来埋下隐患。尤其是一些看似与国民经济健康运行不甚相关的领域，其存在的腐败行为往往容易被忽视。如果这些所谓的"清水衙门"也存在腐败问题，就会造成更坏的负面影响，严重伤害人民群众好不容易建立起来的信心。"千里之堤溃于蚁穴"，即使是"冷门领域"的微小腐败行为，若不彻底打击，也会产生坏的示范效应，如病毒般感染到其他经济运行部门，使反腐工作已取得成果最终流失。反腐不留死角，就是不在任何领域留下腐败死灰复燃的隐患。

不留死角，就是坚持全方位的持久的反腐。对于以往反腐，人们往往称之为"风暴"，风暴者，疾风骤雨也。这种一阵风、运动式的反腐，往往会让腐败分子们觉得有机可乘、可待之望。当反腐力度大、风声紧时，腐败分子就会有所收敛；而当反腐风声过去，腐败行为查处有所松懈时，隐藏于官员队伍中的腐败分子们就又会旧态复萌。反腐不留死角，就是在反腐败的时空轴线上都不留下死角，不给腐败分子留任何希望和机会。为从根本上铲除腐败滋生的土壤，除坚决惩治打击腐败本身外，中央还从作风问题入手，大力纠正"四风"，这就是防微杜渐、从源头入手的更高境界上的反腐，从苗头上预防因为作风不正演化成腐败问题。坚持这样系统的、全方位的、持久的反腐，必定会还中国官场一片清净。

不留死角的反腐，是全面反思反腐败制度建设、推进制度建设的契机，要通过建立起系统的、有针对性的制度限制官员权力，规范权力运行机制，完善全面的监督机制，构建无法以公谋私的制度环境，最终形成领导干部不敢贪、不能贪、不想贪的良好政治生态。（史小今）

## ▇ 零容忍的态度不变

党的十八大以来，中央反腐败工作力度空前加大。在数量上不定指标，发现多少就查多少，坚持"露头即打""伸手必捉"；在官员级别上，坚持"老虎""苍蝇"一起打，"上不封顶"；在涉及领域上，几乎无所不包，从一些清水衙门到军队要害部门，坚持有腐必反、有贪必肃；在空间上，从地方到中央，从国内包围到跨国追逃，哪里有腐败，反腐工作就做到哪里，让贪官无处藏身，形成强大的威慑力。这些做法为反腐败治本制度建设赢得了更大空间和更多时间，也充分表明了中央在反腐败问题上坚持零容忍态度的坚定决心。

"千里之堤溃于蚁穴"。容忍小腐败，就会发展成大腐败，最终可能毁掉党和国家的基业。对腐败的态度放松一点、容忍一点，腐败就会像病毒一样不断复制，呈几何级数增长，反腐败工作就会前功尽弃。党的十八届四中全会《决定》提出："对违反党规党纪的行为必须严肃处理，对苗头性倾向性问题必须抓早抓小，防止小错酿成大错、违纪走向违法。"新一届中央领导集体对腐败的严重性危害性有深刻的认识，对反腐败工作的艰巨性长期性有充分的心理准备。

坚持以零容忍态度反腐败的决心不会动摇，其背后是人心所向，是广大干部群众的支持。绝大多数领导干部是坚决支持反腐败的，但也有一些党员干部认为中央要求太严。针对这个问题，习近平总书记强调："很多要求早就有了，是最基本的要求。现在的主要倾向不是严了，而是失之于宽、失之于软，不存在严过头的问题。"习近平总书记对当前反腐败斗争面临的形势做出的基本判断是"依然严峻复杂""腐败和反腐败对垒呈胶着状态"，因此，必须"从严治党，保持高压态势，坚决遏制腐败蔓延势头"。

如果对腐败不能做到零容忍，就会导致人民群众无法容忍。"针尖大的窟窿能透过斗大的风"，只有坚持零容忍，才能让"风"无处可透。只有织密监督之网，开启全天候探照灯，才能让"隐身人"无处藏身。零容忍是为了让腐败无从滋生、无处遁形、无法善终。零容忍是建设性的倒逼机制，零容忍的本质是以霹雳手段显菩萨心肠，是为了保护改革开放的成果，为了捍卫广大群众的利益，为了巩固共产党的长期执政地位。

零容忍不是喊喊口号、吹吹哨子的形式主义，而是一种付诸行动的态度。只有对腐败行为毫不犹豫地"亮剑"，才能使制度笼子的"高压线"

真正"通上电",防止出现"牛栏关猫"的问题。

零容忍不是扯扯袖子、打打板子的举动,不是选择性反腐,更不是运动式反腐,而是要长期狠抓、重点落实的一项艰巨工程,要让反腐败斗争成为全党全社会普遍的认知、普遍的态度,形成明确的是非观。既要防止"小老虎"变为"大老虎",又要解决消灭一堆"苍蝇"又来另一堆"苍蝇"的问题,这就需要形成不敢腐、不能腐、不想腐的有效机制。特别要把健全惩防腐败体系纳入国家治理体系和治理能力现代化来谋划,为反腐败斗争提供重要理论指导和实践指引;纳入社会主义法治国家建设来推进,为反腐败斗争提供有力法治保障;纳入全面深化改革来部署,为反腐败斗争提供强大动力。

权力导致腐败,绝对权力更加导致腐败。我们党和国家的性质决定了任何人都没有法律之外的绝对权力,任何人行使权力都必须为人民服务、对人民负责并自觉接受人民监督。"治国者必先受制于法",对各级领导干部的监督,必须依法治权治官。广大党员干部要学会运用法治思维行权,时时保持警醒、处处坚持底线,主动在思想上划出红线、在行为上明确界限,做到敬法畏纪、遵规守矩。坚持有"病"就马上"治",对领导干部身上暴露出的问题早发现、早提醒,不能养痈遗患。(杨志梁)

# 反腐观点摘编

## ■ 警惕碎片化反腐可能出现的三种失灵

世界上的廉洁国家在实现腐败治理现代化的过程,也曾不同程度地经历了碎片化反腐的过程,遭遇反腐的多重失灵。当前在继续坚持"老虎""苍蝇"一起打,保持反腐高压态势的同时要警惕反腐败进程中可能出现的失灵,加快探索预防反腐失灵的新思路。

"支柱坍塌"导致的失灵。大厦非独木可撑,任何社会力量都无力单独承载反腐的重任。根据透明国际组织的国家廉政体系理论,立法、司法、行政、监察部门、反腐机构、大众传媒、公民社会、国际组织等主体是支撑国家廉政大厦的支柱。可想而知,其中的每个支柱都必须有足够的强度和支撑能力,并且各个支柱互相依赖,廉政大厦方能安如泰山。廉政大厦的支柱分为国家公权和社会力量两大范畴,纪委查处是公权反腐的常见方式、网络反腐是社会反腐的代名词,二者被寄予的社会期望不断加码。从长期趋势看,纪委主导的"打老虎"、网络横扫的"拍苍蝇"都将可能经历反腐边际效应递增到边际效应递减的过程。自上而下的权力反腐、自下而上的社会反腐都难以单刀斩除当前中国腐败的毒瘤。

"孤岛效应"导致的失灵。一个或几个有效的反腐措施被孤立地、突出地推到反腐前哨，就恰似海洋中的孤岛。孤岛产生出强大的希望效应，但孤岛往往被腐败恶浪绕过、侵蚀乃至吞没。腐败具有社会陷阱的性质，它与无效率的社会准则、有漏洞的制度体系交织在一起，单一药方不能消除根深蒂固的腐败。在西方国家被誉为反腐利器的官员财产公示制度也难以承受当前中国的反腐之重。官员财产公示被社会各界寄予厚望，但试行的实际效果并非理想。没有公民不动产登记制度、法人财务制度、公民收入纳税制度等配套，腐败分子可以轻易地将非法收入藏匿、转移，官员财产公示制度只不过是"扭曲的透明"。有效的反腐措施都是在一定条件下发挥作用的，缺少成熟的条件和完善的配套，则会出现"龙游浅水遭虾戏"的窘迫。孤岛效应一旦被贬损、渲染，原本具有生命力的反腐措施很可能被质疑，甚至被轻易抛弃。孤岛效应急需我们探索完善反腐措施的适用条件。

"反腐悖论"导致的失灵。反腐悖论又称亨廷顿悖论。亨廷顿指出，在一个腐败成风的社会里，采用严厉的反腐败举措反而可能增加腐败的机会。现代社会的腐败问题是现代化刺激、政治制度化不充分的结果。腐败在经济社会加速现代化，而国家治理制度体系和治理能力现代化滞后的时候最为猖獗。一方面，政府权威的扩大会增加腐败的可能性。另一方面，反腐机构强化了的权利存在被滥用、收买的危险。屡见报端的纪委书记、政法委书记腐败案足以证实这一点。（刘力锐）

## 反腐败热点问题再思考

### 官员财产公开到底需不需要有条件的部分赦免

官员财产申报制度在西方一些国家已经有上百年的历史，是被实践证明了的行之有效的反腐败制度。这项制度在我国也并不陌生，早在1988年，全国人大便起草了一个关于《国家行政工作人员报告财产和收入的规定草案》，并于1994年，将《财产收入申报法》列入立法项目。这期间，虽然常有地方政府进行一些突破和尝试，但大多都无疾而终。这项制度推行困难的原因是多方面的，比如相关配套制度的缺乏、人为的抵制和干扰等。但最大的困境则在于如何看待和解决以往腐败财产的问题，是新账旧账一起算，还是"有条件的部分赦免"？这个问题弄清楚了，其他的问题也就迎刃而解了。

在当前情况下，采取"有条件的部分赦免"并非赃款合法化，这虽是一种无奈之举，但却有着实行的必要性和可行性。官员财产公示应实行"有条件的部分赦免"，即腐败分子将收受的全部贿赂匿名清退了，并且在案发后，经查实退回的赃款与实际情况完全吻合且数额不巨大、不构成犯罪的，即可得到赦免。只有这样，才能使这项带着反腐败工作大局的制度迟早付诸实施，推动早日达成干部清正、政府清廉、政治清明的目标。

**网络反腐能否解决中国的腐败问题**

近年来，网络反腐以其独特的技术特性和明显的反腐效果，引起众多官员和学者的关注和期待。网络反腐借互联网人多势重的特点，且不受渠道和时空限制，门槛低、成本低、时效性强、效果明显的技术优势，更容易形成舆论热点，成为群众监督权力的新形式。如今网络反腐已在多起腐败案件中显示了其"反腐利器"的威力。越来越多的官员因网络反腐而落马，一些人开始认为网络反腐能够解决中国的腐败问题。

笔者认为，这些观点未免有点过于乐观，夸大了网络反腐的作用。网络监督在性质上是群众舆论监督的一种补充，是一种自下而上的软监督，而不是专业机构的硬监督，这也决定了其反腐效果的局限性。虽然网络反腐因为有群众参与，反腐效果有时会超越传统专业机构的反腐，但问题的解决还得依靠相关机构的重视和行动。网络作为一种技术手段，本身是一柄双刃剑，利弊共生，关键在于如何运用。运用有方，就能为我所用，为加强反腐倡廉建设打开新局面；运用不当，就会深受其害，不利于反腐倡廉建设。因此，面对网络反腐的迅猛发展，我们既不能因为网络反腐是一种软监督而忽视其积极作用，也不能因为目前网络反腐还存在缺陷而因噎废食，全面加以排斥，又不能盲目乐观，过分夸大网络反腐的作用，更不能因为其积极作用而延误和影响我们的顶层设计和制度体系建设。

权力监督是要"自上而下"还是"自下而上"

从理论上讲，坚持"自上而下"与"自下而上"相结合的反腐败路径是一种理想的模式，也是我们反腐败要追求的终极目标。但在实际工作中，我们却习惯于"自上而下"的监督渠道，对"自下而上"则不太重视。许多人认为，反腐取决于掌握权力的高层，因为他们握有更大的监督权力，只有他们以更大的权力反对腐败，才能取得反腐成功。在这种认识的作用下，我们从中央到地方所设的反腐机构越来越庞大，从事反腐败工作的人员越来越多，制定的反腐败制度越来越细。但实际效果却不令人满意，涉案人员的层级越来越高，涉案金额越来越大，腐败现象滋生蔓延的势头依然严重，对各级"一把手"的监督依然存在死角。这也在某种程度上说明了"自上而下"的层层监督的局限。

"自上而下"监督的局限和严峻的反腐败形势需要我们认真思考"自下而上"的监督渠道。现在大家都认同阿克顿勋爵的名言："权力导致腐败，绝对的权力导致绝对的腐败"。由此推论，权力越大，受到的监督就应该越多，官越大，则受到的监督就应该越大。然而我国的实际情况却正好相反，自上而下封闭式的监督体制，使官越小受到的监督越多，官越大受到的监督反而越少，对权力越大的人监督起来就越困难。这种"自上而下"的监督体制也导致部分级别高、权力大的领导升到某种职级后监督就会"失效"，能不能做到廉洁从政完全取决于自己的认识和觉悟。既然绝对的权力导致绝对的腐败，就不能相信权力大的人能监督权力小的人，而要相信和依靠自下而上的民主监督、社会监督、舆论监督。自下而上的民主监督比自上而下的层层监督，不仅功效更大，而且成本低廉。（张亚勇）

### ■ 遏制腐败需要整体设计

腐败，这一原意为物质由原初状态变质或腐烂的生物学词汇，在政治领域，引申为公共权力原初或者本应实现的状态无法实现，权力被滥用，变质为运用公共权力实现私人目的。狭义的腐败主要特指权钱交易、贪污受贿和权力寻租等行为，典型地表现为运用权力换取个人（及其近亲属）的物质利益。

这种腐败又可以区分为两种，一种是个别式的，一种是制度性或结构性的。我们说基于人性的腐败有时不可避免，是人类社会之顽疾，主要是指前者。个体犯错必然时有发生，任何制度都无法保证有人不会铤而走险。而后者则是一种较大范围内、扩展到政制各层面、多领域的整体性腐败。它才是需要着力解决的问题，关乎政权的存续。这种腐败主要是由于制度某些不合理设计造成的，权力运行缺乏真实、有效的监督和制约，使人性的弱点在面对权力带来的巨大利益时显露出来。因此，从根本上治理贪腐，核心并不是通过教化克制贪欲，而是需要通过精心设计的政治制度，监督、控制、制约权力的行使过程，使其即使想也不敢为之、没有机会为之。

因此，有效遏制腐败问题，需要整体设计，让权力运行的每个环节、各个层次都受到有效的监督、制约，使权力运作具有可控性。

这种整体性控权可以分为纵向和横向的。纵向是指监督、制约贯穿于权力行使的各个环节，对权力进行全程监控。比如对权力人的选择，对权力内容、行使限度的划定，对于权力作用效果的考察等，三者分别对应选拔任命制度、政治组织制度和问责制度。横向是指权力之间的相互监督、制约，又可以分为内部和外部。内部主要是指不同职能范围的公权力之间的分工制衡，以及公权系统内部的监察、问责机制；外部是指其他社会力量对于政治权力行使的监督，比如公民、媒体、政党、市场、社会组织等。为使这些实体能进行有效监督，还需辅以一些形式上的要求，比如权力运行的公开性、透明性,以及有权判断是否滥用权力的组织或个人的中立性和专业性。如此一来,这些内外、纵横交错的机制形成了一张严密的控权网络,使权力在其中受到制约而不敢私用。即使某一制度失效,其他制度仍能实现有效监督。因此,有效地遏制腐败,要求我们进行整体设计,使整个政治制度形成这样一张严密的控权网络。　（王若磊）

### ■ 让互联网反腐发挥"正能量"

互联网反腐本质上是一种社会监督,是公民政治参与的一种新形式。互联网反腐之所以发展迅速,正是由于发挥了网络的隐蔽、方便、快速、低成本等特点,利用了网络信息传递的时空虚拟性、可复制性、超链接性、放大扩散性。面对互联网日益成为群众参与反腐的阵地,在保障群众参与反腐热情的前提下,当务之急要解决好互联网反腐的无序化、自生长问题,要将互联网反腐纳入制度化、法治化轨道。这就需要理顺职能部门反腐与民间个体反腐之间的关系,实现制度反腐对互联网反腐的有效承接,加强对互联网反腐的引导、整合,将互联网反腐信息有效转化为案件线索来源。

这就要充分考虑互联网传播信息特有的规律,建立一套与传统工作方式不同的应对模式,在互联网涉腐信息收集、核实、回应等关键环节上想办法、下功夫。在信息获取环节,完善互联网反腐信息收集机制,建设专门的网络舆情队伍,与知名网站建立信息交流机制,及时掌握涉腐网络舆情动态。在信息处理环节,建立互联网反腐信息快速报送办理机制,对互联网反腐所涉及的违纪贪腐线索要"闻腐而动""跟腐而进",做到准备足、调查严、定性准、处理稳。"房叔"事件的处理过程就是一个值得借鉴的范本,有关部门以快速调查、及时回应的方式赢得了网民的信任和支持。

这里有一个特别值得注意的环节。当职能部门接触、约谈举报人后,应及时通过网络发帖告知受理情况、现实接触后签订双向承诺等形式约束举报人的互联网继续发帖行为,依法规制公民言论自由的行使边界,避免因举报人泄露相关工作细节,将舆论关注点转向职能部门,影响调查工作的顺利开展。在信息反馈环节,建立互联网反腐信息查结后分类处理机制,对于经查属实、需追究党纪政纪责任的举报,做到及时公开调查处理结果,以实际成效取信网民。对于经查不实的举报,做好解释、引导工作,及时让网络舆论热流冷却,让网民关注点转移。对于发布虚假信息、捏造事实、诬陷诽谤的举报,追究有关信息发布人员的法律责任,还被举报人一个清白,给网民以守法教育。在信息危机干预环节,纪委要与宣传部门、网宣办等单位建立工作协调机制,发挥各自职能,做到信息共享、共同应对、相互补位,化被动为主动,及时有效做好应对工作。

在信息化社会,如能有效地将互联网反腐纳入制度化、法治化轨道,充分利用好群众通过网络空间进行的政治参与,我们有理由相信,互联网反腐将充分释放其社会监督的"正能量",最大限度地减少其副作用。(蔡世斌)

## ■ 村官腐败和查处难的原因

### 村干部腐败的主要领域和危害

当前,"村官"腐败主要集中在几个领域。一是在集体土地征用拆迁过程中以权谋私,收受贿赂;二是在土地开发利用等集体资源、资产、资金管理运行过程中营私舞弊,非法获利;三是在农村基础设施建设过程中弄虚作假,损公肥私;四是在农村低保户确认等公务管理过程中优亲厚友、吃拿卡要、虚报截留等。就当前来看,与土地相关的腐败是最严重的。这些腐败,造成了一定程度的危害。主要是国家和村民利益受到侵害,破坏社会公平正义和农村发展稳定,加深社会对于公职人员的不信任感,损害党和政府的威信。

### 发生腐败和查处难的原因

村民自治和集体经济民主管理制度建设严重滞后。农村基层民主制度建设在反腐方面未能充分发挥作用的原因,一是不少地方对村民自治没有真正重视,以致民主选举、民主决策、民主管理和民主监督流于形式,不能通过有效的民主制度建设防范村官腐败。二是一些乡镇领导认为村民自治约束了他们的权力,在用人、征地等方面妨碍自己的手脚,不在建立基层民主制度上下功夫,却在加强乡镇机关对村级权力的控制方面屡出新招,直接管理村级财务和村委会公章,导致基层民主制度建设退化。三是有的村干部和县乡干部结成利益共同体,联合作案,腐败"村官"受到乡镇干部的保护,腐败行为得不到及时查处。四是一些地方片面强调村党支部书记和村委会主任一人兼,主要干部尤其是村党支部书记包揽村级事务,造成村级权力过于集中,主要村干部个人说了算,民主管理和民主监督机制弱化。五是一些基层干部官本位意识浓厚,在官场中奉行官官相护、不得罪人的规则,群众观念淡薄,不关心群众疾苦,不能坚持原则,不能正确对待村民的诉求,不积极处理群众反映的问题。

基层官员在共同利益支配下对村官腐败行为进行庇护。少数乡镇政府与村民集体之间存在土地资源利益的争夺,反映在村民选举过程中的操控违法现象和通过村党支部包揽财务管理权。

起诉腐败村干部有法律上的盲区。一位检察官坦言:"村民委员会、居民委员会的工作人员职务行为分为依法从事公务、基层自治管理服务两种行为。按法律规定,只有在依法从事公务,如救灾、抢险、土地征用补偿费用的管理等环节,村干部才属于'依照法律从事公务的人员',才列入'国家工作人员'范围并属于检察机关查办职务犯罪的管辖范围。这造成了目前的一种司法困境,即一些基层群众对基层组织的问题反映很强烈,但限于当事人身份及司法管辖权,检察机关介入调查必须依法进行。"(曹国英)

### ■ 加大惩治力度，让行贿得不偿失

根据反腐专家任建明教授长期调查的结论，行贿者的回报是投入的1000%。因此在一项权钱交易中，获利最多的不是受贿官员，而是行贿者拿到收益绝大部分。如果将行贿者用"经济人"的理论来假设，那么1000%的利益面前，其必然会选择行贿作为其"合理"的策略。因此为了从源头惩治和预防腐败，就必须通过完善现行法律制度中的不足，来提高行贿者的成本和风险，减少其收益，使得其犯罪成本远远大于犯罪收益，进而理性地拒绝采用行贿手段来引诱受贿者，从而减少贿赂犯罪的发生。

为了改变我国现行司法领域"重受贿轻行贿"的现象，我们认为应该借鉴国际廉政建设先进国家的经验和《联合国反腐败公约》的规定并结合我国实际，树立"行贿和受贿同罪同罚"原则，同时考虑"同罚但侧重点不同"的处罚策略。具体显现在立法上，取消"为谋取不当利益"的主观目的的限制，同时增设以造成损失或获利数额之中取最大值为基数加倍除以罚金的罚金刑。在司法上，严格特别自首中"主动交代"的限制，避免特别自首条款被滥用。

此外，还应该加大行贿犯罪危害的宣传教育，使人民群众充分认识到行贿行为不仅是一种丑恶现象，更是一种严重的犯罪行为，是产生受贿犯罪的直接根源。行贿者更是获得了违法收益的绝大部分，理应受到与受贿者一样的严惩，从而树立全社会诚实守信、公平竞争和遵纪守法的廉洁意识，进而达到健全惩治和预防腐败体系的目的。

对犯罪最强有力的约束力量不是刑罚的严酷性，而是刑罚的必然性。但是如果刑罚必然性不足而且也过分缺少严酷性，那必然难以发挥其应有的效果。因此，我们必须对于行贿和受贿犯罪坚持"两手都要抓，两手都要硬"的策略，在保持对受贿犯罪的高压态势同时，加大对行贿犯罪的打击力度，这才是对腐败零容忍的应有之义。（胡杨）

## 彻底反腐与全面深化改革如何契合

彻底反腐败与全面深化改革是一致的。从反腐败与改革的关系来看，全面深化改革坚持以重大问题为导向，就是在更深层次上、更彻底地开展反腐败工作；彻底反腐倡廉坚持"老虎""苍蝇"一起打，则既可以为改革扫清障碍又可以为改革保驾护航。当前在一定范围存在的贫富悬殊、环境恶化、土地浪费、人祸频发、丑恶横行等现象，其主要原因是市场不健全、竞争不公平以及权力滥用和腐败。经济体制改革是全面深化改革的重点，核心问题是处理好政府和市场的关系，使市场在资源配置中起决定性作用和更好地发挥政府作用。解决了市场体系不完善、政府干预过多和监管不到位等问题，不仅有利于深化经济体制改革，而且有利于强化和完善惩防腐败体系建设。反过来，在有关政府与市场关系的体制、制度和机制的所有方面健全了惩防腐败的体系，市场的决定性作用就能够发挥出来，竞争秩序就能够维护，社会不公现象就能够得到有效的处理，改革就得到了全面深化。

彻底反腐败有助于清除改革的阻力和障碍。有些干部已经习惯于享受特权、以权谋私甚至行贿受贿。深化改革就意味着规范公共权力、健全市场秩序，就意味着剥夺他们现有的一些特权和利益，这当然会受到他们的极力抵制。他们会利用自身的优势形成各种反改革势力，采取各种手段，制造各种理由或者理论来否定、拖延甚至阻挠改革。因此，坚持"老虎"和"苍蝇"一起打，做到有腐必反、有贪必肃、有案必办，纯洁干部队伍，就可以依靠人民群众和现有体制有效地扫清改革的障碍，依法依纪排除改革的阻力。从这个意义上可以说，彻底地反腐倡廉是当前全面深化改革的一个重要突破口。

彻底反腐败有助于创造公平竞争的社会环境。一些腐败分子不仅在经济领域破坏市场秩序，妨碍科学发展，而且在政治上脱离人民群众，侵犯公民和法人的合法权益，损害社会和谐稳定。这就使党和人民群众更加不能容忍消极腐败现象易发多发和违纪违法案件查处不力。只有彻底反腐败，才能真正解决社会公平竞争问题。

彻底地反腐既要靠法治，又要靠民主。十八大以来我们党反腐败斗争取得显著的成效，有两条重要的经验：一是"八项规定"开路，群众路线教育实践活动助力，为强化反腐败体制机制创新和制度保障、加强思想政治教育、严明党的纪律营造了良好的氛围；二是新媒体时代提供的网络反腐新平台，为加强和改进巡视工作，畅通人民群众举报和监督渠道，提供了前所未有的便利条件。如果我们不着眼长远，乘势而上，抓住机遇，大力推进法治反腐倡廉建设，反腐败的声势和力度是难以保持的；如果我们不正确认识人民群众监督的重要性，加强民主政治建设，完善选举制度，保障监督权利，对网络反腐平台的限制和控制就会越来越多、越来越严，以致难以发挥作用。法治是反腐倡廉的根本途径，但是法治的力量来自民主，没有民主的发展，法治是难以持久的。因此，从反腐倡廉的角度来看，发展民主和加强法治既是全面深化改革的重要内容，也是彻底反腐倡廉的必要保障和基础。（谢鹏程）

# 第二篇

## 从严治党,用好巡视和问责"利剑"

# 开创全面从严治党新局面

徐伟新

**徐伟新**

中共中央党校副校长,全国妇联第八、九届中央执行委员,博士生导师,享有突出贡献专家政府特殊津贴。曾任中共中央党校哲学部历史唯物主义教研室副主任、中共中央党校理论研究室副主任、《学习时报》总编辑兼社长等。

2015年3月5日,习近平总书记在参加十二届全国人大三次会议上海代表团审议时指出,全面从严治党是我们党在新形势下进行具有许多新的历史特点的伟大斗争的根本保证,关键是要抓住领导干部这个"关键少数",坚持思想建党和制度治党紧密结合,全方位扎紧制度笼子,更多用制度治党、管权、治吏。

当前,中国发展正进入新常态。如何引领人民以新思维、新心态、新作为适应新常态,如何奋力书写"四个全面"的新篇章,对于执政党来说无疑又是一场大考。面对更加复杂多变的国际国内新形势,面对人民群众对改革发展的新期待,能不能在这场"赶考"中取得让历史称颂、让人民群众满意的答卷,关键取决于全面从严治党的决心、力度和成效。

这些年来,我们党始终高度重视自身建设,全面推进党的建设新的伟大工程,党的执政能力得到新的提高,党的先进性和纯洁性得到保持和发展,党的领导得到加强和改善,极大地增强了人民群众的信任和拥护。我们也要清醒地看到,转型中国、转型社会、转型体制给党的建设提出一系列新课题。随着形势和任务不断发生新变化,党的自身建设也暴露出一些突出矛盾和问题。有的矛盾成为结构性难题,有的问题还在蔓延,党的政治生态亟待改进。从根本上解决这些问题,要从思想和制度两个方面下大力气,认真研究把握新形势下建党治党规律,不断提高党的建设科学化和制度化水平,推动全面从严治党迈上新台阶。

首要的是拧紧"总开关",坚定理想信念,发挥好思想建党的优良传统和政治优势。理想信念是共产党人安身立命的根本,如果理想信念不坚定,不相信马克思主义,不相信中国特色社会主义,就经不起风浪,也经不住诱惑。十八大以后落马的某领导干部曾忏悔说,完全忘记了当初入党是为了什么,忘记了当领导是为谁服务。黎巴嫩诗人纪伯伦提醒人们,我们已经出发得太久,以至于忘记当初为什么出发。我们正处在一个人心激荡、变化迅猛的时代,发展之快、变化之快令人猝不及防、目不暇接,但是其间有些东西是恒久不变、始终要坚守的。这就是党的宗旨不能变,理想信念不能变,共产党人的政治本色不能变。我们要深入学习贯彻习近平总书记系列重要讲话精神,切实用讲话精神武装头脑、凝聚共识。要加强党性锻炼和道德教育,提高党员干部的党性修养和道德修为,在不断前行的进程中,让思想经常返回到出发的起点,重温事业发展的初衷。

重点是坚持依规治党、依法执政,在法治的轨道上加强自身建设、实现治国理政。我们党历经千锤百炼,由小到大,由弱变强,一个重要的法宝就是有严明的纪律和规矩。当前,要把守纪律、讲规矩摆在更加重要位置,切实提高纪律和规矩对党员干部的约束力。要健全依法执政的体制机制,把法治思维和法治方式作为执政的核心理念,增强党员干部的法治观念和法治素养,规范权力运行,始终在法治轨道上推进各项工作,推动党治国理政活动的制度化、规范化和有序化。

关键是要让制度获得强大生命力,在制度治党上取得新突破。一方面,要深入推进党的建设制度改革,加强制度的配套衔接和整体建设,提高制度设计的科学性和有效性,不断完善以党章为根本、以民主集中制为核心的党内法规制度体系,奠定依规从严治党的制度基础。另一方面,要实现制度监督制约权力常态化。坚持用制度管权、管事、管人,既要用制度防止权力任性,也要用制度问责不作为,发挥制度的刚性作用,维护制度的严肃性和权威性。健全权力运行监督体系,畅通党内监督和人民群众监督的制度通道,使制度的"笼子"越织越紧、越扎越牢,以制度治党的新成效全面开创从严治党新境界。

# 巡视工作的历史沿革、现实成就和制度创新

周淑真

**周淑真**

中国人民大学国际关系学院政治学系教授，博士研究生导师。中国统一战线理论研究会政党理论研究基地副主任兼首席专家，中国人民大学当代中国政党研究中心主任，中国人民大学廉政建设研究中心主任。

对权力的制约和监督，是党的十八大以来廉政建设和反腐败斗争的主要话题。巡视制度以其规范的监督方式、内容和效果，作为党内监督制度的创新方式进入人们的视野。

巡视制度是中国古代行政监察的重要形式之一，由皇帝和中央监察机关定期或不定期派遣监察官巡察地方，虽是建立在封建君主专制体制的基础上、有特定服务对象，但在一定程度上对惩恶除奸、监察百官、惩罚警诫、反腐肃贪和整顿吏治起到了作用。

现代意义的巡视制度是党内监督的制度之一，是中国共产党中央和省、自治区、直辖市党委，通过建立专门巡视机构，按照有关规定对下级党组织领导班子及其成员进行巡查监督的制度。透过巡视工作的历史沿革、现实成就去分析党内监督制度创新的价值，对于全面深化改革、深入推进廉政建设具有重要意义。

## 一、巡视制度的兴起和历史沿革

中国共产党巡视工作的传统早已有之，但不同时期重点各有不同。1921年建党之初，党中央就开始派遣特派员巡行指导工作，任务主要是上传下达。此后的土地革命战争、抗日战争和解放战争时期，巡视工作继续加强，功能集中在指导党的基层组织建设上。进入改革开放新时期后，巡视工作重点逐渐转移到党内监督。1989年党的十三届四中全会以后，党中央提出开展巡视工作，并对如何开展巡视进行了初步探索。1996年中纪委十四届六次全会做出了"选派部级干部到地方和部门巡视"的部署。

2002年11月，"改革和完善党的纪律检查体制，建立和完善巡视制度"写入党的十六大报告。2003年7月，"中央纪委、中央组织部"正式组建中央巡视办公室和5个巡视组，并到辽宁、云南进行巡视试点。2004年全国31个省（自治区、直辖市）和新疆生产建设兵团党委也陆续设立了121个巡视机构。这一时期的巡视工作，完全不同于以往临时抽调人员组建临时性机构的办法，中央巡视组组长均由中纪委、中组部刚离开工作岗位、还没办理退（离）休手续的正省（部）级干部担任，副组长则由副部级巡视专员担任。中央巡视组的职能是检查省级领导班子及其成员的党政纪律：包括遵守党的政治纪律、贯彻执行党的路线方针政策的情况；贯彻落实党风廉政建设责任制和廉政勤政的情况；贯彻执行民主集中制的情况和选拔任用领导干部情况。在隶属关系上，中央巡视组直接对中纪委常委会和中央组织部部务会负责，其工资和组织关系均归属中纪委，与地方无利益关系。

2004年2月，《中国共产党党内监督条例（试行）》颁布实施，在"监督制度"一章中列出"巡视"一节。规定"中央和省、自治区、直辖市党委建立巡视制度，按照有关规定对下级党组织领导班子及其成员进行监督"。巡视工作的主要任务是：了解贯彻落实"三个代表"重要思想和执行党的路线、方针、政策、决议、决定和工作部署的情况，执行民主集中制的情况，落实党风廉政建设责任制和廉政勤政的情况，领导干部选拔任用的情况，处理改革发展稳定的情况，以及中央要求巡视的其他事项。工作职责是向派出巡视组的党组织报告巡视工作中了解到的情况，提出意见和建议。党内监督条例把巡视制度正式确立为党内监督的一项重要制度，其后中央和各省（区、市）先后组建巡视机构，巡视工作全面推开。截至2006年年底，中央巡视组已对31个省（自治区、直辖市）和新疆生产建设兵团、9家中央管理银行、4家国有金融资产管理公司、部分保险公司进行了巡视，此外还展开了国有重要骨干企业的巡视试点工作。

2007年党的十七大把巡视制度正式写进党章："党的中央和省、自治区、直辖市委员会实行巡视制度"，将巡视制度以党内根本大法的形式确定下来。2009年制定《中国共产党巡视工作条例（试行）》，7月13日印发颁布。同年12月，"中央纪委、中央组织部巡视组"更名为"中央巡视组"。2010年6月，全军巡视试点工作部署暨巡视干部培训会议召开，意味着党内巡视制度扩大至军队。

巡视制度有多年的历史，但公众对它的了解并不多，有人将其比作"钦差大臣"——其实两者有着本质区别，巡视组的定位是中央的"千里眼"。长期以来，对各级党政领导班子，特别是"一把手"的监督，一直是党内监督的薄弱环节，"上级监督太远、同级监督太软、下级监督太难、组织监督太短、纪委监督太晚"，存在"看得见的管不着，管得着的看不见"的问题，监督缺位让权力如脱缰野马，与恶性膨胀的贪欲联姻，"一把手"们"前腐后继"就成为必然。巡视机构的权力由上级党委赋予，具有自上而下、身临其境、重点突出、客观超脱的特点，强有力的监督方式在制约"一把手"上具有先天的优势，可以说，巡视制度在一定程度上弥补了同级纪委难以监督同级党委的体制缺陷。从20世纪90年代发展至今，巡视工作的制度框架逐步形成，巡视领域不断拓展，监督力度不断加大。陈良宇、侯伍杰等一些高级领导干部腐败案发，最初的线索来源都与巡视工作有关。可以说，新时期的巡视制度是从无到有，根据时代需求逐渐变化而来。

## 二、巡视工作的现实成就

党的十八大以后，廉政建设和反腐败斗争进入一个全新的阶段，2013年巡视工作聚焦党风廉政建设和反腐败斗争，把发现问题、形成震慑作为主要任务，强化对党组织领导班子及其成员的监督，着力发现贪污腐败、违反中央八项规定精神、违反政治纪律、违反组织人事工作纪律等问题，提高了针对性和实效性。2013年6月，《中央纪委中央组织部关于进一步加强巡视工作的意见》和《中央巡视工作2013—2017年规划》颁布。11月召开的十八届三中全会也对巡视工作做出新的重要部署，决定改进中央和省区市巡视制度，做到对地方、部门、企事业单位全覆盖。这些决策部署为新时期巡视工作地开展指明了方向，也充分体现了党中央从严治党、对腐败零容忍的坚定决心。2013年10个中央巡视组二度出发，"不能让有问题的人心存侥幸，不能让腐败分子有立足之地"，查处了一批突出问题和一些领导干部的违法违纪问题，成效显著。从执行效果上看，显示出巡视监督既是反腐的猛药，更是惩贪的利器，其成就主要表现在以下几点：

在巡视工作的组织领导机构方面：党的中央委员会成立的巡视工作领导小组向中央负责并报告工作；巡视组组长不固定、巡视的地区和单位不固定、巡视组与巡视对象的关系不固定，组建巡视组组长库，一次一授权，统称为中央第一至第十巡视组，不再有过去的地方巡视组、企业巡视组、金融巡视组之分。用"三个不固定"组织巡视队伍，避免利益交换，在操作上显示出创新性和执行力。

在职责定位方面：把发现突出问题，强化震慑作用作为主要任务，"对重大问题应该发现而没有发现就是失职，发现问题没有客观汇报就是渎职，必须根据情况追究责任"。

在巡视对象方面：突出对党组织领导班子及其成员、特别是"一把手"的监督，关口前移，"下沉一级"了解情况，对领导干部报告个人有关事项进行抽查，提高巡视的针对性和有效性。领导干部的"问题"非一日养成，主政一方或一单位，手中的权力缺乏有效制约，时长日久，不注意理性地自我约束，其人品、官品会展露无遗，"下沉一级"了解的情况是比较真实和准确的。

在巡视内容方面：突出"四个着力"，即着力发现领导干部是否存在权钱交易、以权谋私、贪污贿赂、腐化堕落等违纪违法问题；着力发现是否存在形式主义、官僚主义、享乐主义和奢靡之风等违反中央八项规定精神的问题；着力发现是否存在对涉及党的理论和路线方针政策等重大政治问题公开发表反对意见、搞"上有政策、下有对策"等违反政治纪律的问题；着力发现是否存在买官卖官、拉票贿选、违规提拔干部等选人用人上的不正之风和腐败问题。和以往相比收窄了巡视内容，重点巡视违纪违法的线索，巡视工作的定位更精准。

在工作方式和巡视步骤方面：规范工作方式和巡视步骤。9种工作方式：听取工作、专题汇报，列席有关会议，受理来信、来电、来访，召开听取意见座谈会，个别谈话，调阅、复制有关资料，民主测评、问卷调查，走访调研以及商请有关职能部门或专业机构予以协助等。巡视"五步骤"：巡视准备、巡视了解、巡视汇报、巡视反馈、移交督办。这些规定使巡视工作流程规范、操作性强，可有效避免个人因素影响，所有程序必须走到，所有手段必须利用，切实推进制度反腐建设。

截至2013年11月底，各省（区、市）党委巡视组共完成对69个市（地、州、盟）、480个县（市、区、旗）及77个省直部门和98家省属国有企业、高校的巡视，向纪检监察机关移交领导干部涉嫌违纪违法问题线索1879件，其中厅局级和县处级干部线索562件；向组织（人事）部门移交选人用人方面的问题136件。国务院国资委对中央企业、教育部直属高校的巡视，以及部分中央和国家机关、中央企业和中管金融企业内部巡视工作也扎实推进。中央强化巡视运用的决心和举措，在党内外产生强烈反响，各级领导干部受到警示、教育，潜在违纪违法人员受到很大震慑，广大干部群众深受鼓舞。巡视工作在社会上引起广泛关注，形成了"内外共震"的良好效果。一大批重量级贪官被揪出，显示出巡视制度的巨大威力。

### 三、巡视制度创新的意义和启示

从权力的属性来讲，权力是一种支配他人的力量，具有独占性、扩张性、排他性和蜕变性，在不受监督的情况下容易导致腐败。权力的监督在古今中外都是一个难题，必须通过具体的制度规范才能实现。预防腐败，不仅要靠官员个人的自律行为，更重要的是靠一种好的制度来监督制约权力。制度的价值在于可操作性和实效性，巡视制度就是具有可操作性和实效性的监督制约权力的制度。

从在长期执政条件下防止腐化变质和党内监督的重要性来讲，现代国家政治是政党政治，政党和政党制度是一个国家政治的核心内容，现代政治的运行和国家治理离不开政党。执政党要执行好治国理政的任务，前提就是从严治党。由于我国实行共产党领导的多党合作和政治协商制度，拥有8500多万党员的执政党在拥有13亿人口的国家长期执政，对国家政治、经济和社会发展负有全面责任和长期使命。坚决反对腐败，防止在长期执政条件下腐化变质，是全党必须抓好的重大政治任务。国家是否能保持长治久安，取决于执政党廉政建设和反腐败斗争的力度和深度，取决于执政党与人民群众的关系，取决于党是否建立在深厚的民意基础之上，健全的党内监督制度无疑是长期执政的逻辑起点。巡视制度之所以被党中央和社会各界重视，缘于它实行的上位监督形式是自上而下的，既充分体现了上位监督的权威性、有效性，又通过直接深入群众发现问题，表现为上位监督与下位监督的互动结合，体现了上位监督建立于下位监督的基础支撑。

从执政党建设来讲，巡视是党章规定的一项重要制度，是党章赋予的重要职责，是加强党的建设的重要举措，是从严治党、维护党纪的重要手段，是加强党内监督的重要形式。中央巡视组彰显了中央肃贪惩恶的决心、胆略和魄力。"把权力关进制度的笼子"，首先制度要管用，笼子要结实。巡视制度的重要意义，就在于它是支撑权力监督制度铁笼的一个重要支柱。在党中央的领导下，今后的巡视工作会继续创新，探索专项巡视，加强成果运用，细化分类处置措施，确保整改落实。巡视工作作为党内权力监督制度创新的价值，在推进全面深化改革和建设廉洁政治的进程中将会进一步彰显。

# 新时期巡视监督改革的实践方向探析

庄德水

**庄德水**

　　浙江台州人,毕业于北京大学政府管理学院,获政治学博士学位。现为北京大学廉政建设研究中心副主任、北京大学政治发展与政府管理研究所副研究员,中国监察学会理事。专门从事廉政理论、廉政教育、公共治理等研究,主持完成多项教育部专项项目课题和教育部重大攻关项目子课题,参与完成多项中央纪委委托课题和地方政府合作课题。

党的十八大以来，中央巡视组连续开展了 3 次巡视监督，共对全国 34 个地区和单位进行了巡视，起到了明显的威慑作用。巡视监督改革是纪检体制改革的一部分，如何在前期探索实践的基础上进一步实现"华丽转身"呢？

## 一、巡视监督应从应急型向任务型转变

改革开放以来，在特定时期我国反腐工作的应急性特征比较明显，往往是出现一个严重的腐败问题后，才在全国上下开展相应的反腐工作，比如清理纠正国家机关工作人员投资入股煤矿、工程建设领域等商业贿赂治理、"小金库"治理等。这些应急性的反腐工作试图在短期内遏制腐败行为，但遗憾的是，任务暂告一段落后，腐败问题往往又死灰复燃，甚至愈演愈烈。这不能不说是当前我国反腐工作的一个制度困境。党的十八大之前，各级政府也多次开展巡视监督，但也面临着同样的制度困境，腐败问题仍易发多发。

根据政治组织学，巡视组属于任务型组织，巡视监督具有任务型特征。在具体巡视工作中，像巡视组这样的任务型组织是以具体监督任务为导向的，其打破了常规纪检监察机关的专业分工和部门分化，在组织结构、资源配置、运行机制、人员安排等方面具有灵活性，实行一次一授权，完成特定任务后即转入新的工作。巡视组是否具有权威性、能否发挥权威性，主要取决于它

的动态运行能力，关键看其是否能把握准社会环境所提供的机会，从纷繁杂乱的信息中捕捉和发现具有实质价值的腐败线索。这需要巡视组能够实施组织动态管理，在开放性的前提下实现信息共享并谋求社会的支持。针对于此，在具体工作中，巡视组到达被巡视地区和单位后，应当避免与巡视地区和单位主要负责人进行直接接触，着力避免巡视对象采取应付性策略。设想的改进办法是，通过公共媒体向被巡视地公布巡视时长、联系方式和办公地点，而不是通过在巡视地区和单位召开动员会等形式来宣布巡视监督的启动。并且，要细化巡视组的监督权力内容，赋予巡视组必要的与上级纪检监察机关相同的行政管理权。巡视组可以直接向巡视对象发文，要求相关部门提供内部材料、上报数据，巡视组人员应配以特别的通行证件，随时可以出入各党政部门，并有权旁听工作例会。

当前，人们也存在一种忧虑：巡视组可以发现线索问题并上报，被巡视地区和单位也必须公开提出整改意见，那么如何评价整改措施及其效果呢？针对于此，应当建立起巡视再监督机制，即对于已被巡视的地区和单位要进行再巡视，重点是对照巡视整改情况，与此同时，着力发现新的线索问题。巡视再监督在时间上可以与上一次巡视工作间隔一年，根据巡视报告发现的问题采取专项巡视方法，针对特定的工作领域进行巡视，并由不同巡视组和成员来承担巡视再监督工作。要让巡视监督和巡视再监督形成完整的巡视链条，对巡视对象形成震慑，消除他们的侥幸心理，即巡视监督不是有选择地反对腐败，也不是接受过一次巡视就可以高枕无忧了。总之，要让巡视监督成为一种反腐常态，随时随地都可发挥威力。

要结合"两个责任"体系要求，完善巡视成果运用的责任机制。当巡视工作结束后，一次性的巡视监督任务即告完成，但这并不代表监督的终结。因此，要建立巡视成果运用的责任机制，把整改意见落实与"两个责任"结合起来。一是明确责任主体，根据责任分工，把整改意见分解至具体部门，实行严格的个人责任制。二是明确整改的时限，具体部门必须在规定的时间内完成整改任务，并向社会公开整改措施及成效。三是明确责任追究，对于限期未完成整改任务的责任人,要直接追究其廉政责任,按"两个责任"原则进行处理。

## 二、巡视监督应从综合型向专项型转变

党的十八大以来,专项巡视已进入实践探索阶段。中央第三轮巡视监督首次开展专项巡视,巡视对象包括科技部、复旦大学、中粮集团。从巡视反馈报告来看,本次专项巡视的重点包括科研经费管理和使用的腐败问题、科研项目管理的腐败问题、校办企业经营管理的腐败问题等。之前,一些地方也已经开始探索专项巡视,比如广西对贯彻落实中央"八项规定"精神情况开展专项巡视,海南省对国土资源、海域岸线资源、森林资源、保障性住房建设等重点领域进行了专项巡视。

综合型巡视类似于大兵团作战,工作任务重、范围广、涉及领域多,信息来源杂,对巡视程序、方法、时间以及人员都要求比较高,故比较适合于长期性巡视。受巡视资源和时间限制,对于特定的巡视对象,经常采用综合型巡视是不现实的,这样做很容易造成巡视效果递减,并且这种巡视在很大程度上缺乏工作灵活性和应变性,很容易让巡视组陷入信息超载的境地,而专项巡视监督却可以弥补这些缺陷。按照目前常规巡视监督的速度,要在规定时间内实现对所有地方、部门和企事业单位的巡视全覆盖是不可能的。而专项巡视正好可以解决这一难题,集中力量发现问题,为"全覆盖"提供组织保障。

强化专项巡视是巡视监督的重点改革方向。中央纪委三次全会指出,要聚焦党风廉政建设和反腐败斗争,今后五年巡视工作的主要任务是发现问题、形成震慑;创新组织制度和方式方法,探索专项巡视。与此同时,中央政治局审议通过的《党的纪律检查体制改革实施方案》进一步明确了巡视监督的改革方向,要求实现巡视工作对地方、部门和企事业单位全覆盖,探索开展专项巡视,突出发现问题、强化震慑作用。从中可见,为了达到发现问题和

强化震慑的目标，在常规巡视之外推行专项巡视是一种现实的策略选择。

专项巡视要发挥监督优势，应当具备三个特性。一要具有针对性。很多企事业单位和部门具有鲜明的行业性特征，与特定的行业性权力相联系，所以易发多发的腐败问题也限于该行业领域，比如教育领域的招生腐败、科研领域的科研项目审批腐败、国有企业管理领域的国有资产流失腐败等。专项巡视应针对特定行业制定专门的巡视工作方案，整合巡视资源优势和配置专业力量，针对性地发现线索问题。二要具有灵活性。专项巡视要以问题为导向，聚焦党风廉政建设中心任务，注重巡视方法的灵活运用，让巡视重点更加突出，巡视内容更加具体，巡视目标更加明确，从而让巡视能量从有限的时间制约中释放出来。三要具有威慑性。专项巡视应不受巡视批次、对象级别等条件限制，要根据任务需求机动安排巡视工作，做到即时入驻、随时撤走，让巡视对象无法采取临时性规避措施。

针对于此，应在目前探索实践的基础上，对原有的巡视工作条例进行修订，增设专项巡视条款，对专项巡视的任务、对象和运用等内容加以明确。在此基础上，各级政府再结合本地实际出台专门的专项巡视监督实施办法。在具体工作中，要保证专项巡视监督的密集性和突击性，以专项任务为抓手，选择腐败线索容易暴露的时间节点、重要节日和重大决策关口组织巡视，集中时间和资源威慑一两个重点领域。

### 三、巡视监督应从整改型向责任型转变

目前，根据只报告不办案的要求，巡视组在结束巡视工作后要向巡视对象反馈巡视问题并提出整改意见。在这种整改型模式中，巡视组并不负责具体的整改落实情况，而是由巡视领导小组对整改工作进行适时监督检查。至于"适时"到底是什么时候，整改的直接责任人到底是谁并不明确。

从中央巡视组和一些省市的巡视监督反馈情况来看，党风廉政建设"两个责任"落实不到位是一些被巡视地区和单位的突出问题。比如，中央巡视

组反馈指出科技部领导班子在党风廉政建设和作风建设方面，党风廉政建设责任制落实不够到位，重业务、轻廉政；水利部在党风廉政建设和反腐败工作方面，纪检监察机构不健全，基层单位监管力量薄弱，个别单位党风廉政建设责任制落实不到位，管理不严、执纪失宽。

根据《党的纪律检查体制改革实施方案》精神，落实党委的主体责任和纪委的监督责任即"两个责任"是深化纪律检查体制改革的"牛鼻子"。腐败现象和不正之风的发生有其深刻的制度根源，而责任管理缺失等无疑是一个重要因素。权力与责任是一对互生体，责任是把权力关进制度笼子里的有效设计，责任管理一旦缺失，权力者将会失去自我约束，进而使公共权力失去有效监督。可以说，责任本身是对权力边界的界定，同时也可以对权力越界行为进行惩戒。在巡视监督工作中，巡视组根据所发现的问题，向巡视对象反馈"两个责任"执行情况是值得肯定的，但如何实现巡视监督与强化"两个责任"的统一呢？

在这里，有一个基本前提，即党的纪检体制改革是一项系统工程，不同改革任务、目标和内容之间存在关联性，不同内容之间密不可分、相互支持。根据中央精神，党的十八大以来的巡视工作突出了四个重点：一是围绕党风廉政建设和反腐败斗争，着力发现领导干部是否存在权钱交易、以权谋私、贪污贿赂、腐化堕落等违纪违法问题；二是在贯彻落实"八项规定"方面，着力发现是否存在形式主义、官僚主义、享乐主义和奢靡之风等问题，紧紧盯住，防止反弹；三是着力发现是否存在违反党的政治纪律问题；四是着力发现是否存在选人用人上的不正之风和腐败问题。这"四个着力"是新时期推进巡视监督的新要求。党委的主体责任主要体现在选好用好干部、纠正损害群众利益行为、从源头上防治腐败、支持执纪执法机关工作、党委主要负责同志当好廉洁从政表率等五个方面。纪委的监督责任主要体现在协助党委加强党风建设和组织协调反腐败工作，督促检查相关部门落实惩治和预防腐败工作任务，经常进行检查监督，严肃查处腐败问题。"两个责任"内容与巡视监督的"四个着力"之间存在契合性。

一般而言，一个地区、一个单位长期存在腐败和不正之风问题并得不到有效解决，与这个地区和单位的党委和纪委的不作为是相关的，与当地的社会腐败文化和官场文化是相关的。长期不作为致使腐败土壤得不到铲除，这本身就是一种失职，理应追究党委和纪委的责任。巡视监督不直接参与办案，而是发现并上报案件线索，更有条件对"两个责任"执行情况进行监督。开展巡视监督，可以借助各种渠道广泛收集当地党委和纪委的履责信息，结合腐败线索和不正之风问题对"两个责任"执行情况进行研判。

"两个责任"执行情况的监督是一道难题，自上而下的巡视监督可以对党委和纪委施加压力，冲破束缚"两个责任"的思想因素和利益因素。对主体责任的巡视监督能够体现党要管党的决心，对监督责任的巡视监督能够体现正人先正己的态度。下一步，各级巡视组可以尝试对"两个责任"执行情况开展专项巡视，从中发现新的腐败案件线索。要把巡视反馈意见纳入巡视对象的"两个责任"执行体系，作为评判责任是否执行到位的重要标准。如果巡视发现的问题屡屡发生，可以基本判定"两个责任"形同虚设。

# 当前政府问责存在的问题及对策

李军鹏

**李军鹏**

湖北云梦人，1992年于中国人民大学劳动人事学院获法学硕士学位；1998年于北京大学政府管理学院获法学博士学位。现为国家行政学院公共管理教研部教授，博士生导师，公共管理教研部公共行政教研室主任。

## 一、当前政府问责存在突出问题

改革开放以来,尤其是党的十八大以来,我国政府问责的体制机制建设不断完善,在政府问责方面取得了重大进展与突出成就。但是,不可否认的是,当前依然存在着一些亟待解决的突出问题。

政治责任方面存在的突出问题:当前,我国政府管理中还存在着一些政治责任意识淡漠、政治问责机制不完善的问题。例如,违反党的重大民生政策、群众路线的事件频繁发生,一些地方的个别领导干部在房屋拆迁、企业改制、社会保障等涉及人民群众切身利益的领域屡屡违反党的重大政策,一些人将之轻描淡写地认为是"唯 GDP 导向"的急功近利行为,而没有看到其实质是违反政治纪律的政治责任事件,是政府政治责任意识淡漠的突出体现;一些地方与个别领导干部对党中央、国务院决策部署"上有政策、下有对策",对中央全面改革的精神不加领悟、不加推进,也是政治责任意识淡薄的一种具体表现……又如,我国人大及其常委会对政府政治责任追究的制度还不完善,人大对政府的工作监督、法律监督不力的问题依然突出。

行政责任方面存在的突出问题:当前,一些政府部门与公务员行政不作为的现象有所滋长,在当前反腐败与严格执行"八项规定"的背景下,一些领导干部及公务员以"明哲保身""宁可不做、不可做错"的心态,消极怠工,无所作为，使政府责任虚置。从我国目前市场监管、环境保护等领域存在的问题来看，一些政府部门及其公务员不按规定开展监管与督查，对重大违法事件不依法及时予以查处，甚至弄虚作假，致使事故扩大、使违法违纪人员逃脱处分，有人甚至充当违法犯罪分子的"黑保护伞"。可以说，行政不作为是造成环境污染、食品药品安全等许多问题的重要原因。行政乱作为的情况依然存在，行政执法中的多头执法、执法扰民现象严重。一些干部违反廉洁从政、廉洁履职规定，利用职务便利将公共财物非法占为己有，有的利用权力牟取私利，产生了恶劣的影响。一些部门习惯于以审批代监管，不善于进行事中事后的监管。一些地方不能及时回应人民群众不断增长的公共需求，不能及时完善公共服务体系，政府职能还存在着缺位的问题，亟待全面依法履行政府职责。

决策责任方面存在的突出问题：行政决策责任界定不清的问题依然存在，党委"一把手"与行政"一把手"的决策责任界定不清，集体决策责任难以明晰，行政决策责任追究难的问题不同程度地存在。一些干部不认真进行调查研究与科学论证，盲目决策导致重大失误，还存在个别"拍脑袋决策、拍胸脯保证、拍屁股走人"的"三拍"干部。

一些从事公共事业与公共服务的企事业单位、社会组织的公共责任问题日益突出。随着我国政府职能转变的深入开展，政府购买公共服务的大面积推广，国家和政府的权力越来越多地转移给市场、企业和社会组织。随着权力的分散，责任也越分散，如果不强调公共企事业单位与社会组织的责任，治理将成为"不可治理"。企事业单位与社会组织的公共责任问题影响巨大，处理不好将严重影响执政党与政府形象，必须引起高度重视，如2013年发生在青岛黄岛经济开发区的输油管线泄漏引发的爆燃事故、宁夏中卫市明盛染化公司向腾格里沙漠非法排污事件等。

我国政府问责的制度还不健全。我国政府问责还缺乏完整的确保行政责任的法律体系，没有制定专门的行政问责制方面的法律法规；行政问责的机制不完善，谁来启动问责、如何启动问责、责任分配、受责官员复出等方面缺乏规范；责任追究制度不完善、不严格、不到位的问题突出，一些地方的责任追究"轻描淡写""雷声大、雨点小"，一些官员被问责后很快复出，平级调任其他岗位的领导职务，引发了人们对于问责严肃性的质疑。

## 二、解决当前政府问责问题的基本思路

解决当前政府问责方面的热点焦点问题，必须以党的十八大、十八届三中全会和四中全会精神为指导，从推进国家治理体系与治理能力现代化、建设法治中国的高度出发，全面完善现代政府问责制度与问责法治，建设现代责任政府。

着眼于完善现代政府问责制度。国家治理体系现代化是国家治理的主体、制度、方式及责任由传统走向现代的过程。现代治理的实质是更有效的治理，治理的有效性在于其责任；治理主体必须对自己的行为与后果承担义务，并因此承担违背责任的惩戒。推进国家治理体系现代化，就必须完善政府问责制度，通过完善的问责制度体系确保治理责任的实现。

着眼于完善现代政府问责法治。行政权力必须受到法律的约束、行为主体的一切违法行为都必须承担相应的法律责任，这是法治的精髓所在。法治有利于规范行政机关及其公务员的行为，减少和克服政府及其公务员的主观随意性；法治所确立的各种救济制度，如行政复议、行政诉讼、行政赔偿制度等，可以使行政相对人的合法权利受到行政机关及其公务员侵害时获得救济。行政机关违法行使职权或不当行使职权，应当依法承担法律责任；损害群众利益的，依法予以赔偿；对违法行为要追究责任；做到执法有保障、有权必有责、用权受监督、违法受追究、侵权须赔偿。

要以完善政治责任为核心和先导，带动现代政府问责制度的建立。政治责任是指行政行为与政府决策必须符合、保护、促进人民的利益与福利，政府必须向国家最高权力机关和执政党承担责任。政治责任是主导责任和核心责任，如果在党政领导、政府机关及其公务员违反政治责任之初不及时纠正，

听任其发展，往往会产生其他严重后果，给党和人民的事业造成重大损失；如果能及时追究违反政治纪律者的责任，就能及时避免发生其他重大责任事件。因而，政府问责制度的建立，必须以政治责任追究机制的建立为核心和先导。

要围绕政府全面履行职能，全面推进政府履职绩效问责。政府要全面科学履行政府职能，依法完善公共服务体系，创造实现公民宪法权利的各种条件。要牢固树立责任政府理念与公共责任理念，切实转变政府职能，全面履行政府的基本责任。政府部门和工作人员都要按照宪法和法律执行公务、履行职能，要将政府行政管理与社会经济生活的各个方面、各个环节，逐步纳入制度化、规范化、法治化的轨道。推行政府权力清单制度，政府及政府部门行使的行政职能与权限，应以清单方式进行列举；行政机关履行职能与权力应严格按依法确立的清单进行；对于列入清单的政府权力，要绘出权力流程图，列明行使依据、行使程序与完成时限。

要全面完善现代政府问责体系。针对当代治理主体多元化与责任主体多元化的趋势，要注重多主体在公共利益与公共秩序维护中的共同责任，加强对提供公共服务的公共企事业与社会组织的公共问责。尤其是在全面推广政府购买公共服务的情况下，要加强政府购买社会组织与企业服务合同的管理，明确服务提供标准、加强绩效问责。

## 三、建立与完善现代政府问责制度的目标与对策

完善政府问责制度的目标，就是要全面健全政府问责的法律体系、程序与机制，到2020年建立起责任法定、职责清晰、权责统一、有责必问、究责有力的现代责任政府，确保政府负责地行使公共权力，切实履行对公民、执政党和权力机关的责任。为实现这一目标，必须采取切实措施，建立与完善现代政府问责制度。

完善政府问责的法律制度，制定统一的《政府问责法》或《行政问责条例》，

以法律的方式确立政府及公务员的责任,重点明确政府的政治责任、行政责任、法律责任、伦理责任与绩效责任,明确政府问责的主体、范围、客体、责任方式、期限、程序、赔偿等事项。同时,要完善行政问责的配套制度,出台《行政过错责任追究细则》,对行政机关及其工作人员在履行职责过程中的违法失职行为、行政处分程序与方式等进行规范。同时,要在监察、绩效、审计、举报等专门领域完善问责规范,要完善监察法律法规,将责任监察纳入纪检监察的工作范围;出台政府绩效法规,明确政府的绩效责任;出台行政程序法,约束行政自由裁量权;出台审计责任法与财政责任法,将离任审计、项目审计、财政资金运用纳入政府问责范畴;出台公共犯罪法,将违法行政纳入刑法制裁范围;出台保护举报者法,建立揭发政府内部恶意行政的制度……要健全司法机关对行政机关的监督问责,进一步加强法院对行政行为进行司法审查的力度,扩大司法机关的受案范围;修改行政诉讼法,扩大行政诉讼法所保护的权利范围,将抽象行政行为纳入司法审查范围;完善行政侵权赔偿制度,加大法院对政府的侵权赔偿责任的惩处;将行政问责与司法追究结合起来,由司法介入追究法律责任。

加强执政党和人大对政府的问责。要加强执政党对内部政治责任主体责任的追究,特别是要加强对政府行政首长及普通公务员违反政治责任的问责机制,凡公然违反党的路线、方针、政策与纪律并导致重大政治影响与严重后果的,其责任人都要引咎辞职、主动辞职或由上级执政党机关责令其辞职;要完善责任纪检与责任监察制度,各级纪检监察机关要积极开展执法监察、效能监察和责任监察。要完善人大对政府的政治问责制度,如:要完善人大及其常委会对政府预算的审查、批准与控制制度,将所有的政府收入活动都纳入人大的公共预算监督与审查范围;完善人大罢免权行使制度,政府官员违法、失职都可以行使罢免权;完善引咎辞职制度,以法律法规形式明确引咎辞职的责任主体、过错情形与具体程序;完善人大质询制度,完善人大代表对国家行政机关、审判机关、检察机关及其负责人的重大或严重不当行为提出质询的制度,制定详细的质询案提交、被质询人答辩、质询情况通告与报告等规则。

进一步完善行政首长负责制。我国行政机关实行责任制原则，完善现代政府责任制度，必须完善以行政首长为重点的行政问责制。行政首长问责的条件不以行政首长主观上存在过错为前提，只要其管辖范围内发生规定的应当问责的事项即可问责。对行政首长的问责重点是决策失误、违法行政、执行不力、疏于管理和处置不当、治政不严等方面。行政首长因重大失职、失误或违法造成重大损失、恶劣社会影响，及对重大责任事故负有领导责任时，应被罢免、责令辞职或主动辞职。行政首长违法决策、严重不当决策、有法不依、执法不严、失职渎职时，都应追究其行政责任。行政首长对所属机关工作人员、行政机关内部、下级行政机关及其工作人员的问责制度也应强化，当前应重点强化对政令落实不力的责任追究，对不贯彻落实国家方针政策、不正确执行上级机关决策并导致恶劣影响或后果的，要严肃追究相关人员责任。要强化对行政不作为、乱作为的责任追究，强化对损害群众切身利益行为的责任追究。

进一步完善决策责任制度。实行科学民主决策机制是政府行为的基本准则之一，必须合理界定政府及其部门的决策权限，完善行政机关的决策规则与决策程序；对违反决策程序规定、决策事项超越法定职权范围、重大决策过失造成重大失误的，应当追究决策相关责任人的责任。完善集体决策制度，明确决策责任由主持决策会议的行政首长或党委书记承担，对决策讨论、辩论、投票情况要进行记录与备案，并实行集体重大决策失误的集体辞职制度。同时，要建立健全重大决策终身责任追究制度、决策反馈纠偏机制和决策责任倒查机制，确保行政决策的科学性和严肃性。

进一步完善伦理问责机制。政府机关及其工作人员的生活与行为必须符合人民与社会所要求的道德标准与规范，公务员执行公务必须符合公众利益和国家利益，真正服务于公民与社会，应表现出最高标准的清廉、真诚、正直、刚毅等品质。公务员个人不能运用不正当的方式在执行职务时获取利益。要制定《公务员道德法》，明确公务员要如实公开申报财产、不得直接或间接利用职务和地位谋取私利或不正当利益、禁止不正当使用国家财产和政府未公开的信息、约束业外活动、任职回避和公务回避、严禁在公务活动中接受款待与财务等利益、离职后限制……同时要出台相应的配套规定，如《公共部门及公务员廉洁守则》、《担任领导职务的公务员财产公共申报细则》及《离任领导干部重新就职批准程序细则》等。

建立权责明确、行为规范、监督有效、保障有力的行政执法体制，完善行政执法责任制。要依法界定执法职责，认真梳理行政执法依据，列明行政许可、行政处罚、行政强制、行政征收、行政裁决、行政认可、行政监督检查的行政执法职权清单，明确执法权限，确定不同部门及执法机构、岗位执法人员的具体执法责任。实行行政执法人员资格制度，建立健全行政执法程序，完善执法听证制度，做到流程清楚、要求具体、期限明确。严格规范行政执法行为，对行政机关的自由裁量权进行细化、量化并将行政执法具体标准公开发布。严格行政执法，建立行政执法岗位责任体系，健全行政执法过错责任追究制度，通过评议考核和责任追究，加强对行政执法活动的监督。

进一步完善公共责任追究机制。有责必究，究责必严；究责不严，不如不究。对责任的追究应实行"全赔责任"原则，必须使相应责任主体得到足够的惩戒，责任追究应足以补偿所有造成的损害，对损害的评估应涉及全部的潜在影响与关联影响。要实行责任分级和分类制度，根据造成公共利益损害的程度，确定责任追究的方式，从而使责任追究方式多样化。例如，环境违法程度可细化为"轻微、一般、较重、严重、特别严重"5个等级，有官员"通风报信"或充当"黑保护伞"、并导致特别严重环境污染后果的，属于"特别严重"责任，应引入"立即免职、永远不得叙用公职""连降职五级""连降职四级""连降职三级"等责任结果，防止有些官员借"引咎辞职""免职"后另有任用等情况出现，防止行政问责变成"带薪休假"。政府使用纳税人税收进行治理，承担首问责任，发生重大责任事故，在追究其他主体责任之前，应该首先追究政府部门及其官员责任。例如，重大安全事故与重大食品安全事故、影响范围广泛的群体性事件等，政府相关部门的行政首长应首先承担行政责任，然后再追究其他主体的相应责任。同时，要强化对承担公共服务项目的企事业单位与一般社会组织的公共问责与责任追究，在政府服务外包合同中明确严格的责任条款与责任追究细则。

完善政府问责的相关配套制度。实施政府问责，要实行行政责任与刑事责任相衔接的原则，政府部门及其官员的行政责任与刑事责任不能混淆，行政责任不能抵减刑事责任。要建立政府责任清单制度，政府机关及其工作人员必须履行相应的职能和义务，违法行使职权要承担否定性的法律后果，应完善对政府不负责任的各种行为进行制裁和控制的一整套机制。要引入保护举报者制度，对内部与外部举报者进行奖励，从而激发内外部监督。要把行政问责与审计监督结合起来，完善审计部门将审计结果向人大报告，完善审计结果向社会公开的制度。运用现代信息技术手段创新责任监察方式，建立和推广电子监察系统。建立新闻媒体反映问题的调查处理启动机制，确保新闻机构的新闻报道权和调查权。建立多渠道、高效率的公众投诉体系，使民情民意能尽快进入监督机构的视听范围。

# 反腐需纪律与法律"无缝衔接"

高波

**高波**

法学博士,中国社会科学院中国廉政研究中心副秘书长,中国社会科学院青年研究中心常务理事。主要著作有《政府传播论——社会核心信息体系与改革开放新路径》《治政论——制度化时期执政党建设核心问题研究》等。

党的十八大之后，党中央的"打虎"行动有目共睹，人心大快，信心大振。习近平总书记强调，要以法治思维和法治方式反对腐败，加强反腐败国家立法，加强反腐倡廉党内法规制度建设，让法律制度刚性运行。这对于巩固党风廉政建设和反腐败工作成果，提升治理腐败科学化水平和权威性、效率性，具有重要意义和深远影响。

反腐法治化，既是法治建设增长极，也是治理腐败制高点。它有两大基础模块：一是立法，重在"立法必良"；二是执法，贵在"立法必行"。应当看到，这两方面仍有些亟待解决的实际问题。如法律"网眼"有疏有密，失之于宽、失之于软，个别有部门利益倾向的"恶法"成了反腐的"拦路虎"，选择性执法造成肃贪压力衰减的"漏斗效应"等。

众所周知，"权力入笼"是反腐必由之路。在我国，权力囚笼实有两重，即"纪律之笼"和"法律之笼"。这本是巨大优势，在惩治打击上可有倍增效果。然而，如纪律与法律间"缝隙"过大，或衔接不够有断层，却会带来相反效果，既造成执纪困境，也凸显法治滞后，甚至有执纪量刑"两头不靠"的尴尬。如深圳市政协原副主席黄志光受贿案，公诉机关虽认为其捐往寺院的百万贿款属受贿，但法院却未予认定。围绕该案的争议，涉及司法技术，也直指深层法治理念。

纪律和法律虽都有强制性、规范性，但不能简单画等号。法律是面向全体社会成员的底线标准，纪律是对特定人群行为规范和职业操守的格式化要求；纪律标准通常高于法律，但违法成本却大于违纪成本。一旦"立法供给不足"，将导致违法乱纪成本低、收益大，甚至引发前"腐"后继的破窗效应。特别是，立法举措相较司法实践可有"延时"，司法环节尤重程序正义，但不能丧失法律对"假恶丑贪"的动态打击能力，以及对实体正义的维护彰显功能。

按照中央部署，要形成不敢腐的惩戒机制、不能腐的防范机制、不易腐的保障机制。纪律防线和法律底线是打造"三不"机制的"双保险"，党纪与国法需"无缝衔接"，加大违纪违法成本，既以问题导向补齐法治"短板"，又把行之有效的纪律上升为法律。除修改刑法加大腐败犯罪惩戒力度等选项，还应聚焦执纪重点。如 2009 年浙江某镇卫生院院长 44 万余元公款吃喝玩乐案，法院全额认定为贪污款并判刑 11 年，就打破"刑不上吃喝"。当前，治理公款吃喝应借鉴"网络谣言入刑"，适时将违反八项规定精神的行为入罪。而将"裸官"治理纳入《公务员法》框架、借鉴辩诉交易制度打击"愈贿愈富"的行贿人等，亦可提上修法立法议程。

此外，在全面深化改革"大盘子"中，纪律检查体制机制改革备受瞩目。把改革红利、政策条件转换为法治资源，也是当务之急。如从宏观看，应将办案以上级纪委为主等改革固化到《行政监察法》等现有法治架构；从微观看，理顺纪检监察机关和司法机关的职责与关系，加强衔接配合，对案件移送、调查取证技术和办案证据转换，罪与非罪的认定等，给予"更给力"的法律支撑。

# 反腐时评

## ■ 猛药去疴的决心不减

随着反腐败斗争的不断深入，社会上各种声音和论调一直不绝于耳，如：不反腐败亡国，反腐亡党；为官不易，官不聊生；反腐败过头了，影响经济发展；反腐败已经差不多了，该收尾了等。这些论调要么老调重弹，要么怪调新编，目的只有一个：让我们党减弱反腐力度。停止反腐，就会使腐败现象愈演愈烈，最终断送改革开放，断送中国梦，也会使我们党失去执政地位。对此，党中央早有清醒认识，这也是党中央为什么会以猛药去疴的决心，以大无畏的精神持续不断地深入反腐的原因所在。

从近期查处的腐败案件来看，近年来在一些地方、一些领域腐败现象已呈高发、多发、群发态势，而且贪腐的数额越来越大，越来越惊人。由此可见，腐败这个毒瘤在不断地腐蚀着党的肌体，损害了党在人民群众中的形象和地位，侵蚀着党的执政基础。

出现腐败不可怕，可怕的是不敢向腐败动真刀。前一个时期，社会上也出现了"腐败分子会反扑"的担心，其实这个担心也不是毫无道理。据中纪委巡视组的同志披露，有些地方竟然出现了腐败分子对巡视组进行恐吓的情况。反腐败不是一场轻松愉快的游戏，而是艰巨复杂的长期斗争。腐败分子既是人民的敌人，也是党和国家的敌人，是敌人就不会坐以待毙，而是会逃避打击，顽固抵抗，有时候是"百足之虫，死而不僵"。

鉴于目前反腐败斗争的严重性、复杂性、艰巨性，一般性的反腐已经不能对腐败分子伤筋动骨。腐败是政党和国家肌体上的病毒，病毒的最大特点就是其裂变性，因此，要根除这个病毒，既不能讳疾忌医，也不能温汤慢火，而是需秋风扫落叶，猛药去痼疾。借用佛教禅宗的一种做法——"当头棒喝"，也就是说，只有对执迷不悟的人以突然打击，才能使他们迷途知返、幡然醒悟。

高压猛打的反腐是党中央针对腐败之风蔓延之势所做出的正确决策。通过对腐败分子进行重点打击、集中打击、强力打击，目前已经取得了阶段性成果。在国内，党员干部和人民群众对中央的反腐之举高度拥护，国际社会也普遍对中国共产党的反腐风暴赞誉有加。至此，如果我们的反腐败前紧后松，对已经查出的腐败分子不严厉惩处，无疑会功亏一篑。

反腐败斗争功在不舍，贵在持之以恒。非猛药不能去痼疾，非重典不能除时弊。当前，我们不但要决心不减，而且要决心更大。只有坚持猛药去疴，依法对腐败分子进行严惩，才能彻底扭转腐败不断蔓延之势，才能不辜负人民群众的期望和重托，才能巩固反腐成果，促进作风的根本性转变，从而带动社会风气的根本性好转。（程冠军）

## ■ 刮骨疗毒的勇气不泄

习近平总书记在党的十八届四中全会上强调，要深入推进反腐败斗争，持续保持高压态势，做到"刮骨疗毒的勇气不泄"。这是在反腐问题上中央向党内外、国内外释放的正确且明确的信号。

刮骨疗毒，必有阵痛。反腐败斗争，与任何事物发展一样，都需要付出一定代价，经受一定考验。党培养一个干部特别是高级干部很不容易。这些年，一些干部包括一些相当高层次的领导干部因违犯党纪国法落马，让人很痛心，但是腐肉不去，健康难保，为了党政干部队伍的健康成长，绝不可手软，更不能因为暂时之痛，动摇既定方针。

刮骨疗毒，是实现党和国家长治久安的当然之策。腐败现象是侵入党的健康肌体的毒瘤，坚持不懈反对腐败，坚定不移割除这种毒瘤，是坚持党的性质和宗旨的必然要求。那种认为"不反腐亡国，反腐亡党"之说是完全错误的。反腐败不仅不会亡党，而且能增强党自我净化、自我完善、自我革新、自我提高能力，保持党同人民群众的血肉联系，使党更加坚强、更有力量。提高党的建设科学化水平，离不开反腐败斗争。

刮骨疗毒，是营造良好从政环境和政治生态的必然选择。我们党有8600多万党员，就像人吃五谷杂粮，生病是不可避免的。有了病就要积极治疗，讳疾忌医是不行的，正所谓"匿病者不得良医"。现在个别地方，从政环境恶劣，政治生态扭曲，长期漠视问题、回避问题、掩盖问题，小问题拖成了大问题，个别性问题蔓延成普遍性问题，容易解决的问题演变成老大难问题，甚至出现了"塌方式腐败"，就是因为缺少刮骨疗毒的勇气，不敢动真格、出真招。

刮骨疗毒，是维护人民群众的根本利益的自然之选。我们党是全心全意为人民服务的政党，始终代表的是最广大人民的根本利益。腐败分子营私舞弊，归根到底侵犯的是广大人民群众的利益。在前一个时期的工作中，中央的反腐壮举得到了人民群众的大力支持，反腐成果深入人心，老百姓拍手称快。人民群众的坚定支持，就是坚持反腐的不竭动力，就是刮骨疗毒的勇气来源。

刮骨疗毒，必须对症下药。当前的反腐败斗争形势复杂严峻，一些领域腐败现象易发多发，一个突出原因就是对腐败分子追究惩处力度不够，反腐败不够深入。党的十八届四中全会做出了全面推进依法治国的决定，对法治化反腐做出了部署，为刮骨疗毒开出了药方、划定了疗程，这将大大地有利于反腐败斗争向前推进。

冰冻三尺，非一日之寒。当前，一些腐败的滋生，积毒已久。坚决遏制腐败现象滋生蔓延的势头，要求我们必须切实拿出刮骨疗毒、壮士断腕的勇气和魄力，忍小痛、成大谋，将反腐败斗争继续深入推进下去。古语有云，一鼓作气，再而衰，三而竭。反腐败斗争，必须一以贯之，不动摇、不泄气，直到党风政风实现根本性转变。（石伟）

## 严厉惩处的尺度不松

对腐败惩处的尺度松是腐败易发多发、长期蔓延的一个重要原因。回顾这些年来的反腐历程，虽然取得了不少阶段性成果，但也存在一些问题和教训，比如以往在惩处各种腐败案过程中，大事化小、小事化了的事例时有发生，一些贪官被从轻发落，对照有关刑法条款，该判死刑的被判死缓，该判无期的被判有期，该判刑的则用纪律处分代替，等等。对腐败惩处的尺度松，腐败的成本低，就会导致法律缺乏应有的威慑力，因此一些官员心怀侥幸，愿意冒险，敢于冒险，有的甚至铤而走险，出现"牺牲我一个，幸福一家人"的"壮举"。腐败的收益高于甚至明显高于成本，客观上就会怂恿贪腐，起到"示范"效应，使腐败不断蔓延，造成边反边腐的局面。

如何做到始终保持严厉惩处的尺度不松？

其一，澄清模糊认识，强化"严"的观念。既然对腐败惩处不严，是想腐、愿腐、敢腐的重要原因，那就要"严"字当头。当前腐败现象依然时有发生，有人仍然不收手，继续顶风作案，反腐形势依然严峻，斗争依然激烈。在此形势下，如果我们心怀慈悲，善良的愿望可能就被利用，放松的惩处尺度可能就成为对腐败分子的放纵，对此必须有清醒认识。同时，还要认识到，以人为本并不排斥严格监管，文明执法也并不排斥严格执法，"认罪态度较好""有自首情节"等不应简单地成为从轻从宽处理的砝码。通过严惩,让腐败分子承担政治、经济上的高昂代价,达到有效遏制贪欲的目的。

其二,完善法律条款,统一惩处标准。从宏观上说,要着眼于形成一套全方位的惩罚体系,进一步加强惩治制度建设,建立健全腐败案件及时揭露、发现、查处机制,制定并不断完善腐败现象易发多发领域调查分析和专项治理制度。从微观上说,为方便办案人员科学判断,准确把握惩处尺度,更好地发挥法律的惩戒功能,要对刑法等相关法律的一些宽泛条款进一步修改完善,重点是为惩治腐败统一标准、规范程序,能具体的尽量具体,能量化的尽量量化。

其三,加强监督检查,严惩执法犯法。将"文明执法"泛滥成"人情化"执法,特别是为一己私利放松对腐败的惩处尺度,势必使法律法规对腐败失去应有的威慑作用。所以,对执法队伍,一方面要加强教育引导,使他们真正成为严守宪法和法律,自觉接受党内外群众监督,守得住清苦、耐得住寂寞、经得住诱惑、管得住小节,彰显民主法治、公平正义的坚定捍卫者;另一方面要加强监督检查,对"明里制定规则,暗里破坏规则;明里遵循规则,暗里践踏规则"者,严惩不贷。特别是对于那些打招呼干预纪检、司法的领导干部,应该及时进行法纪处理,并公之于众,以儆效尤。(王金龙)

## 反腐观点摘编

### ■ 准确把握全面从严治党的内涵

在党的历史上,毛泽东同志首次把党的建设比作"伟大的工程",邓小平、江泽民、胡锦涛先后提出了"党的建设新的伟大工程""全面推进党的建设新的伟大工程""以改革创新精神推进党的建设新的伟大工程"。在此基础上,以习近平为总书记的新一届中央领导集体提出,"全面从严治党是推进党的建设新的伟大工程的必然要求",是对党的建设工程的新设计、新谋划。"全面从严治党"与"党的建设工程"都是一方面强调了党的建设的系统性、整体性,另一方面强调了党的建设的长期性、复杂性、艰巨性。全面从严治党体现了党的建设理论创新与实践创新的一脉相承而又与时俱进。

"全面从严治党"之"全面"涵盖党的思想建设、组织建设、作风建设、反腐倡廉建设和制度建设各个领域,是对党的建设系统性、整体性的体现。

"全面从严治党"之"从严"是对党的建设长期性、复杂性、艰巨性的回应。党的历史是从严治党的历史,党的建设是从严治党的过程。中国共产党领导中国人民在革命、建设和改革道路上取得一个又一个伟大胜利，一条基本经验就是始终坚持"从严治党"。从党章发展的历程看，从严治党的主线贯穿始终。一大党纲虽然只有十五条，但涉及纪律规定的至少有六条，占有相当大的比重和突出位置；二大党章专设"纪律"一章，制定了具体的党员纪律处分细则；三大党章增加了"党员自请出党"的规定，"自请出党"即自愿退党之意。增加该条款，旨在加强党员自律意识。四大党章的"纪律"一章对党组织和党员的纪律做出更具体的规定，如，"凡党员在离开其所在地时必须经该地方党部许可。其所前往之地如有党部时必须向该党部报到"等，表明党对纪律问题的重视程度不断提高。五大党章把纪律处分分为两类：一类是对党组织，分警告、改组和重新登记（解散组织）三种；另一类是对党员，分警告、党内公开警告、临时取消党内外工作、留党察看和开除党籍五种。另一项重要规定是设立监察委员会，这在党的历史上属首次。六大党章第一次明确规定民主集中制为党的组织原则，还强调"严格地遵守党纪为所有党员及各级党部之最高责任"。七大党章总纲指出："中国共产党必须经常注意清除自己队伍中破坏党的纲领和党章、党纪而不能改正的人出党。"这说明必须通过严肃党纪维护党的纯洁性。毛泽东同志在新中国成立前夕，告诫全党要牢记"两个务必"，成为党执政后从严治党的新坐标、新指针。党执政后，对从严治党提出了更高要求和更严厉措施。八大党章把监委的权限扩大为经常检查和处理党员违反党的章程、党的纪律、共产主义道德和国家法律、法令的案件，对执政条件下从严治党具有奠基意义。改革开放以后，十二大党章清除了九大、十大、十一大党章中"左"的错误，第一次明确提出党必须在宪法和法律的范围内活动，规定党的干部必须具备的六个基本条件之一，就是要"遵守和维护党和国家的制度，同任何滥用职权、谋求私利的行为作斗争"。这说明：越是改革开放，越是发展社会主义市场经济，越要从严管党、从严治党，越要坚决反对和防止腐败。从党的十三大开始至十四大、十五大、十六大、十七大、十八大党章，具有较强的连续性和稳定性，都强调要坚持党要管党、从严治党，不断提高党的领导水平和执政水平，提高拒腐防变和抵御风险的能力，反对任何滥用职权、谋求私利的不正之风，等等。

实践证明，不论环境多么恶劣、任务多么艰巨，也不论党取得多大胜利、事业有多大发展，党始终清醒地把"管党""治党"放在一切工作核心地位，始终坚持"从严治党"方针。（林学启）

## ■ 十八大以来巡视工作的经验与启示

**把握党内监督这个主题，明确巡视工作方向**

十八大以来，巡视工作之所以能取得新的更显著的成效，最重要的经验之一就是收窄了巡视的内容，突出了巡视的重点，围绕党风廉政建设和反腐败工作这个中心进行，有所为有所不为。

加强对领导干部的监督是搞好党风廉政建设和反腐败工作的重点，也是难点。从监督主体的层级来分类，党内监督形式包括自上而下的监督、同级监督、自下而上的监督。比较而言：同级监督因为级别一样、碍于情面，太软；下级监督因为不了解上级的情况，又慑于上级的权势，太难；而自上而下的监督因为具有权威性，因而监督效果较好。巡视监督作为加强党内监督的一项重大举措，属于上级党组织对下级党组织的一种监督方式，既具有常规的上级监督的优点，又弥补了常规的上级监督的缺点，因而是一种比较有效的党内监督方式。

**抓住着力发现问题这条主线，提高巡视工作质量**

十八大以来，巡视工作之所以得到社会的高度关注，一个重要的原因是因为巡视组落实监督责任，敢于碰硬，确实发现了一些问题，找出了"老虎"和"苍蝇"，对腐败分子形成了震慑，得到了干部和群众的信任和支持。这启示我们：发现被巡视对象存在的突出问题，是巡视工作的主要职责。

能否发现问题并促进问题的解决，决定着巡视工作的质量和生命力。不能发现问题，或者只是发现了一些无关痛痒的小问题，没有发现重大问题，这样的巡视工作就没有质量，也得不到群众支持，必定不可持续、不会有生命力。发现问题，是巡视工作永恒的主题，是加强巡视监督的本质要求。不仅对苗头性、倾向性问题要早提醒、早反映、早制止，起到预防和警示作用，而且通过有关单位对涉嫌违纪违法线索的核查、处理，达到惩治和震慑的效果。

**坚持推动问题解决这个主旨，凸显巡视实效**

十八大以来，巡视工作的一个突出特点是对巡视成果善加运用，分类处置。中央巡视组将发现的问题线索分别移交中央纪委、中央组织部和相关地区、部门处理，对重点线索逐一核实，督促被巡视党组织认真整改，做到件件有着落。

当前，要抓紧研究制定巡视成果运用的规范性、指导性文件，对成果运用工作流程和责任予以明确。比如，着重建立完善协调配合机制，重点解决巡视机构和其他职能部门之间工作对接、信息互通、成果共享等方面的问题。首先要在建立纪检监察机关、组织部门的协调机制上下功夫，根据移交事项的性质、涉及领域和轻重缓急等情况，按照干部管理权限和归口管理、各司其职的原则提出实施方案，明确违纪违法问题要报告纪检监察机关，选人用人上存在的问题要移交组织部门等。对巡视中发现的确凿的违纪违法问题线索，要建立快速处理机制，推动短平快、高质量地查处，达到立巡立查的效果。对一些苗头性、倾向性问题，要坚持抓早抓小，该诫勉谈话的要严肃认真谈话，"咬咬耳朵""拉拉袖子"，或者当头棒喝。

**坚持以改革作为动力，不断推进巡视工作实践创新、制度创新**

十八大以来巡视工作的一个鲜明特征是坚持以改革作为动力，不断推进巡视工作体制、机制和制度创新。这启示我们：要使巡视真正成为发现问题的"尖兵"，就必须坚持与时俱进，改革创新，增强工作的针对性和实效性。

当前，巡视工作中仍然存在一些制约巡视效果的突出问题，主要是：一些被巡视地方和部门的党组织贯彻中央精神不及时，有的对巡视监督存在抵触情绪,配合巡视组查找问题的自觉性、主动性不强;巡视方式与巡视工作承担的任务不相适应,腐败分子的作案方式和手段日趋智能化、隐蔽化,巡视组在了解真实情况、听到真话,查找深层次问题,尤其是领导干部违纪违法问题线索方面缺少更多有效手段;巡视成果运用有待进一步加强,一些被巡视地方和部门党委、党组织对巡视中发现的问题整改落实不到位,对巡视组反馈的意见跟踪督办不彻底,没有做到件件有落实、事事有回音。解决这些问题,需要以更大的勇气和智慧改革创新巡视监督的体制机制、方式方法,建立健全有效汇集巡视信息、及时发现问题、有效解决问题的立体网络。

**统筹协调推动中央、省(区、市)的巡视工作,形成全国"一盘棋"**

从全国范围看,巡视监督要形成"老鼠过街、人人喊打"的强大攻势,就必须统筹协调推动中央、省(区、市)的巡视工作,形成全国"一盘棋"。中央巡视工作领导小组办公室负责人指出:"2013年,各省区市党委按照中央对巡视工作的新要求、新部署改进巡视工作,转职能、转方式、转作风,取得很大成效。但当前,一些地方仍存在贯彻中央精神不及时,不适应巡视'新打法',因循'老套路',巡视效果不明显等问题。"解决这个问题,既需要层层传导压力,让地方巡视工作化压力为动力,也需要中央为地方巡视工作做好示范、引导工作,包括制度机制、方式方法的传导等。

**把巡视工作同其他形式的监督结合起来,增强巡视监督威慑性**

巡视工作需要与党内其他监督、党外监督配合,形成合力,才能更好地发挥作用。因为,巡视监督本身存在弱点:巡视组有了解权,没有处理权,能发现问题但不能处理问题;巡视组强于临时组建的调查组,但是不能长期在一个地方和单位进行监督,等等。克服巡视监督的这些不足,需要在加强和改进巡视监督的同时,加强和改进其他形式的监督,例如司法监督、审计监督、社会监督、群众监督、舆论监督等。(钟龙彪)

## 发挥好巡视的三大职能作用

### 震慑作用

这是巡视工作目前最重要和最直接的功能作用。党的十八大以来的巡视新实践，充分表明了巡视制度的有效性和震慑功能。十八大至今落马的中管干部，其中包括苏荣这样的副国级"老虎"，很多是在巡视之后旋即浮出水面。巡视起到了强大的震慑效果，迅速得到干部群众的信任支持，"利剑"作用十分突出和明显。

巡视的震慑作用，首先体现在巡视所明确的职责定位上，即巡视内容不再是以往的宽泛无边、面面俱到，而是要紧紧围绕党风廉政建设和反腐败工作这个中心，坚持"问题导向"，以善于发现问题、发挥震慑力作为主要任务，着力发现反腐败、执行中央"八项规定"、严明党的政治纪律和干部选任四个方面存在的突出问题，就是聚焦到"打老虎""拍苍蝇"上来，通过当好中央和省区市党委的"千里眼"，当好"尖兵"。定位准确，目标集中，为有腐必惩、有贪必肃，以零容忍态度惩治腐败发挥出了"侦察兵"的作用。

巡视的震慑作用，还体现在巡视直接受中央和省区市党委的直接领导，权威性、独立性强，能够摆脱各种干扰，主动出击，而且方式灵活，行动迅速，具有其他监督方式所没有的突出优势。如方式方法的灵活性方面，既充分走群众路线又不搞群众运动，形成体制内和体制外的内外联动监督机制，既整合各种监督力量又不干扰各自职责分工；实行常规巡视与专项巡视相结合，哪里问题集中就巡视哪里，谁问题突出就巡视谁，巡视过后再杀个回马枪；成果运用上与纪检监察机关和组织部门等有直接通道，等等，这是监督制度的重大发展和威力所在。

此外，巡视没有禁区，不论级别高低都毫无例外，实行地方、部门、企事业单位和军队全覆盖，并以严格的责任制为保障，把有问题而不发现问题为失职，有问题而不反映问题为渎职，使震慑作用全覆盖，较好避免了监督盲区。

### 遏制作用

这是巡视的一大基本功能和直接间接相互交叉作用。

巡视的遏制作用，一方面通过强有力的震慑而产生遏制作用，即通过发现问题，以坚决的态度严肃查处有问题的干部，警示了广大干部，强化了"不敢"的氛围，起到了查处一案、教育一片的目的。

巡视的遏制作用，更直接的是对巡视发现的问题，实行分门别类，一件一移交，做到件件有落实，事事有回音，通过对普遍存在问题早发现、早报告，促进问题解决，进行及早教育提醒，通过"抓早抓小"，实现了对干部的关心爱护，抑制了腐败滋长的势头。

巡视的遏制作用，还在于按照总书记的要求，中央巡视机构在推进"一个"传导，即层层传导压力，加强对省区市巡视工作的领导，以上率下，正在形成全国"一盘棋"的整体推进战略态势；同时把做好巡视工作作为党风廉政建设主体责任的具体化，有力推动了省区市巡视工作的深入开展，构建了全国性的巡视网络。中央巡视组拓展巡视监督内容，不仅加强对"两责任、一纪律"的检查，即对党风廉政建设主体责任、监督责任落实情况和执行组织纪律情况的检查，而且把抓好巡视工作作为落实"两个责任"的重要内容。巡视的网络、巡视的深度得到拓展的同时，工作也因此得到有力保障，较好避免了巡视工作上强下弱的"短板"问题。

### 治本作用

这是巡视的又一个基本职能和长远意义。

制度具有根本性和长期性、全局性、稳定性作用。由于对巡视所发现的领导班子及其成员存在的普遍性问题，被巡视地区和单位必须根据巡视条例规定，按照整改要求制定大量的整改制度和措施，而且明确整改责任，强化制度执行，确保制度执行到位、整改落实到位，并进行回访督查，从而有效防止类似问题的再发生。

另一方面，通过巡视，针对所发现问题而制定的整改制度，进一步完善和创新了惩治腐败体系，有力推进了党风廉政建设和反腐败斗争，也起到了防患于未然的治本作用。如中央巡视组巡视过江西和昆明后，昆明市市委原书记、江西省省委原秘书长"跳崖式降级"，一个降到副处，一个降到科员，其处理方式是前所未有的，丰富了惩治腐败的制度，通过警示而达到治本功能。

与此同时，巡视的基本内容，也起到了抓源头的作用。作风是腐败的源头，中央明确的巡视工作"四个着力"，两个就与源头和治本直接有关。一个是要把违反中央"八项规定"情况和反对"四风"问题作为巡视的重要内容之一，着力发现是否存在形式主义、官僚主义、享乐主义和奢靡之风等问题，坚持不懈纠正"四风"，防止作风问题演化成大腐败。重点查处党的十八大后、中央"八项规定"出台和开展教育实践活动后的顶风违纪行为，越往后执纪越严。另外一个就着力发现是否存在选人用人上的不正之风和腐败问题，从选人用人不正之风和腐败行为抓起，通过选好人用好人，根治和杜绝腐败现象。（韦英思）

### ■ 推动官员问责制的实施与完善

近年来，我国在探索行政问责的实践中虽取得了一定的成效，得到了社会的广泛关注，但在实施过程中还存在不少问题。

一是行政权力和责任相对模糊。各级政府和政府部门之间职责和权限，以及不同层级官员之间的责任划分还不够清楚，出了事由哪级政府、哪些部门、哪些领导来承担责任，具有不确定性。

二是问责的内容还比较局限。问责的内容大多是重大安全事故、群体性事件、公共突发事件等重大失职、渎职行为，对决策失误、监管失职、用人腐败以及一些乱作为、不作为、慢作为等造成潜在不良影响的问题则较少进行问责。

三是问责追究有随意性。有时为显示对事件处置的重视,追求从快从重,不按规范程序运作。有的地方和部门为追求政绩,淡化事件影响,竭力掩盖责任,或对责任人偏袒,从轻处罚,或以行政责任代替法律责任、政治责任。

四是没有形成良好的社会氛围。不少领导干部责任意识淡薄,只想行使权力,不想承担责任,或对应承担的责任认识不足,重视对上级负责,忽略了对法律负责、对公众负责,或只想承担直接责任,不想承担间接责任。

面对问责风暴,问责的标准究竟是什么?免职之后的官员究竟该何去何从?面对免了领导,却免不了的事故,行政问责又该如何能有更好的效果?这些问题都值得我们进行理论探讨和实践摸索。当前,要按照党中央、国务院的要求,以推进责任政府为目标,按照"权责统一、依法有序、民主公开、客观公正"的原则,加快建立"以行政首长为重点的行政问责制度",综合发挥行政问责的事前防范、事中监督和事后追究功能。

进一步细化行政领导权力与责任。行政问责要按照权责对等原则,进一步明确各级政府及职能部门,以及每个职位的权力与责任。特别要明确各级政府之间、政府部门之间以及行政首长的权力与责任,明确行政领导正副职、其他不同层级领导之间的责任。

问责对象应以行政首长为重点。我们实行的是行政首长负责制的行政体制,各级政府及政府各部门的行政首长作为第一责任人,理应成为问责的主要对象。同时,也应将各级政府、政府各部门的各级领导干部以及其他相关单位的主要领导干部列为问责对象。

问责内容应包括行政乱作为和不作为。应将行政领域中的决策、用人和公众对政府服务的感受等作为行政问责的主要内容。不仅要对重大事故、群体性事件、公共突发事件的责任人问责,而且要对错误的行政决策问责;不仅要对滥用职权问责,而且要对故意拖延、推诿扯皮等行政不作为问责。要坚持有错必究、过错与责任相适应,将追究行政责任与刑事责任、民事责任、道义责任结合起来。

建立严密的问责程序。应以问责程序规范问责过程，约束问责主体的自由裁量权。作为问责启动主体的各级政府，要根据公民、法人或其他组织的检举、控告，上级领导机关的指示、批示，监察机关、审计机关、司法机关的问责建议，新闻媒体曝光等启动问责，并按照法定程序组织问责调查、追究、整改以及问责救济、复核等过程。

进一步完善行政问责配套制度。应加快健全与行政问责制相配套的行政管理体制、干部人事制度、财政管理体制。同时，进一步推动政府信息公开化，促进行政权力阳光运行，进一步发挥好公众、媒体的监督作用，构建对行政权力的有效监督机制。

加快行政问责立法进程。要实现行政问责的制度化、程序化和常态化运作，必须加快国家立法进程，依法问责。目前问责主要依据是中办、国办《关于实行党政领导干部问责的暂行规定》及《党政领导干部选拔任用工作责任追究办法（试行）》。下一步要在现有政策性文件基础上制订国家行政问责法，并不断完善问责配套制度，使我国问责实践真正走上制度化、法制化。（姚瑞平）

## ■ 集体责任如何追究

在现实中，在民主集中制度的安排下，各级党委和政府做出的重大决策几乎都是集体决策或者是在集体讨论、"集体名义"基础上做出的集体决策。因此，许多重大决策责任追究碰到集体决策，便无法深入进行，造成决策责任无人追究。集体决策已经成为决策责任追究的"挡箭牌""护身符"甚至是"保护伞"。

重大决策责任追究中集体责任追究的三大难题表现在以下几方面。

"法不责众"难题。这是指当领导班子集体出现重大决策失误时，是否需要对领导班子集体进行责任追究问题。这是集体决策责任追究面临的首要问题。正是由于这一问题没有得到有效解决，导致有人在重大决策中存在"法不责众"的思维惯性,认为只要是集体决策,即使出现重大决策失误,也难以进行责任追究。即使对集体进行责任追究,个人也不会受到实质性的责任惩处。集体决策中的"法不责众"难题,一定程度上助长个人在集体决策中的随意性和盲目性。

"责任区分不清"难题。这是指在不同集体决策主体和参与主体之间,如何承担集体决策责任问题。一方面,在不同集体决策主体方面,由于地方党政之间、不同层级政府之间、正职和副职之间在重大决策中存在职责交叉等现象,导致重大决策终身责任追究无法客观、公正和准确地确定这些集体决策中的责任。另一方面,随着重大决策逐渐走向开放和多元,专家和公众等主体参与到许多重大决策过程中,如何区分重大决策的决策者和参与者责任也是决策责任追究需要关注的问题。

"决策失误责任认定"难题。这是指在发生重大决策失误后,如何将集体决策失误细分和落实到个人决策责任的问题。地方重大决策几乎都是集体决策,由地方党委和政府经过集体程序做出的,例如政府工作中的重大问题必经政府常务会议决定、党委工作中的重大问题由地方党委常委会决定等。一旦发生重大决策失误,集体决策责任在现实中便难以科学地转化为个人责任,难免会出现"推卸责任"的情形。

要破解集体决策责任追究的"三大"难题,深入推进"法治政府""责任政府"建设,可以从以下几个方面着手。

按照"谁决策、谁负责"原则,严格追究重大决策中的集体决策责任。把集体决策责任和个人决策责任一视同仁,发生重大决策失误时,既追究个人决策责任,也追究集体决策责任。按照集体决策行为在重大决策失误中所承担的责任性质,确定重大决策终身责任追究主体和监督主体。对于应当承担政治责任的重大决策集体,应当由上级纪检部门和组织部门进行政治责任追究。对于应当承担行政责任的重大决策集体,应当由行政监察部门和人大相关部门进行行政责任追究。对于构成法律责任的重大决策集体,应当由相关法律部门进行法律责任的集体追究。集体决策责任追究结果向社会公开，接受社会监督。

按照"有权必有责、权责统一"原则，明确划分各级决策主体在重大决策中的权力和责任。要克服"责任区分不清"的难题，只有确定地方党政之间、不同层级政府之间在集体重大决策中的权力和责任，建立重大决策责任体系，才有可能实施严格意义上的集体决策问责制，杜绝只决策不负责的现象。上级政府干预做出的重大决策失误，由上级政府承担；党委做出的重大决策发生失误，也应当纳入责任追究范围。此外，对于"不作为"和"有意拖延"行为导致的重大决策失误，按照决策主体自身应有的决策责任，追究"不作为"和"有意拖延"回避型集体决策责任。

按照"谁主持、谁承担"原则，将重大决策失误责任追究细化到个人。集体决策中重大决策终身责任追究的关键是责任到人。对于集体重大决策失误责任追究，首先，采取"谁主持，谁承担主要责任"的追究思路，追究集体决策会议主持人的个人责任。其次，按照"谁动议，谁承担主要责任"的追究思路，追究将重大决策失误事项提交集体决策的个人责任。对于日常集体决策导致的重大决策失误，还应该按照"谁分管，谁负主要责任"的思路进行责任追究。再次，按照"谁参与，谁承担责任"，严格追究重大决策形成过程中除主持集体决策和动议集体决策的参与者责任。

建立重大集体决策终身责任追究的保障机制。建立地方党委会和政府常务会议等主要集体决策会议的记录机制，设立重大决策"台账"，记录集体决策由谁主持、谁动议、谁赞成、谁反对和谁弃权等关键信息，做到集体责任追究时"有账可查"。加强对重大决策实施情况跟踪反馈、监督检查和评估，建立重大决策失误评估和倒查机制。当出现重大决策失误时，从决策执行倒查集体决策责任。建立重大集体决策终身责任追究的申诉和救济机制，保障责任追究对象在追究过程中的合法权益。同时，建立和完善相关法律制度，实现决策责任追究的法治化。（赖先进）

## ■ 筑牢党内制度之"笼"

党的十八届四中全会提出了依法治国必须形成完备的法律规范体系、高效的法治实施体系、严密的法治监督体系、有力的法治保障体系、完善的党内法规体系五大法治体系。"形成完善的党内法规体系"已经成为法治中国建设的重要内容。运用党内法规把党要管党、从严治党落到实处，这是党的十八届四中全会提出的明确要求，也是加强党对法治建设的领导、全面推进依法治国的现实需要；把形成完备的党内法规体系纳入依法治国的工作大局，凸显了加强完备的党内法规体系建设对于全面推进依法治国的重要意义。

《中国共产党党内法规制定程序暂行条例》第2条规定："党内法规是党的中央组织、中央各部门、中央军委总政治部和各省、自治区、直辖市党委制定的用以规范党组织的工作、活动和党员的行为的党内各类规章制度的总称。"也就是说，上述由省级和直辖市以上党组织制定颁布的党内规章就是党内法规。

党内法规的突出特点是党纪严于国法。其原因：一是职责所系。党员既是普通公民，更是负有着特殊政治职责的公民。党员身份意味着更多的纪律约束和责任担当。国法是一个国家要求每一公民都要遵守的法律制度，是所有公民的行为底线；党纪是政党要求党员遵守、约束党员言论行动的一种纲纪，是对党组织和党员立的规矩。党员首先作为公民，必须遵守国法；同时，作为负有特殊政治职责的公民，还必须受到更严格的党纪约束。党的先锋队性质和先进性的要求决定了党规党纪要严于国家法律。二是形势使然。到2020年的未来六年，是我国全面深化改革、实现国家治理体系和治理能力现代化的关键时期。从我国的基本国情看，推进国家治理体系和治理能力现代化，"重头戏"是依法治国。依法治国从根本上讲是对党自身提出的要求，关键在于"把权力关进制度的笼子里"。这就必然要对各级党组织和党员提出更高要求，严字当头，依法执政、依纪治党。

形成完善的党内法规体系的突出意义在于：一是适应依法治国、建设法治国家的现实选择；二是贯彻落实从严治党要求，把从严治党要求制度化、法规化、常态化的必要举措；三是健全权力运行制约和监督体系，形成不敢腐、不能腐、不易腐机制的制度安排；四是使各级党员干部产生敬畏心，培养不敢腐、不想腐的廉洁心理，实现廉洁政治目标的迫切需要；五是将党的纪律检查体制改革的实践成果固化为制度的迫切需要。要把权力关进法治的笼子，前提就是先把权力关进党纪的笼子。作为一个拥有8600多万党员、400多万个基层组织，在一个13亿多人口的大国长期执政的党，必须要拥有自己完备的党内法规体系。治国必先治党，治党务必从严，从严必有法度。一个政党内部规章制度的完备程度，已经成为其发展成熟与否的重要标志。

加强党内法规制度建设、形成完善的党内法规体系，十八届中央纪委四次全会不仅提出了明确的目标，即着重规范政治纪律、组织纪律，做到要义明确、简明易懂、便于执行，还定下了时间表，即确保到建党100周年时，建成内容科学、程序严密、配套完备、运行有效的党内法规制度体系。这就需要尽快对现有的党内的法规制度进行摸底、清理、修订、补充，既要提高它的认知度、操作性和执行力，还应实现与国家法律的有机衔接。当前的情况是，党的十八大以来党内法规进行了首次集中清理，1978年以来制定的党内法规和规范性文件中近四成被废止或宣布失效。与此同时，出台了《中国共产党党内法规制定条例》《党政机关厉行节约反对浪费条例》等；《中国共产党巡视工作条例（试行）》等已有法规也正在修订中。我们已经认识到，党规党纪是管党治党建设党的重要法宝，拥有一套完整的党内法规是我们党的一大政治优势；我们坚信，随着党内法规的进一步健全完善，随着党员干部严格遵纪守法自觉程度的进一步提升，社会主义法治建设的春天必定会加快走来。（吴彦杰）

# 第三篇

## 把权力关进制度的笼子里

# 如何让权力不任性

杨小军

**杨小军**

国家行政学院法学教研部副主任、教授，博士生导师。兼任中国法学会行政法学研究会副会长，中国法学会审判理论研究会常务理事，中国法学会警察法学研究会常务理事，中国法学会行政法学研究会城管执法专业委员会副主任委员，国家社科基金重大课题首席专家等。

李克强总理在2015年政府工作报告中,引用了一个刚刚流行起来的网络热词说:"有权不可任性。"这一引用被很多媒体报道,作为标题,备受关注。

权力是一种支配力,也会带来很多"有利"的结果和延伸效果。如果权力不受控制,就会像脱缰的野马一样随心所欲,这就是任性的权力。那么,如何才能让权力无法任性和不任性呢?

权力有"天"。权力是第二位的,不是第一位的。第一位的是产生权力的根据,这个根据就是权力的"天",这个"天"就是宪法和法律。宪法和法律是一切权力产生的根据。所以,权力不能无法无天,不能无根无据。没有根据的权力,就是法外之权、法上之权,就是任性而生的权力。所以,社会主义法治理念告诉我们,对于公权力而言,依法用权,应做到法无授权不可为、法定职责必须为。没有法这个"天",权力就不具有合法性和正当性。

权力有界。权力是有边界的,这是所有公权力都必须遵守的原则。没有边界的权力,或者可以随意超越边界的权力,就是任性的权力,也是无法控制的权力。在市场经济体制完善过程中,尤其需要解决好公权力与私权力的界限问题,解决好政府与市场、政府与社会的界限问题。如果不解决好这些界限,公权力就会越界侵权,干扰市场和社会的规律,甚至侵犯私权利。本届政府大力改革,实行政府职能转变,大力推行行政审批制度改革,推进权力清单制度等,都是在致力于界定公权力的边界。让市场的归市场,社会的归社会。政府及其公权力应当定位清晰，坚守边界。

权力有笼。把权力关进制度的笼子里，这是法治的理念，也是法治的需要。权力是一把双刃剑，可以用来为民服务，也可以用来任性胡为。为了让权力始终保持其服务的功能防止其任性的可能，就必须用法律制度的笼子控制权力、规范权力。

权力有监。所谓权力有监，是指权力的行使要受到制约和监督。权力有任性的"天性"，如果不受监督，就会任性滥用。就监督权力而言，监督的强度和密度至关重要，形同虚设的监督就像"纸老虎"一样没用。大权力小监督、强权力弱监督、高权力低监督，或者相反，都是无效的，或者是不科学的。合理的监督强度和密度，就是平衡好权力与监督力的关系。强权力就应当有强监督，大权力就应当有大监督，高权力就应当有高监督，总之，让监督力与公权力保持平衡，使监督力可以监督、能够监督、有效监督，是基本的原则。只有这样的适度监督，监督才能真正有效，而不至于让监督演变成弱、小、虚。

权力有则。所谓权力有则，是指公权力的运行是有规则有标准的，不是无规则运行，更不是随心所欲乱窜。其中，有三个基本规则最为重要：一是行使权力的前提条件。在什么条件下才能够行使特定的权力，是有法律规定的，不是权力拥有者可以任性而定的。二是行使权力的度是有标准准则的，犯什么法用什么法，犯法到什么程度才可以处理到什么程度。这些都是权力行使的标准，必须遵守执行。三是行使权力的具体手段措施是由法而定的，而不是由执法者任性选择的。例如，对有些违法者可以罚款，对有些违法可以查封扣押，但不能因为当事人违法就在法律之外滥用"私刑"，这既不是法治，也不是文明。

权力有序。所谓权力有序，是指权力运行必须遵守法定的程序，在法治的轨道中运行，而不能脱离轨道，更不能无轨道任性运行。习近平总书记在中央党校县委书记研修班学员座谈时指出，领导干部要做学法、遵法、守法、用法的模范，做决策、开展工作多想一想法律的依据、法定的程序、违法的后果，自觉当依法治国的推动者、守护者。可见，遵法、守法、用法都离不开法定程序。程序可以规范权力，程序可以统一行为，程序可以彰显公正，程序可以提高效率，使权力运行有序，从而保障实质正义实现。在规范和防止权力任性方面，程序有三个不可替代的功能：一是程序权利义务的实现可以让公民法人这些当事人参与到行政过程中来，通过知情权、参与权实现监督权，防止权力任性。二是通过程序来规范权力的运行环节、步骤、表现形式等，使权力运行正规化、标准化和规范化。三是通过时间期限的程序限定使权力运行提高效率，实现及时有效的服务。

权力有果。所谓权力有果，是指权力运行会产生相应的法律后果，权力拥有者、行使者必须对其产生的法律后果承担责任。任何行为都是会产生后果的，所有行为人都要对其行为后果负责，权力运行当然也不例外。通过法律后果的约束，使权力拥有者和行使者慎重和依法而行，而不是任性胡为。

# 以制度反腐破解反腐困境

李永忠

**李永忠**

中国纪检监察学院副院长,中国民生研究院学术委员会副主任,制度反腐专家,国家行政学院兼职教授,长期潜心于党建、制度反腐等领域的研究。多次参与国家社会科学规划资助课题的研究及撰写工作;多次参与中央纪委全会报告、中央纪委向党的全国代表大会报告的撰写工作。

## 一、当前反腐面临的最大问题和困难

当前反腐面临的最大的问题，是我们沿用至今的"苏联模式"。"苏联模式"有两个根本性因素：一是集决策权、执行权、监督权于一体的权力结构，二是用等级授职制来代替普选制的选人用人体制。我们在经济领域坚决摈弃了"苏联模式"的这两个根本性因素，仅30多年便成为世界第二大经济体。但由于政治领域我们至今还在沿用"苏联模式"的这两个根本性因素，因此面临三个"不得不"的关口，即：政治体制到了不得不改革的关口、两极分化到了不得不解决的关口、反腐困境到了不得不突破的关口。不在政治领域坚决摈弃苏联模式，就解决不了反腐败的战略问题，就走不出新路，就不能"形成科学的权力结构"。

反腐败面临的最大困难，是30多年至今没有设立政治体制改革特区。30多年前，总设计师邓小平设立了经济体制改革特区，因而取得了经济体制改革成果。30多年来，我们至今没有设立政治体制改革特区，却想要取得比经济体制改革更复杂、更困难的政治体制改革成果，恐怕是巧妇难为无米之炊！关于政治体制改革，下面是天天盼上面的红头文件，上面是月月等下面的成功试验，结果左盼右等了30多年！实践证明，"突破在地方，规范在中央"，是中国的改革开放的成功之道！没有政治体制改革特区，各地就难以先行先试。

如果权力过分集中的"总病根"不能得到根治，民主就难以生存，监督就难以有效，体制就难以健全。失去监督的权力，不仅容易腐败，而且也容易逃脱惩处。腐败一旦在较长时间、较大范围保持一种"出生率"大于"死亡率"的态势，就会在局部出现人心思贪的现象，就会在一些人中间生出没有机会腐败的喟叹，就会在部分人中出现笑廉不笑贪的心态。于是，称谓上，"书记"变成了"老板"，"老板"又变成了"大爷"。权力所内含的独占性、扩张性、排他性，在这"总病根"的催化下，对内形成强烈的封建式的人身依附关系，对外先滋生跑官要官，再蔓延成买官卖官，最后发展成骗官杀官。欲治其症，欲求其解，改革势在必行。

## 二、对制度反腐的展望

习总书记提出的"把权力关进制度的笼子里"是制度反腐的一个重要观点，证明习总书记深刻领悟了邓小平"党和国家领导制度改革"的思路和精髓，并着手于制度反腐的战略定位、战略布局。把腐败官员关进监狱的笼子里，权力反腐早就做到了；而把权力关进制度的笼子里，只有制度反腐才能做到，且只有政治体制改革推动下的制度反腐才能真正做到。

我们目前的反腐，既面临被迫型倒逼式的极其严峻的形势，也有主动性预见式由权力反腐转向制度反腐的机遇。能否由权力反腐转向制度反腐，有五个必须要素可作测验。十八大后，制度反腐已经时不我待，关键要以改革的精神，从战略规划和顶层设计上谋好篇，布好局，下好子。

首先，必须改革权力结构。产生于战争年代、固化于计划经济时期的权力结构，已经很难适应市场经济条件的反腐败。我们目前的权力结构，基本上是照搬苏联模式，将决策、执行、监督三权集为一体的权力结构。正如邓小平同志所指出，这种"权力过分集中"的权力结构，既是苏共亡党、苏联解体的"总病根"，也是我们各种问题的"总病根"。三十多年前，邓小平同志就进行了党和国家领导制度改革的顶层设计和战略规划，其要义就是改革权力结构，通过党内分权以形成党内制衡。以改革权力结构为中心的党和国家领导制度改革，可实行三步走战略。一是党内分权。让党内民主、党内监督有存在空间和发展的时间，党员才能真正成为党的主体。通过党内分权，能有效解决权力过分集中的总病根，逐步实现还权于党员。二是党政分工。有效解决党总是站在第一线，处于各种矛盾焦点的大难题，逐步实现还权于政府。三是党政分开。将过去对政府的组织领导、工作领导、事务领导，逐步改变为真正动员群众、组织群众、引导群众监督政府的政治领导。有效解决党不管党的老问题，逐步实现还权于人民，从而不仅完成由革命党向党执政的转变，而且完成由党执政向执政党的转变。

第二，必须改革选人用人体制。如果说，苏共亡党东欧剧变，第一个根本性原因是"过分集中"的权力结构所致，那么，等级授职制的用人体制，则是第二个根本性原因。由于我们在用人体制上，所采用的基本也是"苏联模式"，因此，随着执政时间的延长和权力含金量的增加，吏治腐败也就成了改革开放中最为严重的腐败。改革选人用人体制，也可实行三步走战略。用2—3年在县、乡镇党委进行直选，用2—3年在市、省党委进行直选，用2—3年在各级地方政府进行直选，差额选举比例不少于15%。候选人可由党组织提名、党员群众提名、民主党派提名，各占三分之一。

第三，必须以"有条件赦免"化解腐败呆账。中国的改革，是党委政府主导而非市场主导，权力这一"有形之手"的作用远大于市场"无形之手"的作用。权力含金量的迅猛增加，在快速加大权力风险的同时，也使腐败在官员中呈易发多发之态势。三十多年的腐败呆账，由此形成。于是，随着改革时间表的推移，不少官员从自身的既得利益出发，其改革愿望，特别是政治体制改革的动力越来越小。如何变阻力为动力？上世纪七十年代香港以特赦化解腐败呆账的成功经验值得借鉴。

第四，必须动员并组织群众广泛并有序参与。必须切实改变这种仅限于专门机关孤军作战单打独斗反腐败的局面，"依靠群众的支持和参与"，发挥民众在反腐中的伟力作用。因为，权力腐败虽然表面上看起来是挑战了权力的秩序，但实际上却是严重侵吞并损害了权利（也即群众）的切身利益。所以，民众才是腐败最直接的对立物，民众中深藏着反腐败的强大动力，应充分发挥民众对腐败的举报作用。此外，批判的武器不能代替武器的批判，民众虽有参与反腐的积极性，但要持续组织调动和引导这种积极性，还需要有相应的物质鼓励。必须发挥网络反腐的平台作用。十七届中央纪委七次全会公报强调，要健全网上舆论引导机制，发挥互联网等新兴媒体在促进反腐倡廉建设中的积极作用，充分利用网络这个最大的平台，使人人起来监督党委政府成为可能，而我们各级党委政府在如此公开便捷且影响力如此之大的网络平台前，就不会也不敢稍有懈怠。

第五，必须尽快设立政改试验区，先行先试。三十多年来政治体制改革滞后，关键就在于我们只有经济体制改革的试验区，而没有政治体制改革的试验区。政治体制改革是对现有的权力结构进行实质性改革，所面对的既得利益的势力太大，所要承担的责任太大，所要冒的风险太大。没有上级的及时支持，没有中央的强力支持，成功的概率不高。因为这种做法是以个体去挑战群体，是以对己无益去挑战既得利益，是以大多的无依无据去挑战甚至违反很多的现有规定。突破在地方，规范在中央，是改革开放三十多年的经验之谈！

## 三、我国的反腐败立法尚存在缺陷

加强反腐败国家立法，是依法治国、依法执政、制度反腐的题中之义，也是十八大依法治党、保障廉洁政治的新要求。改革开放三十多年来，由于没有及时推进政治体制改革，现有的法规制度体系难以保证干部清正、政府清廉、政治清明。

一是战略规划上的欠缺性。邓小平同志不止一次地从制度层面（主要是权力结构）一针见血地指出，我们犯各种错误的"总病根"是"权力过分集中",并强调"制度问题不解决,思想作风问题也解决不了"。现今,腐败滋生蔓延的"总病根",无疑还是"牛栏关猫"式的权力结构,权力脱离"笼子"导致大面积蜕变腐败,直至"腐败越演越烈"。由权钱交易、权色交易,发展到以吏治腐败为主症的权权交易,已经成为对执政党的公信力和生命力的致命危害。

长期以来,我们不仅对中国历史上异体监督、权力制衡等反腐倡廉制度建设成果挖掘、整理和转化不够,而且对清廉指数高的国家和地区反腐倡廉制度成果学习、借鉴、汲取也不够。从人性善、共产党员道德高、无产阶级素质好等理想主义的思维定式中,进行立法规划和制度构建,致使制度上的漏洞和风险仍大量存在,反腐败的目标红线不断压低。

同时,反腐败立法和制度构建在一定程度上存在着追踪腐败现象或腐败手段的误区,使反腐倡廉制度建设如同"急诊室""消防队",处于一种应急和被动的状态。制度成本过高,制度效能过低。如公款吃喝问题,党中央、国务院及各省、市、自治区党委和政府反复强调,下发文件几百个,制定的"不准"多达千条,不仅始终未能根除,反而演变成"灰色腐败"。

二是战略部署上法规体系上的失衡性。重实体轻程序。改革开放以来,我们相对重视实体性法规制度的构建,但程序性法规制度建设明显滞后,制度体系失衡,导致空监、虚监、弱监的问题大量存在。反腐败立法工作和法规制度建设,习惯于将重点放在诊治和矫正之上,偏重于追惩性、实体性制度,忽视程序性、防控性制度;偏重于工作成绩的计算,忽视对工作程序的监督;偏重于对公权力的行使保障,忽视对民权利的程序保障;偏重于腐败行为的查处,忽视对职责权限的界定和自由裁量权的约束,无法切实保证法规制度不因领导人的改变而改变,不因执法者的看法和注意力的改变而改变。

三是制度效能上的有限性。决策力不足、公信力不高、保障力不强。一是制度的决策力不足。由于整体规划不够,加之封建崇权、拜权、怕权思想的深远影响,"人治"思维和现象盛行,监督者不敢监督、不愿监督,被监督者不要监督、不受监督,有法不依、违法不究的情况时有发生,以言代法、以权压制的现象大量存在。二是制度的公信力不高。由于制度设计不科学，或过于宏观，过于笼统，尤其是关于执行程序、违章责任追究等规定不多，对一些具体问题未界定或量化；或制度创建不够谨慎和严肃，草率出台，频繁修改，致使制度的公信力大打折扣。同时，落实制度的责任制度、保障制度、再监督制度也不健全，使一些本来很好的制度得不到贯彻执行，未能发挥制度应有的威力。三是制度的保障力不强。由于制度的决策力不足，公信力不强，制约了制度效能的发挥，特别是专门监督机构被置于执行机关的统制范围，缺乏应有的独立性和权威性，始终处于同体监督的空置、弱置境地，无法发挥监督保障功能。

## 四、加强反腐败国家立法、强化反腐败制度建设

反腐败立法工作必须以"权力过分集中"这个"总病根"为原点，以权力结构改革为核心，构建防治消极腐败的制度铁笼子。

一是加强反腐败的战略规划，确立权力结构改革原则。制度建设涉及党和国家生活的各个方面，内容十分丰富，但核心是权力结构问题，即以权力结构为核心的党和国家制度改革问题。应加强反腐败立法工作的顶层设计和统筹规划，依据作为国家根本大法的宪法和作为党内最高规章的党章，将权力结构改革列入反腐败国家立法五年规划。厘清权力与权利的授受、制衡和回归的关系，逐步建立起能够很好体现社会主义本质要求的反腐败权力结构，真正以制度之笼关住权力之虎。

二是提高制度耦合力，形成不敢腐、不能腐、不想腐的制度铁笼子。应把法规制度建设与政治体制改革结合起来，把健全浅层意义上的规章、守则与改革深层意义上的组织体系（即权力结构）结合起来，把党内立法（党内决策程序、表决规程等）与国家立法（财产审报法、反腐败法等）结合起来，把构建不敢腐的惩戒机制、不能腐的防范机制与不想腐的保障机制结合起来，做到反腐败立法工作与改革开放和市场经济建设的总体要求相适应，与党和

国家制度改革的顶层设计相适应,与党的先进性、纯洁性建设的总体目标相适应,与防治消极腐败危险的总体部署相适应,做到制度与制度之间相互衔接、相互配套,耦合力强、体系化程度高。

　　三是提高公众参与力。反腐败立法工作必须实行开门立法,注重发挥群众在反腐倡廉和反腐败法制建设中的深厚伟力,不能搞专业人员闭门造车式的立法,不能搞专门机构单打独斗式的建制。务必依靠群众,转换权力结构,探索党和国家制度改革的途径和方法;依靠群众,推进党风廉政建设和制度反腐,创新反腐倡廉法规制度体系;依靠反腐立法,调整权力与权利的关系,支持和保障人民当家做主;依靠法规制度,改善党群和干群关系,保持党的先进性和纯洁性,维护党的肌体健康。

# 把权力关进制度的笼子里，着力消除腐败之源

李成言

**李成言**

　　中国监察学会原副会长、北京大学政府管理学院教授、博士生导师、北京大学廉政建设研究中心主任、国家行政学院兼职教授、北京大学政治发展与政府管理研究所研究员、北京大学中国改革理论与实践研究中心主任、中央治理商业贿赂专家组成员、国家体育总局体育行风监督员、全国高校廉政教育与研究学会名誉会长、中国领导科学研究会常务理事、国务院政府特殊津贴获得者。

## 一、把权力关进制度的笼子里

随着改革开放进入深水区，反腐也正式进入攻坚阶段。党的十八大以来，我国反腐倡廉建设呈现新的工作局面和战略部署，从强调改进工作作风、密切联系群众，再到主张把权力关进制度的笼子里，无不体现从严治党、制度反腐、惩防并举的新思路。把权力关进制度的笼子里，意味着中央要改进党的领导方式和执政方式，依靠制度改革力量来推动反腐倡廉建设，着力消除腐败之源，实现廉洁政治。把权力关进制度的笼子里的提出，说明经过多年的实践，制度反腐在廉洁政治建设工作格局中的地位更加明确和突出，有利于彰显党反对腐败的坚定决心，以更高的站位、更宽的视野推进廉洁政治建设。不管是干部清正、政府清廉、政治清明，都需要把干部权力特别是"一把手"权力、政府权力特别是行政裁量权、政治权力特别是部门立法权，关进制度的笼子里。

其实，把权力关进制度的笼子里这种思想和提法在学术界和实践界早就有之，但在中央领导的正式讲话中提出却是第一次。把权力关进制度笼子里的思想是政治文明的体现，蕴含着深刻的政治哲理。孟德斯鸠在《论法的精神》一书中指出，一个自由的健全的国家必然是一个权力受到合理、合法限制的国家，因为"一切有权力的人都会滥用权力，这是万古不易的经验。要防止滥用权力,就必须以权力约束权力"。阿克顿也指出:"权力趋于腐败,绝对的权力趋于绝对的腐败。"政治文明的发展历史,是一个权力不断受到制约和监督的发展史。在封建社会,统治者的权力是专制的,不容受到任何挑战,权力是无限的;在民主社会,统治者的权力来源于社会,受到宪法制约和社会制约,权力是有限的。权力制约虽然发轫于西方资本主义发展初期,但并不是西方国家的专利,而是全人类政治文明的共享成果。现在,中央提出要把权力关进制度的笼子里,是对人类政治文明成果的吸收和借鉴,也必将通过改革实践为这项政治文明成果提供新的素材。

要把权力关进制度的笼子里,是基于对当前腐败形势和反腐败工作的科学认识。当前,反腐败形势很严峻,呈现易发、多发、高发的态势,形式主义、官僚主义问题突出,奢侈浪费现象严重,一些领域消极腐败现象易发多发,个别领导干部特别是高级干部严重违纪违法。针对于此,中央纪委二次全会强调:"必须增强忧患意识、风险意识、责任意识,既要坚定果断刹风整纪,加大办案力度,坚决遏制腐败现象蔓延势头;又要树立长期作战思想,注重深化改革,健全体制机制,加强源头治理,逐步铲除滋生腐败的土壤和条件,不断以反腐倡廉实际成效推进廉洁政治建设。"这里有几个关键词:"坚决遏制""深化改革""源头治理""逐步铲除",这几个关键词之间存在一定内在逻辑关系,构成一个完整的反腐倡廉进程表。而贯穿其中的一个主线即是权力和制度之间的关系,离开这条主线,整个反腐倡廉建设将失去重点。因此,实现把权力关进制度的笼子里,是建设法治中国与和谐社会的呼唤,是推进反腐倡廉建设的现实选择,也是实现反腐倡廉建设可持续性发展的必由之路。

## 二、我们需要怎样的制度笼子

邓小平同志曾经讲过:"好的制度可以使坏人无法横行,不好的制度使好人无法充分做好事。"他说的就是这个道理。廉政制度本身需要达到三个标准：一是正义性，即廉政制度要符合国家反腐败立法要求，能够保证公民的合法权利、社会的公共利益以及国家的核心价值。二是适应性，即廉政制度要符合当前反腐倡廉建设的总体形势和任务要求，并且能够实现自我完善和自我发展。三是可操作性，即廉政制度能够被应用于实际，产生实实在在的制度效应。要达到这三个标准，需要我们有一双"巧手"，化解制度难题；需要我们提高编织"制度笼子"的能力和水平，实行公开立制、民主立制和科学立制。因此，我们所需要的"制度笼子"不仅在外观上完整，成为一个科学体系，而且在质量上要能够解决现实廉政问题，不能沦为"花样子"，甚至是"摆设"。否则，"制度笼子"不仅不能发挥反腐倡廉作用，而且还可能成为腐败滋生蔓延的避风港。

当前，制度建设是一项系统工程，我们不能等待，也不能幻想，一方面要尽快对现有的"制度笼子"查漏补缺，不断完善现有廉政制度体系，修补一切可能的制度漏洞；另一方面，要根据反腐形势变化，充分吸取世界各地反腐倡廉成果，形成不敢腐的惩戒机制、不能腐的防范机制、不易腐的保障机制。当前，要尽早建立健全官员财产申报制度和信息公开制度两项基础性制度，其理由只有一个，即阳光是最好的防腐剂。反腐的核心在公开透明，如果公开透明问题得不到根本解决，那么整个廉政制度的发展会遇到很大阻碍。只要能做到政府事务公开透明，就能让贪官"见光死"。廉政制度的基础在于官员财产申报制度，应把官员的个人收入，家庭财产收入，亲属子女移居境外情况、从业情况等纳入公示范围，接受社会公众的监督。政府的一切重大决策和立法都应征求社会公众的意见，不能让政务信息成为政府的"私产"，更不能以保密为由谋取部门利益。公开透明的最终目的在于保证公权力的正确行使，避免官员进行利益输送，侵犯社会公共利益。

贪官胡长清曾坦言："组织的管理和监督对我而言，如同是牛栏关猫，进出自由。"此言说明我们的廉政制度还存在漏洞，仍无法约束官员的行为。如果我们不能针对廉政制度"漏洞"问题加以修补，解决制度"短板"，在实践中也难免会再出现"牛栏关猫"的尴尬。廉政制度需要权威性，只有做到制度面前人人平等、制度约束没有例外和令行禁止、违者必究，才能实现制度的权威性和严肃性，真正形成用制度管权、按制度办事、靠制度管人的有效机制。据统计，截至 2012 年 7 月，党和国家机关及其有关部委制定涉及反腐倡廉的重要法律法规制度 616 项，省级政府制定涉及反腐倡廉的地方性法规和文件规定 1538 件。这些法律法规制度是否已涵盖全部反腐倡廉重要领域、是否切实得到执行，都需要我们作客观的分析和评估。可以说，我们不是缺少廉政制度，而是缺少廉政制度的执行力。

## 三、如何才能"关住"权力

制度分为正式和非正式制度，其中伦理就是一种非正式制度。我们在探讨用法律手段来治理腐败、惩处腐败官员的同时，不能忘记官员内在伦理素质的作用。并且，从权力本质意义上讲，行政伦理似乎比外在约束显得更为低成本和长效。在实践中，我们能够通过明文规定，对权力的获得、边界和监督等做出明确界定，把权力"关进"制度的笼子里，但对权力的具体行使过程却难以进行界定且其权力绩效取决于官员行为，故"关进"并不等于"关住"。如果说"关进"是一个前提性条件，需要制度的大量制定和出台，那么"关住"则是一个过程，需要行政伦理的支撑，行政伦理控制是防止权力腐败的重要途径和保证。行政伦理要求官员树立公共责任意识，充分认识权力的本源，自觉承担起尽责效力的义务，主动回应并积极采取行动满足社会公众的公共利益需求。因此，要"关住"权力，应建构行政伦理文化，建立行政伦理标准，对官员进行系统的行政伦教育和培训等。更重要的是，要让官员获得行政职业荣誉感，增强内在自律性。

权力运行机制改革是用制度笼子"关进"并"关住"权力的关键。权力运行机制包括权力配置和权力结构两方面内容。在权力配置方面，要理顺政府、市场、社会之间的权力关系，切实转变政府职能，让政府重视公共产品和公共服务的提供，有所为有所不为、不能与民争利，真正使政府实现由直接管理向间接管理、单一行政管理向综合运用经济和法制手段管理的转变，切实履行经济调节、市场监管、社会管理和公共服务的职能。关于权力结构，党的十六大报告提出，要加强对权力的制约和监督，建立结构合理、配置科学、程序严密、制约有效的权力运行机制，从决策和执行等环节加强对权力的监督。党的十七大报告提出，要坚持用制度管权、管事、管人，建立健全决策权、执行权、监督权相互制约协调的权力结构和运行机制。党的十八大进一步强调，要建立健全权力运行制约和监督体系，确保决策权、执行权、监督权既相互制约又相互协调，确保国家机关按照法定权限和程序行使权力。"相互制约"要求不同权力之间分工明确、各负其责，形成相互制衡结构，保证权力依法运行，防止权力滥用；"相互协调"要求适度分权，使不同性质的权力作适当分解，避免权力过于集中。进而，根据权责统一原则，建立决策问责和执行问责机制，强化对官员的问责力度。

权力监督是保证"制度笼子"有效运行的重要力量。目前，我国已形成了由党内监督、人大监督、政府内部监督、政协民主监督、司法监督、公民监督和舆论监督组成的监督体系。但从总体上看，这个监督体系尚未形成整体合力，突出问题是体制外监督与体制内监督不能实现无缝对接。因此，一方面科学对待新媒体监督，解决新媒体所带来的监督机遇和挑战，实现传统监督手段的革新；另一方面，要创新现有的监督体系，明确不同监督方式的工作重点和分工，形成互补局面和协调机制。在时机成熟时，要实现监督机构的独立化，赋予其监管"制度笼子"运行状况的职责。要实现宪法赋予公民的监督权利，保障其批评权、建议权、申诉权和控告权，对于任何"制度笼子"的松动或权力监管的失效都可以及时表达意见。在监督技术上，要建立廉政预警机制，把监督程序嵌入权力运行流程，对决策和执行全过程实行腐败风险评估预警，对于风险事项实行即时处置措施。

## 四、廉政预警是反腐倡廉新举措

所谓廉政预警，是指围绕廉政建设和反腐败工作目标，运用科学手段和现代技术分析廉政风险信息、评估廉政风险状况和预测廉政风险趋势，采取有效措施提前防范和解决潜在廉政问题的理论、方法体系和工作过程的总和。其中，廉政风险信息收集是基础，廉政风险评估是核心，廉政风险防范和处理是重要内容。

从世界各国反腐败经验来看，构建廉政预警系统是十分必要的。近年来，我国各级政府和国有企业结合本地本部门工作实际，开展了各具特色的廉政建设创新活动，有力地推动了我国廉政建设和反腐败工作的深入发展。如何结合国内外的研究和实践成果，构建一个更具实践性、操作性和应用性的廉政预警体系，是一个富有创新意义的实践领域。

根据风险发生的特征，廉政风险可以分为以下几种类型：

一是伦理性廉政风险。伦理性廉政风险主要是指领导干部个人道德、行为方面所存在的风险。领导干部个人一旦发生这类风险，就很可能失去心理防线而走向腐败。这类廉政风险与领导干部的道德修养、个人意志、权力观、利益观等相关，心理上的任何扭曲都有可能潜伏着廉政风险。伦理性廉政风险不仅会侵蚀领导干部个人的道德意志，而且还会侵蚀整个干部队伍风气。廉政风险的个体性和伦理性为廉政预警提供了思路，这要求我们关注领导干部个体的行为、心理和思想动态。

二是结构性廉政风险。结构性廉政风险主要是指政府部门在廉政制度建设方面所存在的风险。廉政制度建设不可能一蹴而就，廉政制度执行也不可能一劳永逸，制度建设和执行方面存在的漏洞和缺陷，都可能造成廉政风险。结构性廉政风险与整个行政体制发展和政府执行力建设相关。结构性廉政风险预警具有基础性意义，防范结构性廉政风险有利于为整个预警管理提供一个良好的制度环境。

三是功能性廉政风险。功能性廉政风险是指政府部门在廉政监督制约方面所存在的风险。政府部门对领导干部负有监督管理责任，但受到现行监督体制的限制，个别领导干部的个人意志和行为可能凌驾于组织监督之上。监督功能和制约机制的缺失和弱化，会使领导班子的集体行为和领导干部的个人行为超出监管界线，产生违纪违法后果。功能性廉政风险预警具有关键性意义，防范功能性廉政风险应该是当前建构廉政预警体系工作的重中之重。

四是关联性廉政风险。关联性廉政风险是指社会环境和市场主体可能给政府部门带来的风险。关联性廉政风险是一个环境影响后果，从表面上看是风险主体的被动行为，但究其本质，它的根源仍在于风险主体自身。随着经济社会的发展，领导干部面临的外部诱惑越来越多，处理不当，把握不住最基本的行政伦理准则，很有可能坠入腐败深渊。防范关联性廉政风险具有保障性意义，有利于行政组织文化建设和伦理建设。有效预防腐败，提高反腐倡廉工作成效，设定科学的廉政评价和廉政预警评估指标体系显得日益重要。

廉政预警模型的主要内容包括以下模块：

利益冲突模块。公职人员在执行某一公务或进行某一公共决策时，若该公务或决策与其私人利益有关联时，就会发生利益冲突。防止利益冲突是国际社会建立廉政法律法规的一个核心。公众之所以对有些人事任免、政府采购、工程招标、行政审批事项不信任，根源就在于决策官员在政策决定中存在利益冲突。以是否存在利益冲突情形预警廉政风险具有现实性和可行性。具体指标采用是非判断法，考察领导干部是否存在利益冲突情形，只要存在，不管程度大小，有心或无心，即可发出相关预警，要求相关人做出说明。

社会舆情模块。社会公众的态度和信访是领导干部行为的晴雨表。社会公众的态度和信访不一定都是符合事实，但他们处于社会基层，对政府各项政策实施具有切身利益感受，对领导干部也最有发言权，他们所反映的问题是重要的廉政预警信息。分析这些信息，可以为判断某一地区、单位、岗位和领导干部个人的廉政状况提供参考，并可要求相关人员做出解释回应。具体指标包括信访情况、民意调研情况等。

岗位分析模块。岗位是权力与职责的统一。不同的岗位承担着不同的职责。工作人员一般会根据工作需要做出调整，从一个岗位转至另一岗位，若对人直接进行风险预警显得主观化和不确定性，而对岗位风险进行监测则显得客观化和具说服力。所以，该模块主要考查与岗位相关的规章制度、权力规范情况。

特定事件模块。腐败的发生不是一朝一夕的事，有一个发展过程，在这个过程中，当事人肯定会出现一些异常行为或事件。这些行为或事件往往是重要的预警信息。把这些信息纳入预警模块，可以扩大预警范围，提高预警效力。

其实，社会舆情模块、岗位分析模块和特定事件模块的核心仍是利益冲突，只不过侧重点不同而已。它所针对的是预警对象的具体利益冲突行为。

# 权力制约和协调机制建设需注意的四个实践问题

程文浩

**程文浩**

　　山东省滕州市人，清华大学公共管理学院教授、廉政与公共治理研究中心主任。曾担任中国监察学会常务理事、北京奥运会监督委员会委员等职。

党的十八大报告中"权力的制约和协调"是指决策权、执行权、监督权既相互制约又相互协调。十八届三中全会《中共中央关于全面深化改革若干重大问题的决定》进一步强调，必须构建决策科学、执行坚决、监督有力的权力运行体系，将"形成科学有效的权力制约和协调机制"排在反腐制度创新和改进作风常态化之前。四中全会《中共中央关于全面推进依法治国若干重大问题的决定》则在"推进依法行政、建设法治政府"部分提出了"行政权力制约和监督"的任务。可见，中央的认识明确，惩治腐败与改进作风是医治疾病，科学有效的权力运行才能固本培元。权力制约和协调机制建设不能只是一句口号，而要能从基层中来、到基层中去，经得起实践检验、起得了指导作用，尤需注意四个实践问题。

## 一、领导体制与决策机制

体制机制是权力制约和协调机制的先决条件。领导体制是容纳权力运行的框架，决策机制是承载权力运行的轨道，两者结构性地决定了权力运行能否科学有效。

实践中有不少问题值得注意。譬如领导体制方面：一些党代会和全委会作用没有得到充分发挥，常委会成为实际上的最高决策机关，纪委则承担了与监督执纪无关的工作；人大、政协难以发挥监督协调作用；一些党政领导对司法案件施加影响，随意调配人民团体和社会组织；党委插手微观事务，导致党委书记对政府领导成员的影响力过大。

再如决策机制方面：有些地方党内呈极端化倾向，或乾纲独断或群龙无首；一些地方和部门主要领导的办公会演化成实质上的决策会议，"书记办公会""主任办公会"取代了常委会（党组会），决策权过分集中于主要领导；甚至做足会前工作就能使会议表决沦为形式，班子成员在"一把手"面前处于相对弱势。

问题症结在于党内的民主集中制、政府的首长负责制、纪委的监督权得不到有效落实。决策科学要靠党内的民主集中制保证，执行坚决要靠政府的首长负责制保证、监督有力要靠纪委的聚精会神保证。党内民主集中一旦失衡，就会导致政府首长无力负责。政府执行如果不畅，又会破坏党政协调。监督执纪如果不力，党内政治生态就无法清朗。三者互为因果，形成嵌套难题。

必须从整体结构入手来解套，应将"科学领导、决策合理"作为考核考察的一票否决项，让党内的民主集中制、政府的首长负责制、纪检监察的专门监督作用真正落地生根。合理的决策机制，需抓牢"科学、民主、合法"主线，充分发挥中国新型智库作用，以听证会、座谈会、大调研多渠道收集意见，并协商磨合共识。将公众参与、专家论证、风险评估、合法性审查、集体决定确立为决策法定程序，让"重大决策皆应经过合法性审查""程序不合法的决策不具备政治效力"的理念深入人心。

## 二、绝对权力的绝对制约

对"一把手"权力制约是权力制约与协调机制的核心构件。实践中，"一把手"往往掌握着一锤定音的权力比重，可以说是"绝对权力"。再完善的制度毕竟只是文本，掌握绝对权力之人如果精于变通，完全能做到程序周延而实质擅权，这是前述决策机制问题的根源所在。因此，"一把手"如坚决落实，权力运行想出问题都难，"一把手"如阳奉阴违，制约协调就是空中楼阁。

"绝对权力，绝对腐败"的历史规律，并不因掌握绝对权力的人不同而有所动摇。道德不能假定，品格亦会流变。实践中，才干平庸的"一把手"权力不受制约，会导致重大决策失误不断，造成社会效益极大损耗，群众付出无谓成本。才干突出的"一把手"权力不受制约，则既有"小官巨腐、能人腐败"的先例在前，更有系统性、塌方式的腐败案例，给党和国家造成难以估量的巨大损失。

制约关键在于"一把手"的权力分解、权责转化和表态纪律。所谓权力分解，即一些地方探索的"一把手"不直接分管人、财、物、项目等腐败高发领域，而由领导成员分工管理，形成制衡；所谓权责转化，是指将"一把手"的权力转化为责任，在减少其决断权的同时增加其监督责任。应一面适当分解"一把手"插手具体事务的权力，一面增加其对领导班子整体、管辖单位全体的主体责任、廉政责任、效能责任；还应确立"会上必须最后表态，会前不得私下表态"的政治纪律，减小"一把手"对其他人的话语覆盖，促成各抒己见的氛围。如此，"一把手"的微观权力被稀释了，身上的责任担子却更重了，腾不出手来专权擅权。此外，巡视和纪检派驻、行政监察、任职回避、个人事项报告和公开、经济审计等常规手段亦不可或缺。

客观倒逼是为促成主观认识。"一把手"应主动转变角色，由划桨转为掌舵，由专权转为协作，少干涉人财物微观操作，多进行过程监督和宏观监控。"一把手"应保持如履薄冰、如临深渊的用权心态，符合位高不擅权、权重不谋私的要求，认清"隔板缓冲"是防范风险、自我约束是自我保护的道理。

## 三、层级部门的权责协调

权责协调是权力制约和协调机制的必要条件，只有权责协调、定位明确了，执行才会步调一致。要按"事权相符、权责一致"原则，来科学配置各层级领导岗位、各部门及其内设机构两方面的权力、职责、定位和边界。

实践中，一些部门、机构和岗位的权力过大、责任太小。一个处几个人，能掌管亿万计的财政权力、能左右重大政策的命运、能决定行业标准的浮动、能掌握市场主体的前途。一些领导岗位的审批权伸缩区间太大，对项目既可以积压案头、长期不批，也可以短期突击、大量审批，相关规定形同虚设。与之相对的是，基层地区的权力过小、责任过大。不少地区承担经济发展和财政税收的重任，并不具备规制辖区内纳税大户的权力，在涉及群众利益环节、环境保护领域只能让步。再如乡镇并无独立人事权和财权，乡镇领导资源及统筹力有限，而辖区内民生保障均属其责任，常导致民生绩效不高。此外，政企不分、政事不分的现象还广泛存在，一些中介机构承担实质审批功能，演变为"二政府"，一些市场组织遗留行政功能，既当裁判又当运动员。一些党政部门的职能交叉重叠，有利可图时就延伸权力，追究责任时就互相推诿。

关键要构筑政府内部权力的协调制约机制，保证不同层级内部"决策、执行、监督"三权各由不同主体承担。以"分事行权、分岗设权、分级授权"为要求来强化流程控制，以财政资金分配、国资监管、政府投资采购、公共资源转让、工程建设为重点领域来重点防控。

核心抓手是机构改革与权力清单两项改革。机构改革是从整体架构着手进行部门、机构、岗位的权责调整，能消解职能交叉重叠、完善岗位编制、重塑权力结构，构筑制约协调机制的地基。权力清单则以公开来倒逼显性权力规范化、隐性权力显性化，明晰权力分野、压缩裁量空间、规整权力要素，建立制约协调机制的坐标。

权责协调是为了执行协调，执行中有三点需要注重：第一，党政部门关系，包括跨领域的横向关系、跨层级的纵向关系、既跨领域又跨层级的斜向关系等，皆应保证既制约又协调；第二，执行力的提高，有始有终、善作善成，并通过督查、考核、问责来加以确保；第三，领导之间的协作，主要领导总揽而不统揽、放手而不撒手，分管领导到位而不越位、分管而不私揽，并以法纪问责严加惩处变相操作、变通执行，有令不行、有禁不止的行为。

## 四、同级监督与权力公开

监督和依法用权是权力制约和协调机制的根本保障。领导体制与决策机制完善、"一把手"权力制约、部门及内设机构的权责协调等各环节涉及面广,仅凭"头痛医头、脚痛医脚"则效力不够,自诩"内部革新、自我革命"则力量不足,需要有一以贯之的外部保障机制。后者有两个要点:公开和监督。

实践中,外部机制有许多亟待完善之处。例如权力公开的形式还不够彻底、内容还不够完善,公布审批事项而无隐性权力,公开部门权力而无职位权力,公开行政权力而无党政权力。

同级监督的难题最为根深蒂固。查办案件和纪检人事的垂直领导虽然加强了,但纪检工作掣肘仍多:权力格局所限,对党政"一把手"难以监督;工作地位所限,对同级班子成员不易监督;人情口碑所限,对下级干部只能教育为主。在一些单位里,中、基层干部与上级领导各有从属脉络,查办他们就意味着与其靠山"撕破脸",影响深远。这一难题在基层尤甚,越到基层,干部流动性越小,乡土氏族联系越紧,一市一县内各单位构成同一场域,基层纪检难免会打折扣。在政治实践中,只要纪检干部与所在地区部门有长期稳定的工作关系,就不可能不受权力格局、地位序列、人情口碑、干群关系的影响。

要扩展权力清单制度,权力与责任清单一体编制,行政与党务部门全部涵盖,部门和职位权责一并包括,既公布显性权力也描述隐性权力;既理清权力名目,也列明权力要素(主体、对象、条件、方式、依据、限度等)。关键是要实现权力清单的"人格化"和"席位化",详细规定主要领导、分管领导及所有班子成员的权责,明晰到人头划清楚分野,勾勒出边界,从而实现权力运行的编码与解码。权力公开还要包括党政信息、经济审计等多方面信息。

关键要加大纪检干部的流动性,破解同级监督难题。加速纪检干部的跨地区部门流动，既能避免纪检系统完全独立的弊端，又能打破长期稳定的工作关系，具有较高可行性。虽然地区部门变了，但监督执纪的业务没有变，纪检干部工作效率不会降低。不用长期与派驻地区部门打交道，纪检干部也能够心无挂碍、放开手脚开展工作，不受其他因素干扰和影响。此外，还需要以主体责任强化党内监督，"一把手"要监督班子成员，领导成员要监督分管领域。还需要进一步健全多元监督机制，完善民主监督、法律监督、舆论监督和规范的互联网监督。

从长远来看，权力制约和协调机制建设的各环节工作应与全面深化改革、全面推进依法治国的各项改革任务协同推进，形成制度体系、形成政治生态。科学有效的权力制约和协调机制，要以落实来完善、以实施来优化，将制度规定中的应然转化为真实世界的实然，将政策文本上的描述打造为政治生活中的实况，实现干部清正、政府清廉、政治清明的新常态。

（杨诗哲同志协助完成此文，在此表示感谢）

# 治理腐败的四种机制

袁峰

**袁峰**

1997年毕业于复旦大学国际政治系,获法学(政治学理论专业)博士;1999年上海市教委公派赴日本龙谷大学法学研究科研修行政学一年。1994年至2004年受聘于上海师范大学,被该校聘任为教授、法政学院副院长。2004年至2012年受聘于华东政法大学,被该校聘任为教授,政治学理论专业硕士点导师组组长,宪法学专业博士生导师。现任中共上海市委党校科社教研部(上海行政学院政治学教研部)教授、副主任。

从科学治理的角度,治理腐败应当从滋生腐败的源头入手。要实现"不敢腐""不能腐""不想腐"的治理目标,就需要有提高腐败行为成本的惩戒机制、杜绝腐败机会的防范机制、提高腐败行为风险的保障机制、减少贪腐心理动机的抑制机制与之匹配。

**提高腐败行为成本的惩戒机制**

当腐败存量比较大、而腐败增量仍在扩大的情形下,专业反腐败机构就要采取让腐败分子产生畏惧之心的果断措施,才能扭转腐败持续加剧的趋势。一是以高压的反腐态势迫使腐败者放弃侥幸心理,不再顶风作案;二是将长期潜伏于体制内外的腐败分子在较短的时期内尽可能地揭露并予以严惩。让公职人员不敢腐,就是要通过惩戒手段,追究腐败行为者的法律责任,以减少腐败的存量,遏制腐败的增量。没有发现,也就没有惩处,腐败者就不会承担违法犯罪的成本。发现腐败弊案的概率直接影响到对腐败分子惩罚的概率。

当前我国反腐败斗争存在着腐败分子发现难、潜伏期长的问题,这主要受到腐败过程的隐秘性、腐败利益的共享性等因素的影响。通过跟踪监测腐败现象、调研社会公众及公职人员的相关经历与感受、巡视巡查、经济责任审计、公民举报、专项治理等手段，可以提高腐败发现率，尽力缩短腐败潜伏期。除了提高腐败现象发现的概率之外，加大惩处的力度也是构建不敢腐的惩戒机制中的一个重要方面。除了要针对不同类型的腐败分子实施"打虎""拍蝇""猎狐"等惩治战略之外，还可以从空间与时间上加大腐败惩处力度。例如，运用行贿档案全国查询机制，在空间上避免有关单位和个人到异地从事行贿等犯罪活动而得不到处置的现象发生；同时，由于行贿犯罪档案查询将会对曾经的行贿者在一定时期内的经商、就业、贷款等活动产生直接影响，在时间上延伸对腐败犯罪行为的惩处。

### 将腐败发生的机会减至最少的防范机制

腐败的生成来自于腐败分子获得了非法谋利的渠道与机会，只有进行系统的体制机制改革，才能消除一切支撑和加剧腐败的制度性渠道及其相关的社会实践活动，才能真正实现不能腐的治理目标。当前要以切实可行的措施杜绝腐败的各种机会、切断腐败的各种通道，使腐败者不再能够利用这些机会与通道进行权钱交易。

放权型防范机制。通过行政审批制度改革削减不必要的审批事项，压缩权力行使的空间，使腐败者失去谋取不正当利益的筹码。

民主型防范机制。在不同的层面上，切实完善党内民主集中制、人大民主立法、基层群众自治等各种民主机制，使公共权力不再成为少数人谋私的工具。

更替型防范机制。对重点岗位人员实行定期轮岗交流，对负责重要权力事项、廉政风险较大岗位的管理人员实行定期硬性轮岗，打断一些人长期负责某些领域、某项业务而可能形成的利益链条。

技术型防范机制。以技术手段避免人为因素对资源、利益分配过程的干扰，对行政审批、公共采购、择校等政府业务流程建立防控廉政风险有效的技术措施，杜绝工作流程中的可乘之机。

程序型防范机制。通过行政程序制度建设，在国家赋予行政主体程序性义务的同时，设定并保障公民的程序性权利，这可以使公民有权利要求行政主体依照法定程序办事，阻止不良行政及其腐败隐患的发生。

退出型防范机制。对某些特定关系的回避，是保持公职人员廉洁的重要措施。为了解决领导干部亲属子女经商办企业可能存在的利益冲突隐患，应当在如实向组织报告个人有关事项的基础上，对官员实行利益冲突的退出机制，即要么领导干部亲属子女退出利益冲突领域，要么领导干部放弃晋升机会甚至退出公职。制度防范的机制不是一旦设计完毕就一劳永逸了，为了提高制度防范的适应性，应当及时跟踪发现制度漏洞，调整相应的制度设计。同时，通过案件倒查机制，准确判断腐败易发多发的领域，发现腐败发生的机理与渠道，及时建章立制，让腐败分子不能腐。

### 提高腐败行为风险的保障机制

现实中不能因为要防止腐败，就取消一切审批事项，或完全由机器来代替人来操作业务流程。因此，在公职人员运用权力管理公共事务不可避免的情形下，构建不易腐的保障机制就成为必然的选择。所谓"不易腐"，就是在无法避免公职人员与公权力接触的情况下，通过加强监督，提高腐败行为的风险，使得腐败成为一件不容易做到的事或者行为者不易选择去做的事。

技术监督机制。对于涉及面广、流程复杂、自由裁量权较大的政府业务流程，尚难做到全业务、全流程信息化监管的，即在技术上马上实现"不能腐"存在一些障碍的，目前正在尝试从"不易腐"的目标出发在某些环节上部分运用信息化技术手段，提高监管的技术含量，使腐败现象被发现的可能性增大。例如，在警察执法、公共工程招投标、司法审判等领域。

组织监督机制。当前对领导干部个人重大事项的抽查审核，无论是跨部门的审核能力、跨区域的协查能力，还是被抽查人员的范围及数量，均有所提升，这大大提高了腐败行为被发现的风险。中央组织部制定印发了《配偶已移居国（境）外的国家工作人员任职岗位管理办法》，对"裸官"的一系列监管机制正在形成，例如，"裸官"限制性任用机制、大额可疑外汇交易报告机制、因私出国可疑行踪报告机制等。自由裁量权的滥用，是一种滥用职权的现象，当前要尽快建立健全行政自由裁量权基准制度，在各级政府组织明确行使自由裁量权的具体标准、条件、依据和程序的前提下，一旦发生偏离基准的执法行为，就会被上级或周围同事发现。

社会监督机制。通过推进"三公"经费公开、执法司法信息公开、基层涉民利益信息公开、干部档案信息公开、领导干部个人重大事项公开等，为完善社会监督的实施机制提供信息基础。纪检监察机关要以哪里群众多就到哪里去听取民意、怎样方便群众举报就采取怎样的方式和态度，进一步完善商业网站链接官方网站的协同举报功能，开通官方微信平台，为公众举报监督提供更为便捷的手段。

单位监督机制。许多腐败现象产生于单位内部，完善并落实党风廉政建设责任制，就是要构筑起预防腐败的第一道防线。单位内的党政领导班子、领导成员必须在党风廉政建设方面承担起责任，要进一步完善单位内部监督体系，在营造不容忍腐败的廉政氛围方面有所作为，让公职人员身处一个不易腐的环境之中。

## 减少贪腐心理动机的抑制机制

增强自律意识、加强廉洁教育，既有助于公职人员树立信仰、端正价值观，也有助于抑制贪腐心理。

自律机制。一些党员、干部出这样那样的问题，说到底是信仰迷茫、精神迷失。当前要发挥自重、自省、自警、自励、自律在干部保持廉洁中的作用，不断提高慎权、慎独、慎微、慎友的自觉性。

廉洁教育机制。良好的基础教育可以使公民普遍具有较强的道德观念和法律意识，进而为减少贪腐心理，为整个社会营造良好的守法环境奠定基础。

同时，个性化的干部党性教育也将对公职人员廉洁从政产生有针对性的作用。

廉洁激励机制。如果对职业生涯保持廉洁的公职人员缺乏应有的激励，或者对行贿等贪腐行为惩处不严，会影响到公职人员及相关利益人的价值与行为选择，因此要建立正当行为的激励机制，以提高正当行为的回报。2014年出台的《关于县以下机关建立公务员职务与职级并行制度的意见》，改变了以往要提薪必须升职的唯一途径，形成了职务与职级并行的两个提薪通道，这有利于稳定基层公务员队伍、调动广大基层公务员的积极性。为了稳定公职人员队伍，使公共部门能够更加廉政稳定有效地运行，实行职业年金制度在国外事业单位和公务员队伍中是非常普遍的。2015年国务院发布了《国务院关于机关事业单位工作人员养老保险制度改革的决定》，为在机关事业单位中建立职业年金制度奠定了基础。

行贿犯罪从严惩处机制。为了从源头上遏制行贿犯罪，针对以往打击行贿犯罪失之于宽、失之于软的情况，2014年10月27日刑法修正案（九）草案中的一个亮点是对行贿犯罪加大处罚力度：对多类行贿犯罪增设了罚金刑；严格对行贿犯罪从宽处罚的条件。对多类行贿犯罪增设罚金刑，可以降低行贿行为的回报，使潜在行贿者产生得不偿失、不值得冒险的思想，对犯罪心理动机产生抑制作用。

# 以史为镜,建构中国特色廉政制度体系

何增科

**何增科**

　　政治学博士,研究员,中国共产党党员,中央编译局当代马克思主义研究所所长、研究员、博士后导师,中央编译局高级职称评审委员会委员、学术委员会委员,北京大学中国政府创新研究中心副主任,清华大学廉政研究室兼职研究员,中国政治学会理事,中央马克思主义基本理论研究与建设工程子课题首席专家。

## 一、以史为镜，可以知兴替

自秦汉以来，我国历代封建君主为保证其统治的长治久安，均采取过种种反腐倡廉的措施。这些措施概括起来有以下七种：

第一，倡节俭，戒奢侈，少兴作，轻徭薄赋，与民休养生息。历代封建王朝，特别是各朝代的创业君主或中兴君主，往往身体力行，提倡俭朴的生活方式，同时实行少兴土木、少事更张的"无为而治"的治理方式，其目的在于减轻老百姓的负担，改善其生活状况，从而达到巩固其统治的目的。例如在西汉"文景之治"（公元前179—141）时期，汉文帝和汉景帝率先垂范，保持勤俭的生活方式。史载，文帝曾欲作露台，后得知需费百金，遂罢之。在他们的带动下，当时出现了一大批清廉自守、不置私产的廉吏，如李广、周仁等。"文景之治"的出现，与从君主到百官节俭自持、为政简易、轻徭薄赋有很大关系。

第二，设立谏官系统，鼓励规谏。有远见的封建君主为了确保决策不致出现重大失误，往往鼓励臣下指出自己的过失并提出忠告或建议，为此许多朝代都设有专门的谏官系统（如谏议大夫、给事中等官职）。他们的任务是"讽议左右，以匡君失"。在君主鼓励规谏善于纳谏情况下，谏官系统及其他大臣的劝谏在"匡正君失"方面确能发挥一定作用。唐太宗是最典型的从善如流的君主。他曾说道:"每商量处置,或时有乖疏,得人谏诤,方始觉悟。若无忠谏者为说,何由得行好事。"(《资治通鉴》卷一九四)正是在魏征劝谏下,唐太宗取消了去泰山封禅这一劳民伤财之举。

第三,建立监察制度,加强廉政监察。秦汉时期是我国古代监察制度正式形成时期,随后历代君主都不断对这一制度加以补充完善,并强化监察机关的职能。设立监察机关的目的是纠举百官,整肃吏治。在汉武帝颁布的《监御史九条》和《刺史诏六条》中,正式把"吏不廉""倍(背)公向私"列为监察的重要内容。自汉代以后在监察机关的"六条问事"(六项职责)中,反贪防贪成为一项重要职责。在朝廷重视廉政的时候,监察机关往往能发挥其作用。例如明朝永乐年间,明成祖朱棣为了考察地方官的廉能实绩,定期派遣御史分赴各地巡视察访,据实上奏,如发现官员"不贤,当速去之"(《明史·本纪六》)。监察机关在整肃吏治方面发挥了重要作用。

第四,严刑峻法,惩治贪官污吏。我国历代封建王朝都非常重视反腐败立法工作,一些王朝还制定了反腐败的专项法律法规,如秦朝的《为吏之道》、汉代的《上计律》、唐律中的《职律》、明朝的《明大诰》等。古代反腐败立法的一个重要特点是重刑治贪,如秦律规定贪污与"盗"同罪,要弃市、绞、大辟、枭首、剥皮等。在惩治贪官污吏方面明太祖朱元璋手段最为严厉,态度尤为坚决。对贪撰之官轻则充军,重则凌迟处死,贪赃60两以上者枭首示众,洪武年间因贪获罪者数以万计。

第五,以清正廉洁为标准,慎于用人,严于考课,奖掖廉吏。历代封建君主都非常注意用人问题。在他们选拔任用官吏的诸多标准中,廉能是仅次于忠君的一条非常重要的标准,为各个封建王朝所重视。秦简《为吏之道》中对官员的第二项要求就是"精(清)絜正直""精廉勿谤",反对官员"贱士而贵货币"。考廉是我国古代官吏考核制度(又称考课)的一项重要内容,考核结果成为决定官员升降去留的重要依据。明代鉴于元朝灭亡的教训,尤为重视通过考课保廉,在考核官吏的"八法"中以贪为首,不廉者轻则罢官,重则处死。在严惩贪官的同时.明太祖还非常重视表彰和重用廉吏。明初廉吏方克勤在济宁府任上时清廉自守，政绩斐然，朱元璋称赞他"善治民，赐宴仪曹"，并召入朝中做官。朱元璋惩贪奖廉，以致"长吏竞劝""守令畏法"，吏治为之一新。

第六，简政裁冗，以俸养廉。机构庞杂、冗员过多既影响办事效率，又加重百姓负担，简政裁冗成为许多朝代推行廉政的一项重要措施。隋初郡县之数"倍多于古"，以至"具僚已众，资费日多；吏卒增倍，租庸岁减；民少官多，十羊九牧"（《资治通鉴》卷一七五）。隋文帝取消了郡一级机构，合并了许多州县，从而达到精简的目的。唐宪宗时也曾大力裁减冗官800名，冗吏1400名，既节省了政府开支，又减轻了百姓负担。官员俸饷不足易于造成贪污盛行，明朝即是例证。明朝官俸甚薄，一品官月俸米折银不足22两，明中叶后贪风愈演愈烈与此不无关系。清初也曾实行低俸制，结果贪风日炽，雍正帝一改旧制，提高官员薪俸，发给官员"养廉银"，以供日常之需。在雍正时期，"养廉"制度和其他反腐败措施一起抑制了贪污的蔓延。

第七，建立和完善各项具体的廉政制度。除了上述反腐败措施外，有些封建王朝还创立了廉政制度，如官员回避制度、轮调制度、致仕（退休）制度及禁止官吏经商谋利的规定等。清王朝在借鉴历代经验基础上，对廉政制度的规定尤为具体和完备。以回避制度为例，清朝规定了做官回避、听讼回避、科举回避等众多回避制度，其目的在于防止官员徇私舞弊或徇私枉法。

历代封建王朝君主凡是认真实行上述措施者均能收到较好效果。汉、唐、宋、明、清等朝代在其统治的前期和中期比较认真地实行了上述反腐败措施，因而能够长期地基本保持政治清平和经济繁荣。这些王朝存在的时间也比较长。也正是在这些王朝的"开明君主"统治期间出现了"文景之治""贞观之治""开元盛世"等为后人所称道的治世盛景，而那些不能很好地实行上述反腐败措施的王朝则往往成为短命的王朝，如秦、隋皆"二世而亡"。这就证明上述诸项反腐败措施在防范和遏制腐败现象方面确实能起到一定作用。

尽管历代封建王朝都采取过种种反腐败措施，但却无一能够打破这种政治周期律走出历史的怪圈，主要原因在于：

首先，反腐败措施对君主本人的行为缺乏强有力的约束。上述反腐败措施的第一、二两条主要是针对君主本人的，它要求封建君主生活俭朴，少事兴作，从善如流。但历代开明君主之所以能做到这些，是由于他们汲取了前朝灭亡的教训，并懂得臣下规谏的重要性，从而自觉地约束自己。"清心寡欲""清静无为"的政治哲学和作为一种政治设置的谏官系统（只有规谏之责，无弹劾罢免君主之权）对君主的行为并没有法律上的约束力。至于我国古代的监察制度实际上是专制君主用来驾驭和控制各级官僚的手段，它无权监督君主的行为。这样，是否能做到节俭自持、无为而治，以及是否听从劝谏，完全取决于大权独揽、"乾纲独断"的君主个人的主观意志和道德品质。在君权失监状态下，发生腐败现象是必然的。

其次，官僚所享有的种种法律特权使反腐败立法的实际效果大打折扣。"王子犯法与庶民同罪"在中国古代社会只是一种政治理想，而在实际政治生活中，各级官僚则享有种种法律特权，其中最重要的就是"八议"之制。所谓"八议"，按唐律规定，一曰议亲，即皇亲国戚；二曰议故，即皇帝的故旧；三曰议贤，即贤德之人；四曰议能，即有才干之人；五曰议功，即于国有功之人；六曰议贵，即职事官三品以上、散官二品以上及爵一品之人；七曰议勤，即为国勤劳服务之人；八曰议宾，即前朝退位国君及显贵。以上八种人犯了十恶（贪污、贿赂罪不在十恶之列）以外的死罪，司法官吏不能量刑，而是由群臣集议后奏请皇帝决定，他们一般情况下都享有减刑或免刑的特权，故名曰"议"。此外，各级官员及其亲属依官品爵位高低还分别享有"请"（请予减刑）、"减"（流罪以下减一等）、"赎"（用钱赎刑）、"当"（以官品抵消刑罚）、"免"（免去官爵抵罪）等项法律特权。秦汉时期就有对亲贵官僚特权加以保护的法律规定，魏晋南北朝时"八议"正式上升为法律制度，隋朝"开皇律"最后确立了"八议"制度，唐沿隋制，自唐宋而迄于明清，"八议"制度一直延续了下来。官僚所享有的上述法律特权使许多贪官污吏得以逃脱法律制裁，这样历朝反腐败措施的实际效果就不能不大受影响了。

再者，上述反腐败措施都是专制官僚系统自身设置的，而整个政府权力的行使则缺乏外部的监督和制约机制。"王者受命于天"，早期儒家曾试图"奉天以约制皇权"，要求君主"敬天"，顺天意，否则"天"就会以灾异示警。但首倡此说的董仲舒则因此被汉武帝打入大牢中险遭处死，随后儒家步入仕途，依附于专制君主，不再对其构成一种制约力量，儒家所倡言的"天"也变为粉饰君权的理论了。除了空洞的、软弱无力的"天"外，中国古代社会中再也没有其他可以制约政权的力量了。这样，反腐败措施的实行就缺乏可靠的保证。

此外，更严重的是这些反腐败措施能否得到认真实行完全取决于君主本人是否"贤明"。历代王朝除开国皇帝是自己打下江山外，后代君主都是按照"立子以贵不以长，立嫡以长不以贤"的继统法产生，或经过皇室内部激烈斗争而产生的，这样就往往会出现昏君、暴君。遇到昏君、暴君当政，反腐败措施往往遭到君主本人的破坏，政治腐败和王朝更替也就难以避免。新的朝代出现后，又开始了这样一个由廉到腐、由治到乱的过程。历史就在这种周期性的旧王朝腐败——廉明的新王朝出现——新王朝走向腐败这种王朝更替中循环。

## 二、建构现代国家廉政制度体系

现代国家廉政制度体系是体现纵向的公民选举问责和横向的分权制衡原则的一系列机构和规则的总称。建构现代国家廉政制度体系是有效预防和惩治腐败、提高权力监督和制约效能的必由之路。我国目前的国家廉政制度体系主要依靠各级党委和政府自上而下的监督问责、专门监督机关的监察监督来实现权力监督，来预防和惩治腐败。这种带有传统集权政治体制自我监督特征的廉政制度体系在监督制约各级党政主要领导方面由于信息不对称和"保护伞"的存在而遇到了难以突破的瓶颈和困境，专门监督机关也出现了机构和权力膨胀与谁来监督监督者等问题。深化政治体制改革，实现我国目前的国家廉政制度体系的现代转型，成为反腐败和权力监督走出困境的当务之急。

通过深化政治体制改革，完善纵向和横向的权力问责机制，解决权力监督制约的闭合性问题，是建构现代国家廉政制度体系的核心内容。只要还存在着不受监督和制约的权力，腐败就会变成政治之癌，并最终导致政权的败亡。因此解决权力监督制约的闭合性问题，乃是有效预防和惩治腐败的关键环节。

培育发展公民社会，加强公民社会对国家政权的制衡，是防止政治国家凌驾于公民社会之上、享有不受监督和制约的权力的基本途径。公民社会制衡政治国家最有效的手段是公民所拥有的选举权。通过定期举行的自由的、竞争性的选举，公民可以用和平的、理性的手段将腐败的或滥用权力的领导人赶下台，从而建立起社会对国家的强有力的纵向问责机制，促使国家及其领导人真正向公民负责。这种选举问责是其他任何问责手段都无法替代的。为此需要积极推进选举民主，实现从选拔政治向选举政治、从间接选举向直接选举的过渡。

政权机关内部实行分权制衡，实现各种权力的彼此分离和相互制约，是防止一权独大不受制约从而被滥用的有效途径。中国共产党第十七次代表大会报告提出"要建立健全决策权、执行权、监督权既相互制约又相互协调的权力结构和运行机制"，从而为建立中国特色的分权制衡机制指明了方向。各级党委、政府、人大、民主党派和政协可以在人事和政策的提议权、参议权、审议权、执行权、评议权、审查权、调整权等方面进行合理的划分并明确各自的职责，使各种权力之间既相互依赖又相互牵制。各级党委作为决策者享有人事和政策提议权，以及政策和人事调整权。这种人事和政策的提议权和调整权，保证了各级党委作为决策者和协调者的领导地位。作为对决策权的一种制衡，民主党派和政协应享有对党委决策的参与权和发言权即参议权，人大应享有对党委通过政府提交人大的政策和法案的审议否决权。这对于保证决策的正确性和防止决策的滥用必不可少。政府享有政策执行权，是行使公共权力的重要主体。作为对执行权的一种制衡，民主党派和政协应享有对政策执行情况的评议权，评议结果应当作为党委进行政策修正和人事调整的重要参考。人大则应享有对政策和预算的审查监督权，同时为了提高审查监督权的专业性和效力,有必要将行政监察机关和审计机关划归人大,使行政监察机关在人大领导下受理民众信访投诉并调查处理不良行政行为,使审计机关代表人大对行政机关和其他公共权力机关进行独立的审计并直接向人大报告审计结果。保障人大在审议审查过程中否决权的行使,是人大有效行使监督权的核心规则。保障政协委员在参议和评议过程中的言论免责权是政协有效行使监督权的核心规则。这种分权制衡的制度设计既保证了党委的领导地位,又强化了人大和政协对决策权和执行权的监督权能,同时也没有削弱政府的执行权,应该是一种三方共赢、阻力较小、各方都有意愿接受的制度安排。分权制衡机制有效运转和发挥作用后,在权力监督制约方面对专门监督机关的依赖将会大大减少,同时在反腐败方面不断强化专门监督机关权能的必要性也将会大大减少。

总之,改革开放以来,我国在建构现代国家廉政制度体系方面取得了长足的进展,现行的国家廉政制度体系在监督和制约权力、预防和惩治腐败方面发挥了一定的作用,我国在反腐败方面取得了一定的成效。但由于集权政治体制的影响,我国目前的国家廉政制度体系作用的发挥受到很大限制,反腐败的功效还较为有限。深化政治体制改革,克服现行国家廉政制度体系发挥功效的体制机制性障碍,完善纵向的公民选举问责和横向的分权制衡机制,应当成为我国下一步反腐败和权力监督的努力方向。

## 三、如何建设廉洁政治

廉洁政治比廉洁政府概念范围更加宽广,层次更高,可以从政治主体、政治过程和政治产品三个方面综合起来理解廉洁政治的概念。廉洁政治是与腐败政治相对而言的一种理想政治状态。

廉洁政治应该包括七个方面的内容:一是廉洁的执政党和参政党:执政党和参政党担任政府职位的党员普遍清廉,党的组织机构及其党务管理的清廉;二是廉洁政府:政府官员普遍清廉,没有大面积腐败;政府是一个廉价政府或低成本政府，维持政府自身运转的行政成本低廉；三是法为良法：杜绝部门利益法制化和地方保护主义性的立法腐败和行政决策腐败；四是任人唯贤和任人唯能，消除裙带风和用人腐败；五是实现司法正义，杜绝司法腐败；六是消除了公对公、下级对上级的所谓公贿和以单位名义从事的腐败犯罪；七是消除了亚腐败如侵害群众利益的各种不正之风，实现风清气正。

关于实现廉洁政治，我有以下十点建议：

第一，中央领导干部率先垂范公开其家庭财产状况，同时采取新人新办法，责成新提拔使用的领导干部公开其家庭财产，以回应百姓在反腐败方面的最大关切并展现坚强的政治决心和政治意志，同时通过增量改革减少反腐败的政治阻力。

第二，明确建立公职人员家庭财产申报和公开法律制度的时间表和路线图。公职人员家庭财产申报和公示制度是防范公职人员腐败的一项处于上游的基础性工程。为了避免出现县处级领导干部收入申报制度流于形式的弊端，需要制定相关法律，明确公职人员家庭财产收入申报的受理与核查机构、接受公众查阅申请的程序和时限等，建立相关的配套制度，确保收到实效。公职人员家庭财产申报和公开法律制度的建立需要有一个过程，但重要的是要让全国人民知道相关的立法规划的时间表，并及时通报相关进展。唯有如此，才能赢得人民的理解和信任。

第三，抓紧建立《预防和处理公职人员利益冲突的道德法典》并明确受理机构。预防和处理公职人员利益冲突，是反腐败的一项防微杜渐的基础性工程。改革开放后，我国在这方面的有关规定散布于众多的党纪政纪法规中，法律层级不高、权威性不够，有些规定已经不能适应形势发展的需要，有必要及时加以清理。建议抓紧时间制定《预防和处理公职人员利益冲突的道德法典》，对可能导致利益冲突的宴请、礼品、决策回避、任职回避、离任后的再就业和游说行为等相关情形明确加以规定。同时授权党的机关中的纪检机关、政权机关和国有企事业单位中派驻的纪检监察机构为预防和处理利益冲突的咨询机构和受理机构，让他们在预防和处理各单位内部公职人员利益冲突方面依法履行道德管理的职能。

第四，大力推进政策过程民主。积极推广"开放式决策"的做法，增加各级党委政府决策过程的透明度和参与度，条件成熟时制定"重大工程项目和重大事项决策程序法"。杭州市政府率先在市政府讨论民生问题的常务会议方面实行"开放式决策"，提前两周公布讨论的议题，允许市民代表列席会议，会议过程全程视频直播，在此基础上市政府做出民生决策，这种透明和参与的开放决策体制值得加以鼓励和推广。将决策科学化、民主化的要求上升为必经的法定决策程序，是减少部门利益法制化、防止拍脑袋决策、减少决策风险的有效途径。我国可在条件成熟时制定"重大工程项目和重大事项决策程序法"，就党政机关决策的公开咨询和征求意见、可行性论证、决策风险评估、政策执行效果第三方评估等保证决策科学化、民主化的好的做法上升为法定的决策程序，提高决策质量，减少决策风险、失误和腐败。

第五，大力推进预算民主。积极推广参与式预算和人大在线预算监督等预算民主实践，继续推进"三公"经费公开走向深入，条件成熟时修订"预算法"，提高预算制定过程中公众参与的程度和民主监督的水平，提高预算的刚性约束效力。

第六，走法治化反腐之路，提高发现和查处腐败的概率，在反腐败方面做到法律面前人人平等。当前，"领导让查谁就查谁，领导让办到什么程度就办到什么程度"的现象十分突出，"网络（以及微博）曝光谁就查处谁"的现象十分突出。反腐败机构在惩治腐败方面处于一种相对消极被动的地位。由此导致"选择性惩处"和"法纪软约束"的现象。解决这个问题的根本出路在于，反腐败要走法治化之路。法治化反腐败的内容很多，当前主要有这么几项重点工作：一是从数额犯逐步走向行为犯的腐败惩治新理念，进一步提高发现和查处腐败案件的比率，避免出现因"选择性惩办"而产生的侥幸心理；二是为反腐败机构和人员履行职权查处腐败案件提供充分的法律授权和必要的职业安全法律保障；三是立法保护举报人和证人，鼓励和保护实名举报，做到投诉有结果、举报有反馈，调动公众参与反腐败斗争的积极性；

四是对于导致系统性、大规模造假和腐败的不合理的法规制度进行清理和废止，避免由不合理的制度规定而产生腐败行为，如财务报销规定不合理导致假发票产业盛行等。

第七，深化体制改革和制度创新，进一步从源头上预防和惩治腐败。有四个方面的体制改革和制度创新对于消除腐败的制度根源特别重要。一是强化以能力和业绩为导向的公务员管理制度，将内部竞争上岗扩大为外部竞争和公平竞争，同时明确服务绩效目标和标准并与公务员的业绩表现和奖惩任免挂起钩来，使有能力的人和贡献突出的人得到重用。二是对关键岗位、重点部位人员实行轮岗、交流、解决其职级待遇以及实行廉洁测试，降低其腐败风险。三是促进优质公共服务资源配置的均衡化，引入内外部竞争，进一步提高公共资源交易的市场化程度并依法规范交易行为，建立公共服务质量的公开承诺和外部评价制度，减少公共资源配置和公共服务提供过程中腐败的机会。四是进一步大幅度减少行政审批事项，简化行政程序，提高办事效率，减少企业和居民为加快办事速度而行贿的必要性。

第八，从党和国家领导制度的高度切实解决一把手权力过分集中缺乏监督制约的问题。一把手负总责的无限责任的体制迫使他们集中起无限的权力，自上而下部署工作"抓一把手，一把手抓"的运行机制导致一把手"一把抓"的权力格局。应当确立职责法定、责任法定、各司其职、各负其责的问责体制和工作机制，同时避免地方党委书记高配和兼任人大主任导致决策权、执行权和监督权都集中到书记手中和同级无法监督的问题，使之享受不受监督和制约的无限权力而走向腐败。

第九，强化人大的行政监察和经济审计功能，发挥社会监督和社会审计的作用，更加重视分权制衡和权力制约而非不断加强专门监督机关的权能，以克服同体监督的天然不足并取信于民。

第十，重视对中国企业海外行贿行为的查处，同时将我国企业海外行贿与国际通行的必要公关行为严格区别开来，改善中国企业的海外形象，提高中国企业的国际竞争力。

# 反腐时评

## ■ "风暴式反腐"并非治本之策

腐败是一种顽症,"风暴式反腐"并非治本之策,我坚决主张制度反腐和法治反腐,要通过对经济、政治、文化等各方面进行全方位改革进而打一场反腐持久战。

制度反腐和法治反腐是相对于教育反腐和惩治反腐而言的,但制度反腐和法治反腐并不是与教育反腐和惩治反腐完全对立的。坚持制度反腐和法治反腐并非要否定与排斥教育反腐和惩治反腐,后者在整个反腐机制中,始终都会有着重要的和不可替代的地位和作用。

由于社会环境和人性的复杂性,单纯依靠教育或惩治是解决不了腐败问题,也实现不了反腐败的目标和任务的。要比较有效地解决腐败问题,必须同时依靠制度,依靠法治。

在我国当下的社会主义初级阶段,制度反腐、法治反腐也许比教育反腐、惩治反腐具有更重要的地位和作用。我们必须更多地依靠营造"不能腐败""不敢腐败"的制度环境去扼制腐败,并通过这种制度环境去逐步培育绝大多数官员"不想腐败"的世界观,通过这种制度环境与人的精神世界的互动去培育和陶冶官员的廉政情操。

腐败是一种顽症,是一种"慢性病",它产生和形成的原因非常复杂,涉及经济、政治、文化等各方面的因素。没有经济、政治、文化等各方面的全方位改革,腐败的病根难以消除,而要推进所有这些方面的全方位改革,不可能打速决战而只能打持久战。

如何建立起常态式的公权力运作监督机制?公权力运作的监督机制既包括纪检、监察监督的环节,也包括人大监督、司法监督、社会监督和媒体监督的环节——特别是人大监督和媒体监督,有特别加强的必要。在反腐败的整个机制中,我们如果能有效发挥人大监督和媒体监督的作用,整个机制的作用将会倍增。另外,我们还要将网络反腐、社会反腐尽量与体制内的反腐很好地结合起来,使之形成浩浩荡荡的反腐浪潮,使腐败真正成为"过街老鼠",无处逃遁。(姜明安)

## ■ 反腐之道:从治标到治本

从各国反腐的经验来看,反腐必然要经历一个从治标到治本的过程。唯有以制度建设"把权力关进笼子里",使得官员不仅"不敢腐",而且"不能腐""不易腐",将来还要做到"不想腐",才能巩固这一轮反腐来之不易的成果,才是真正的治本意义上的反腐之道。换言之,建立科学完备的权力制约与民主监督的制度体系,实现权力在阳光下运行,才能堵住腐败之源、斩除腐败之根。这一思路,从新一届中央的反腐举措中已初见端倪。譬如十八届三中全会提出的"用制度管权管事管人""健全反腐倡廉法规制度体系"等要求,以及推行权力清单制度、公开权力运行流程、新提任领导干部有关事项公开等等,都让我们看到了中央反腐制度化、常态化的努力。

制度是规范和指引社会成员行为的规则的总和。好的制度能够遏制人的私欲，让坏人也做不了坏事；相反，坏的制度却会诱发人的贪欲，时间长了，好人也会变成坏人，想做好事都难、想不腐都不易。因此，我们不能将腐败简单看作是道德品质问题，不能推断官员之所以腐败就是因为他们道德败坏、品质低劣。官员也是人，只要是人就会有人性的弱点，在赋予官员权力时，我们不能将他们看作是用特殊材料做成的"金刚不坏之身"，或是不食人间烟火、大公无私的道德的化身，而是假定他们都有可能犯错误甚至是作恶、犯罪。

什么样的"制度笼子"才能够关得住权力？如何设计和制造出一个牢固可靠的"制度笼子"来遏制腐败？应该承认，这个笼子不是一般的笼子，能把权力关住的"制度笼子"自身必须经得起强权冲击。否则，这个笼子就可能是糊弄人的"豆腐渣工程"。科学有效的反腐制度体系，其意义在于为官员明确"法无授权不可为"，为其划定权力边界，从而防止其通过滥用权力获利。从这个意义上说，好的制度体系也是对官员的一种爱护与善待。目前的反腐制度体系涵盖了刑法、监督法、行政监察法、招标投标法、政府采购法等一系列法律法规，还有党内监督条例、领导干部廉洁从政若干准则等党内规章，数量上不可谓不多。然而，反腐制度体系仍亟需精细化、刚性化。很多制度过于松懈宽泛、几乎没有硬性规定，犹如"牛栏关猫，进出自如"。一个官员行为没有明确的制度约束，那么现实当中他只有成为"神"才能抵御各种滥用权力的诱惑。

制度反腐意味着一场深刻的政治体制改革。为遏制腐败大案要案频发态势，须以强大的政治勇气和高超的政治智慧，抓住要害、顶层设计，加快完善反腐制度体系。一是以决策权、执行权、监督权相对分离为目标改革党政权力结构，对过分集中的权力进行有效分解，推进权力的科学优化配置，实现以权力制约权力。二是强化政府财政预算监督，真正实现对政府"钱袋子"的民主监督和阳光下运行。三是推进重大事项决策权等权力运行的程序化、公开化，确保对权力运行的制约监督真正落实到位。四是改革现行干部选拔机制，坚决革除选人用人上的腐败。（封丽霞）

## ■ 让政务公开成为常态

怎样使政府恪守本分？如何限定政府权力的边界？这是全人类政治生态建设的长期难题。如果有一味"灵丹妙药"值得一试，那就是让政务依法公开、透明。

人民政府权力源于人民，也必须为了人民、依靠人民。无论建设职能科学、结构优化、廉洁高效、人民满意的服务型政府，还是建设职能科学、权责法定、执法严明、公开公正、廉洁高效、守法诚信的法治政府，都是为了履行党的根本宗旨、实现政府的核心价值，都不仅需要政务公开，而且要让公开成为常态。

新时期以来，我国政务公开的先行试点如雨后春笋。《中华人民共和国政府信息公开条例》于2008年5月1日起施行，体现了我国政府自我革新、自我提升的诚意和自信。开弓没有回头箭。党的十八大以来，以习近平为总书记的党中央顺应大势，积极稳妥推进中国特色社会主义民主政治建设，主动丢掉"信息不对称"条件下管控社会的老办法，借助大数据时代信息传播的技术支持，推进政务公开，力求在"透明社会"中打造"阳光政府"。党的十八届四中全会进一步强调了全面推进政务公开。现在，"公开为常态、不公开为例外"已经成为服务型政府、法治政府运行的基本原则和一般公众普遍的心理诉求。

政务公开，就是各级政府及其工作部门在与机关单位、市场主体、社会组织、公民个人等打交道的过程中，依照法定权限，全面公布本级政府的法定职能、法律依据、实施主体、职责权限、管理流程、监督方式等事项；就是要求政府的一切活动过程——决策、执行、管理、服务及结果一体公开；就是要求政府主动接受法律、群众和媒体监督，使群众便利地了解财政预算、公共资源配置、重大建设项目、社会公益事业建设、突发事件等公共信息。当然，涉及公民、法人或其他组织权利和义务的规范性文件，应按照政府信息公开要求和程序予以公布。

成为常态，就是要打破"行政神秘主义"，让政务公开的要求落实到各级政府日常运转中，让全社会都认为了解政务信息是"天经地义"的事情，让所有人在与政府交往过程中都习以为常地"打开天窗说亮话"，主动摒弃潜规则，并使这种行为成为自觉、形成氛围，而不是搞形式主义的"一阵风"或"躲猫猫"式的假公开。

让政务公开成为常态，要求各级政府遵循公正、公平、便民的原则，主动公开法定的"权力清单""责任清单"和重大行政决策过程；主动公开行政执法具体操作流程和纠错问责机制；主动澄清可能影响社会稳定、扰乱社会秩序的虚假信息；主动拓展政务公开内容、规范政务公开程序、升级政务公开技术、优化政务公开平台，不断把政务公开有效措施制度化，并使这种制度不因领导人的改变而改变。唯有如此，行政权力的"根基"才能在全面深化改革中不断得到巩固，公众对其满意度才会不断增加。

让政务公开成为常态，要求行政系统的领导干部和工作人员明确我是谁、为了谁、依靠谁，把自己的身份亮出来，自觉摆正与群众的关系，自觉履行公仆义务；明确权从何来、权力何用、受谁监督，把自己的职责亮出来，奉"法定职责必须为、法无授权不可为"为一切政务活动的基本规范，抵制暗箱操作，以真诚之心接受各方面监督；培育法治思维、提升依法做好政务公开工作的能力，把自己的实际言行亮出来，尊重群众的知情权和参与权、服务群众、取信于民。

让政务公开成为常态，还要动员广大群众参与进来。政务公开的实质，就是在政府与群众之间用法律等规范架起沟通交流的桥梁，使民情得以汇聚、民意得以表达、民心得以凝聚。阳光台上辨清浊，是非公道在人心。只有将政府工作全面公开，接受群众监督，政府才不敢松懈。只有人人起来负责，才不会人亡政息。（李少军）

# 反腐观点摘编

■ "八项规定"制度化建设：香港对"利益冲突"的管理与借鉴

我国从上世纪 80 年代开始探索禁止领导干部经商办企业等单项防止利益冲突工作。2009 年党的十七届四中全会正式从中央层面提出"建立健全防止利益冲突制度"；2010 年中央颁布以防止利益冲突为主要内容的《廉政准则》；2011 年中央纪委在全国 7 个省市开展防止利益冲突试点。十八大以来实行的"八项规定""六项禁令"和"反四风"实际上强化了利益冲突制度的重要性。更为重要的是，这一系列规定从党员作风、公职人员行政伦理道德的视角将利益冲突的内容具体化。因此，作为反腐败工作重要的举措，八项规定等措施所起到的作用是具有预防性和前瞻性的。

然而，从香港对利益冲突的管理中，我们也发现目前在以八项规定为核心的一系列涉及利益冲突的管理过程中，政策与规定已经逐步建立起来，但制度的执行及其效果有待完善。具体而言，有如下三个方面：

首先，信息公开。香港的经验表明，涉及利益冲突的原因就在于公私界限的模糊不清，对于这种监管除了需要公务员自身具备良好的公共行政伦理之外，更为重要的是信息公开。信息公开使得公职人员的行为置于社会民众的监督之下，从而限制公权力的滥用。当下，"八项规定""反四风"的出台使得各级党员干部从党风的高度来加强自身的道德自律。目前通过公布姓名曝光、党内纪律处分等方式已经对违反这些规定的各级党员干部起到了震慑作用。然而，从较为长远的角度来看，曝光、纪律处分等方式还并不能从根本上解决党员干部滥用职权、奢侈享受等涉及利益冲突的各种行为。

第二，法律与规定的可执行性。香港的经验显示，利益冲突的界定是非常复杂和困难的。因此，单纯依据法律及相关规定进行利益冲突的管理，就会在实际执行中遭遇效果不佳的问题。同时，当下在落实"八项规定""反四风"的过程中还出现了规范越来越细化的特征，这一思路虽然在一定程度上有利于甄别利益冲突的各种表现形式，但随之带来的却是执法成本的提高和法律条文无法穷尽所有现象的尴尬状况。在媒体近期不断曝光的顶风作案的各种报道中，不难发现，这种情况的出现一方面显示出涉及利益冲突的官员数目不断增多，另一方面则反映出在进行利益冲突治理方面尚未形成一套制度性的预防机制。

第三，公共伦理道德教育。廉政公署素来以"三位一体"的肃贪策略闻名，其中最为特色的就是社区关系处。在与ACPE的联合过程中，这个机构更加显示出它的特色功能，即社区关系处开展了大量的定期的公务员伦理道德培训和讲座。这种联合模式就使得香港在处理利益冲突问题上能够"软硬"兼得。一方面，可以依靠硬性的制度设施进行管治；另一方面却基于利益冲突涉及到公私利益冲突的本质来进行软性的道德教育。因为在本质上，利益冲突很难严格用法律来界定和区分的。公职人员由于其属于政府公职，因此又比普通人掌握了更多的公共资源。因此，在限制冲突与保障个人权利之间不能完全依靠法律条规的硬性界定。相反，只有让其自身能够提升行政伦理与道德，自觉区分公私利益才能避免陷入利益冲突治理的误区。目前虽然在落实"八项规定""反四风"的过程中，党员干部已经加强了自身的道德自律意识,但很多公职人员对于利益冲突的理解并未提高至公共行政伦理的高度上来审视,缺乏公私利益的识别。因此,香港的经验对于内地目前的利益冲突管理具有一定的借鉴意义。(李莉 张小劲)

## ■ 不断完善反洗钱工作体系

我国的洗钱活动始于20世纪80年代,虽然只有短短的三十几年时间,但发展迅猛。洗钱活动与腐败犯罪结为一体,表现为权力腐败、洗钱、资本外流"三位一体"。通过洗钱,贪官们将贪污受贿的黑钱转移到国外。

2006年年底,十届全国人大常委会第二十四次会议高票通过了中国第一部《反洗钱法》,这是我国反洗钱历史上值得纪念的里程碑。但从总体上讲,我国的反洗钱工作落后于形势的需要,并且在实践中存在很大的漏洞。一是金融监管系统薄弱。反洗钱是一个系统工程,我国金融系统的反洗钱活动起步不久,与国外成熟的反洗钱金融监管水平尚有一定的差距。银行和其他金融机构竞争激烈,为了自身利益考虑,常常不能积极配合开展反洗钱工作,很多银行选择了打"擦边球"或违规手段。另外,地下钱庄和地下赌场、典当行、租赁公司等等或合法或非法的新兴服务行业一直处在地下或半地下的状态,缺乏有效的监督管理。这些黑色或灰色领域的存在,成为滋生洗钱活动的土壤。二是专门的反洗钱机构尚未健全。《反洗钱法》实施后,按照规定和国际上的通行做法,都应该尽快建立健全专门的反洗钱机构,但这些机构目前还远远没有建立到位,很多银行都是会计在兼任反洗钱工作,有的机构虽然建立了,但各项配套设施的也不完善。三是缺乏大量专业人才。反洗钱活动不仅需要硬件的完备,更主要的是需要大量的高智商专业人才,专业人才的缺乏是目前反洗钱工作一大瓶颈。

下一步,应克服反洗钱工作起步晚、形势严峻的局面,发挥后发优势,充分借鉴国际反洗钱经验,健全组织机构,加强协调管理,专注人才培养,强化立法和行政法规建设，大力整合利用国际反洗钱信息资源，严厉打击贪污贿赂等犯罪经济洗钱行为，加快建立健全具有中国特色的反洗钱体系。

（徐吉成）

## ■ 通过廉洁性评估促进制度廉洁

制度廉洁性评估工作是我国近年来反腐倡廉建设的创新之举，也是我国落实《联合国反腐败公约》履约要求的重要体现。2003年通过的《联合国反腐败公约》第五条第三款规定："各缔约国均应当努力定期评估有关法律文书和行政措施，以确定其能否有效预防和打击腐败。"作为缔约国，我国在2003年签署了《联合国反腐败公约》，并先后在地方与中央两个层级推行"制度廉洁性评估"工作试点，主要是评估制度草案本身是否廉洁以及是否有助于廉洁，其中的"制度"是法律、法规、规章和规范性文件的统称。国家预防腐败局负责人在接受媒体采访时，明确将《联合国反腐败公约》第五条第三款作为制度廉洁性评估的依据。

从功能上看，制度廉洁性评估可以说是专门为制度设计的"杀毒软件"，是制度腐败的专科医生，对制度腐败有特殊疗效。腐败有多种类型，其中包括制度腐败。制度腐败涉及的人多、面广，损害巨大，危害严重，不可小觑。通常说的制度反腐，强调的是"凭"制度以反腐败——凭借制度来反腐败。事实上，并不是任何一项制度都能有效反腐败。腐败是政治的癌症，也是制度的绝症，腐败的制度难以遏制腐败的行为。那么，如何判断制度是否腐败呢？又如何发现、预防、纠正制度的腐败呢？制度廉洁性评估由此产生，其内在逻辑是"评"制度以反腐败，其基本功能就是通过评估，过滤掉不廉洁的或者说"带病"的制度。因此，如果说制度反腐是源头反腐的基石，那么，制度廉洁性评估则是制度反腐的基石，是制度腐败的克星，是制度廉洁的守护者。

面向全国推行制度廉洁性评估，需要全面总结试点的经验教训，健全制度廉洁性评估的实体规范与程序规范，着力推进制度廉洁性评估的专业化。推进制度廉洁性评估的专业化，最重要的是要让制度廉洁性评估的内容与标准更加清晰与具体。聚焦"廉洁"，将之明确化、具体化、精细化，提高制度廉洁性评估的逻辑性、指导性、可行性。（邓联繁）

## ■ 对"一把手"权力制约监督难在何处

在现行领导体制中，"一把手"手中的权力能否得到正确运用，主要取决于"一把手"自身的德才素质，尤其是德的素质状态及其能否持续。由于"一把手"地位的特殊性，对其权力运行制约和监督则常常处于失效状态。也就是说，如果"一把手"在主观上自觉或不自觉地要滥用权力，几乎可以做到为所欲为。正如一些因滥用权力而深陷泥潭的前"一把手"所说，他们所要办的事情，是"没有办不到的"。

"一把手"处事的决定权使得权力滥用有较大的便利性。一个地方、一个单位的领导班子所处理的日常事务和审批事项，包括常规性事项与非常规性事项、一般事项与重大事项等。一般来说，常规性和一般性事项，最终决定权在分管的领导班子成员，甚至在中层机构负责人。而对于非常规性和重大事项，则应由领导班子集体决定，有的非常规性的一般事项，也可由"一把手"拍板。由于"一把手"所握有的决定权，无论属于哪一类事项，只要经"一把手"批准就有效，而且必须执行。一些本应由集体决定的重大事项，只要"一把手"执意坚持或擅自决定，其他人一般很难阻止。在这种情况下，对"一把手"权力的制约和监督往往落空。

"一把手"用人的影响力使其对制约和监督者有较大的威胁性。对于选人用人，中央颁布的《干部任用条例》和各地各单位推行的公开选拔、竞争上岗、领导班子票决制等干部人事制度改革措施，对在提拔干部时"一把手"的权力形成了较为有力的制约。但对在民主推荐时"得票多"的拟提拔人选的取舍上，在已任职干部的调整中，在干部选拔出来后的使用中，以及在以后的进一步发展中,"一把手"仍然具有较大的影响力。由于得到上级的信任,"一把手"对领导班子其他成员是否支持和信任,必然会影响到他们所分管工作及其个人的发展。因此,即使看到"一把手"滥用权力的问题,班子其他成员以及其他干部,一般也都因为受到事实上存在的"一把手"权力的威胁而不敢向上反映,更不敢当面提出,从而使对"一把手"权力的制约和监督落空。

"一把手"对集体决策的操控权可能使滥用权力行为有较大的隐蔽性。在对重大事项进行集体决策时,企图滥用权力的"一把手"可以通过选择其认为有利的会议时间、复议、改变会议程序或规则、隐瞒关键数据或事实,甚至冒充上级意图等手段,达到操控决策的目的。经过这种操控的决策,尽管可能会损害国家利益,谋取私利,却能使决策贴上"集体决定"的标签,使权力的滥用难于发现,难于制约和监督。

目前的监督系统对制约和监督"一把手"权力运行还缺乏足够的有效性。为解决对于权力运行的制约和监督问题,党和国家已经构建了一个庞大的系统,并配套了相应的法律规章。这个系统,包括人民代表大会及其常委会、司法机关、纪检监察机关、中央和省区市巡视组、组织人事部门等,通过运用相应的法律规章,在对权力制约和运行的制约和监督上发挥了重要作用。对于"一把手"而言,现行的监督系统主要存在以下两个方面的问题:一是直接制约和监督权力的柔弱性。对于处在可以直接制约和监督视野内的机构和人员来说,如本地本单位的纪检监察机构等,由于相对于"一把手"的权力落差,使得对"一把手"的制约和监督柔弱无力。二是强力制约和监督的间接性和迟滞性。上级领导机关和领导干部、上级纪检监督机关、上级政法部门、巡视组等,对"一把手"权力运行能够形成强有力的制约和监督,但由于视野远离"一把手"权力运行,只能阶段性地进行间接的、事后监督,从而大大降低了制约和监督的有效性。(黄学权)

### ■ 限权是遏制"一把手"腐败的基础

我们认为,限制权力比监督权力更根本,理由有两点:

首先,监督的成本比限权更高。尽管党纪国法强调了要加强对党政"一把手"的监督,但是在实践中难以落实。所谓"上级监督太远,同级监督太软,下级监督太难"。按照现行法律法规,"一把手"主持全面工作,副手、同级纪委以及下级工作人员很难监督或者制约"一把手"。本来设计挺好的"民主集中制",在领导班子决策时,往往变成"民主"太少,而"集中"过多。相对而言,限制权力的成本更低。一旦确定了官员的管理权限,官员越权即违规,这比"全方位的"监督机制成本更低。

其次,从信息不对称的角度讲,限制权力比监督权力更容易证实。因为政府工作具有保密性和非市场性,存在严重的信息不对称,监督者难以观察被监督者的具体行为,也难以判断被监督者不当行为的量化结果。比如,某个官员为了招商引资低价转让土地,多低才算违规?导致了多少土地出让金损失?这些道德风险问题难以监督。相反,如果明文禁止某个官员管理某事,该官员是否违规,一目了然。

如何限制"一把手"的权力呢?我们建议,可以从以下三个方面入手:

第一,减少各类行政审批权,特别是减少"一把手"的审批权。

从资源配置的角度讲,在市场经济条件下,凡是市场能做好的事情,都应该交给市场去办;只有市场做不好,并且政府可以做好的事情,才需要政府来办。在这个大的原则下,政府应该逐步减少各类不必要的行政审批权,以及对市场行为的微观干预权力,才能真正让市场在资源配置中起决定性作用。另外,从腐败对经济效率的影响来看,现有研究表明,行政管制,尤其是行业进入管制,是导致企业和政府官员之间发生腐败行为的重要原因。因此,应该从宏观上减少各类行政审批。减少了政府的审批权,当然也就一定程度上减少了政府所在部门的"一把手"的权力,这是减少"一把手"腐败机会的治本之策。

第二,减少"一把手"的自由裁量权,缩小留给"一把手"的"候选清单"。

现行法律法规留给党政部门"一把手"的自由裁量权过大。用人腐败被认为是最严重的、最普遍的腐败,因为人事权是最重要的权力,带来的租金最多。但是恰恰是在用人问题上,"一把手"的权力过大。例如,选拔一个干部担任局长,候选人可以是无数个。负责组织部门的党委组织部长或者负责人事的副手往往是"一把手"的人,往往根据"一把手"的授意提供有限的候选人,并且将"一把手"属意的人选列在最前面。在这种情况下,即便候选名单提交给党委常委会讨论,也很难改变"一把手"的人选决定。

在这种情况下,我们有三个建议:一是增加候选人范围,实行"差额提名"。例如,提拔一个干部,要求至少有2个候选人,然后党委常委会对候选人进行无记名投票表决。二是对拟任命的职位施加技术性限制条件,例如安监局长要求技术出身,有基层工作经验,有工程师职称,不能跨行业或跨部门选择,等等。并且这些限制性条件要根据职位的要求做出,提前公布,不能因人更改。这样,即便"一把手"有提名权,其提名的范围至少大大缩小了,从而寻租空间也大大减少了。三是在某些地方试点,将人事任命的提名权扩大到全部党委常委,削弱"一把手"干预人事的权力,实际上这与"党管干部"的基本原则并不冲突。

第三,强化对重大决策权的事前约束。

除了显性的用人腐败、项目腐败,还有一类隐性的腐败行为,即政绩工程。政绩工程往往以"公共利益"为名义,"一朝天子"一朝项目,实际上造成了巨大的浪费。问题是,这种浪费还难以对主管的"一把手"问责,因为政绩工程虽然有助于"一把手"获得政治利益,但未必表明"一把手"本人直接获得了经济利益。例如,某地前任市长爱搞工业园区,花巨资对园区的基础设施进行了改造。结果,工程尚未完工,市长高升或外调。新来的市长偏好环保绿化,将有限的资金投向城镇绿化和旅游景区,将前任的工业园区搁置一边。这种为了个人政绩而不顾国家利益的现象不胜枚举，但至今没有好的解决办法，关键是缺乏对"一把手"上马各类政绩工程的事前约束。为此，法律应该规定，政府的重大问题要由"决策咨询委员会"进行论证，并且应该经过人大常委会的事前批准和事后监督。

但这有两个问题：第一，"决策咨询委员会"还不是一个强制设立的机构，事实上很多国家部委、地市级政府就没有这个机构，县级政府更很少设立这类"务虚"的机构。第二，宪法规定了地方各级人大对地方政府重大事项的决定权，但是在实际中主要是行使监督权，较少行使决策权。决策权实际上完全由党委和政府掌握，这导致人大应有的"最高权力机关"的功能没有充分发挥。即便是监督权，也往往是事后监督，而且难以问责。因此，人大如果要发挥好监督功能，至少要与问责权匹配，否则就是"软监督"。

需要强调的是，权力与责任是对应的。要有效地限制"一把手"的权力，首先就要厘清责任的边界。作为一个单位或者地区的"一把手"，不可能也不应该对所有事务负责，否则在发展压倒一切的理念下，是不可能有真正的权力边界的。这也可以在一定程度上解释，为什么中央三令五申强调对权力的约束与限制，但是"一把手"仍然可以获得"绝对权力"，从而导致很多规章制度缺乏约束力。理念不改，制度难行，权力约束便遥遥无期。（聂辉华 仝志辉）

## ■ 对公职人员登记的财产实行"名单管理"

我国对上市公司高管及其家属股票交易的监控，是"名单管理"的成功经验。几千家上市公司的高管及其家属有几十万人，他们的名单全部在证券交易信息系统内监控，一旦买卖了特定股票，交易系统立即自动报警、并进入事先设定的鉴别和处理流程。由于上市公司高管都知晓自己和家属属于"被系统自动监控对象"，除非误操作，绝对不会去买卖特定股票，这就在特定领域杜绝了违规行为。

借鉴这一思路，笔者建议，对公职人员登记的本人及其家属的财产也可以实施通过信息系统自动进行的"名单管理"。具体做法是：

1. 建立监控名单。名单涵盖的范围，最终应包括所有履行申报义务的公职人员。至于是否需要包括配偶、第一顺序继承人、第二顺序继承人，甚至包括秘书等（香港某些公务员的私人秘书也被列入财产申报对象范围），则根据部门和岗位确定。确定后，应让列入名单的公职人员及家人知情。

2. 制定有关核查公职人员财产的法规，规定所有的财产登记、管理机构或部门有责任配合纪委或监察部门，按要求提供监控名单中人员的财产状况信息。

3. 把监控名单导入银行、证券、房地产、公司注册、车辆及船舶等财产登记机关的信息系统，由信息系统向监管部门定期报送持有财产清单。对于异常的动作、状态（如单笔支用超过一定限额、银行余额超过一定限额、房产套数超过一定数量等），系统自动报警。

为有利于后续信息的公正处理，报送的清单、异动报告等可参照高考的"密封阅卷"，隐去姓名、只用代号。姓名和代号的对应关系只由核心管理部门掌握。

4. 核查信息的后续鉴别、处理，应尽量由软件系统自动进行，以避免人工干预，如自动通知本人要求说明、自动向上一级部门报送、自动通知特定机关等。

5. 必要时，可通过国际间合作，有重点地选择一些国家，要求其配合实施名单管理。如美国就以反恐和查税的名义，要求外国银行提供特定对象的银行存款信息。

采取上述措施后，公职人员放在本人或家人名下的财产信息由系统自动发送，由系统按设定的流程和规则鉴别处理，既消除了"房产没联网""外地存款没法查""股票账户保密""不一定就查到我"之类的侥幸心理，也避免了抽查的选择性执法之嫌、避免了依赖人工干预所必然导致的"说情"压力，从手段上保证了公职人员登记在自己或家庭成员名下的财产的完整性、真实性。而由监管部门实时掌握公职人员的完整财产信息，应该更有震慑力，更能让公职人员规范持有、处置财产的行为。

**通过"依法披露代持"减少隐瞒财产**

中国现行法规已经规定，股份公司在上市前必须由股东披露"是否存在为他人代持股权"的情形。建议将这一规定适当扩展，修订有关财产登记的法律法规，规定公司股权、房屋、存款、车辆等财产的所有人，需如实披露"是否代别人持有、为何人代持"。如果未依法披露，不但代持者本人要承担相应的法律责任，而且，如果被代持者属于公职人员，则在代持关系事后被揭露或发生纠纷时也要接受相应的处罚。

采取以上措施后，公职人员的财产"代持"行为就会有两方面的后果：一方面，因为"代持而不披露"属于违法行为，婉拒代持就有了更有力的理由。另一方面，在"代持"时一般都会签订"内部协议"以保证将来（如公职人员退休后）的索还，但因为法律已规定这种"内部协议"发生纠纷时公职人员要接受处罚，则存在着代持人否认内部协议、把财产据为己有的风险。这样，就可以大大减少公职人员通过让他人代持从而隐瞒财产的行为。

**实施步骤及处置思路**

公职人员财产处置牵一发动全身，应该考虑到历史、现实、传统、制度等各方面的原因，寻求法制、民意、历史因素、队伍稳定的最大公约数。

营造氛围。通过政策法律、舆论宣传、技术手段、典型案件的各种方式，让公职人员充分了解："名单管理""披露代持"的措施将要实施，其后，无论是否涉及案件、是否被抽查，财产信息一定会完整地被组织掌握；任何转移、变卖资产的行为，极可能提前引爆问题、遭受惩处；处置"灰色"财产将适度新老有别，以前形成的有可能获得从宽处置，今后获取的处罚不贷。

逐步实施"名单管理""披露代持"。中纪委已经确定要进行"抽查",可以把"名单管理"作为抽查的技术方式,快速对党内领导干部实施。然后再通过立法途径,逐步扩大到履行全体申报义务的公职人员。

在核查的同时,必须重点解决"灰色"财产的定性、处置、消化,争取尽快被公众接受:充分论证"灰色"和"黑色"收入在恶劣程度、金额、社会危害性等各方面的区别,从性质上说明"灰""黑"分色处理的必要性;分析公职人员财产的整体状况,从"法不责众"的角度说明"灰""黑"分色处理的必要性;制定、修订有关政策法规,为"灰""黑"分色处理提供制度可行性。如规定没有直接权钱交易的收受利益、在一定限额下为"灰色";或超过正常收入的一定限额为"灰色"等,并适当调整"不明财产来源"罪的限额。但必须明确是在一个时间点之前的,"既往基本不咎,以后坚决杜绝"。

对于"黑色"财产即贪腐所得,可以根据核查的结果采用两种对策:如果占公职人员总数比例不高,则可以"发现一起、惩处一起"。即使涉及人数较多,对贪腐所得财产本身也必须收归社会所有,坚决不让贪腐分子在经济上占便宜。但是,是否惩处则可区分不同情况:如与案件相关、或曾企图转移的必须惩处;如属由信息技术手段获取、或自行申报获取、或"代持披露"录入等的可暂不惩处,予以"挂账",如果该公职人员此后不再腐败则不予追究,如再腐败则新账、老账一起清算。(陈利浩)

### ■ 发挥不动产登记制度的反腐败功能

党的十八大以来,党内外都十分关注加强党风廉政建设和反腐败工作,有关措施推出表明党和政府正在积极回应社会关注和民众呼声。笔者以为在当前制度环境和技术条件下,激活和善用现有法律资源,统一并完善不动产登记制度,应当是亟待完善的诸项制度当中需要最先解决的问题之一。

**不动产登记制度可以反腐败**

统一并完善不动产登记制度,能够帮助纪检机关明确清晰地查处将贪腐资产集中在房地产等不动产上的腐败官员,使集中在房地产市场的贪腐资产无所遁形。我们已经看到,虽然现在各地房地产信息尚未联网,但是仅仅是个别网民从单个地区的房地产登记记录当中偶然性地以人查房,就查出了多个房叔、房姐、房爷这样的贪腐官员。由此可以想见,如果房地产乃至不动产实现全国性统一的登记和信息互联,对贪腐官员会有多大的震慑作用。

无论是从反腐败的角度出发,还是从确保经济健康运行的角度考虑,统一并完善不动产登记制度继而开展官员不动产先行公示都是一项适宜的政策选择。

也有学者对不动产统一登记的反腐作用提出质疑,认为不动产登记完全是自愿的,贪腐官员在取得房产后完全可以选择不办登记,就算办理登记,也可以将不动产登记在他人名下。事实上,神木房姐的多个身份证问题也确实表明不动产统一登记制度仍有漏洞可钻,但是相比与没有不动产统一登记制度,这个漏洞已经大大缩小,而且随着身份证管理制度的逐步完善,这些漏洞也将被修补。此外,不动产交易过程中,物权的所有和转让必须进行登记备案,如果不办理登记,官员就难以取得不动产的所有权,实际取得的房产也将因为无法登记转让而难以变现,不动产难以变现就成了死物,且随时面临登记的所有权人"背信弃义"和一房多卖的风险,由于物权对债权的优先性,官员对房产的所有权将无法获得法律的支持,也不敢寻求法律的支持。

**完善不动产登记制度已经具备成熟的法律和技术基础**

2007年,新颁布实施的《物权法》第十条规定:"国家对不动产实行统一登记制度。统一登记的范围、登记机构和登记办法,由法律、行政法规规定。"根据新法优于旧法的原则,《物权法》关于不动产实行统一登记制度的要求取代了过去《森林法》《草原法》等按各自的不动产类型各自登记的法条规定。《物权法》虽然是原则性的规定，但对不动产登记的法律效力、不动产登记机构、登记程序、登记类型及登记错误的赔偿责任等重要问题以专节条文做出了较明确规定，为不动产实行统一登记创立了法律基础。在《物权法》出台时，为了减少阻力，当时并没有出台详细的规定去打破当时的登记格局，从目前形势来看，无论是从完善法治促进经济发展的角度出发，还是从反腐败的需要来看，打破部门利益，统一并完善不动产登记制度都已经成为迫切需求。不久前国务院办公厅关于实施《国务院机构改革和职能转变方案》任务分工的通知明确提出，在2014年6月底前出台不动产登记条例，实施不动产统一登记制度。这将是一个历史性的重大进步。

关于通过不动产统一登记制度进行反腐败，还有一些学者表示担心的理由是"以人查房"有可能侵犯普通群众的隐私，国际上大多也仅限于"以房查人"而限制"以人查房"。实际上这个反对理由并不充分，首先，官员隐私权在涉及财产的方面应受到限制本就是法律界的共识，这也是法治发达国家官员财产公示的一个法律基础，因此即使要保护普通公民的隐私，针对官员的"以人查房"也应当放开，只要区分是否是官员即可。其次，不动产统一登记制度将为未来开征房产税奠定基础，而对开征房产税来说，"以人查房"是税收部门必需的程序，只要限定查询的主体资格即可，让反腐机构和税收部门具备同等的查询权力即可达到反腐的目的，普通公民的隐私权并没有做出额外牺牲。再次，制度的设计往往不能同时满足各方面的需求，为此必须进行价值排序，必要时以民意为基础牺牲部分利益以维护更重要的价值追求。从我国的实际情况来看，前段时间公众对各地限制"以人查房"的不满充分表明，绝大多数公众乐意牺牲自己的隐私权来实现反腐败这一目前更严重的问题。

此外，互联网技术的发展已经大大减少了不动产统一登记的难度，也为不动产统一登记更好地发挥反腐败作用提供了便利。开发一套不动产统一登记软件系统成本实际并不高，互联网和电脑软硬件技术的高速发展可以承接城市房地产、农村宅基地、农村承包地、草原、滩涂、林地等各种类型不动产的需要。需要顾虑的是，处在农村的大量不动产所有权还不明确，这不是互联网技术本身的问题，但是当前开展的农村土地确权工作已经为解决该问题提供了便利。而且，由于我国对农民和居民身份划分仍然存在，城市户口居民因法律的限制无法拥有农村的不动产，因此农村承包地、草原、林地等不动产登记工作的落后实际并不影响城市房地产统一登记联网对反腐的促进作用。我们需要警惕的是，当中央下决心利用不动产登记公示来推进反腐时，一些势力又以农村宅基地、农村承包地、草原、滩涂、林地的统一登记需要大量基础调查时间为由来拖沓完全可以在短时间内完成的城市房地产登记电子化和统一联网工作。因此，不动产统一登记制度既要全面推进又应当迅速以城市房地产统一登记联网为突破口。

（黄震　陆琪）

## ■ 全面科学推行权力清单制度

党的十八届四中全会通过的《中共中央关于全面推进依法治国若干重大问题的决定》（下称《决定》）明确提出，加快建设职能科学、权责法定、执法严明、公开公正、廉洁高效、守法诚信的法治政府。关于如何加快建设法治政府，《决定》提出了依法全面履行政府职能、健全依法决策机制等六个方面的具体要求。而"推行政府权力清单制度，坚决消除权力设租寻租空间"是实现全面履行政府职能的重要措施，当然也是加快建设法治政府的重要内容。所以，当前及今后一段时间，全面推行权力清单制度必然是各级政府一项异常紧迫的任务。

事实上，自十八届三中全会通过的《中共中央关于全面深化改革若干重大问题的决定》中首次提出"推行地方各级政府及其工作部门权力清单制度"以来，部分地方政府已加紧进行权力清单制度的编制和公开工作，如2013年11月21日，广州市率先公布了广州市48个行政单位，共3705

项市本级行政职权事项。2014年10月31日，安徽省公布了省级政府权力清单1712项。从现状来看，权力清单的编制和公布，客观上促进了政府职权更加清晰，约束了行政权力的滥用，进一步增强了政府的公信力。但是，通过对当前已经公布出来的权力清单进行剖析和笔者参与某省级政府权力清单编制过程发现，由于理论研究不够深入和相关规范权力清单制度滞后，存在的问题也不容小觑。为了更加全面科学推行权力清单制度，加快建设法治政府，有必要理性分析当前权力清单编制和公布过程中存在的问题并探讨产生问题的原因，并就如何更好全面科学推行权力清单制度提出自己的构想。

通过梳理目前各省、市已经出台的规范权力清单制度的规范性文件发现，到目前为止，尚无具备法律性质的文件，大多是"通知"类型的政策性文件。纵观这些文件，其大多包括总体要求、主要任务、实施步骤和工作要求，整体上缺乏对权力清单的主体、权限、效力等问题的表述和界定，因而导致权力清单制度推行过程中主体和权限不明确，权力清单的效力模糊，编制过程中存在一定程度的越权、违法等现象。

编制和公布权力清单的主体和权限不明确。虽然权力清单编制初始都是权力拥有单位自查，但统筹和督办单位却各不相同，有的是发展改革委员会，有的是编制办公室，有的是法制办公室。统筹过后通过和公布的主体也不明确，国务院是由其组成部门通过和公布的，而省、市、县通过和公布的主体一直不明确。除了主体不明确之外，在编制和公布权力清单的过程中，相关主体的权限到底多大，能做到什么程度，现实中也很模糊。

权力清单的效力比较模糊。当前已经开展权力清单制度的各省、市、县的文件均未提到公布出来的权力清单到底属于什么性质。如果公布出来的权力清单只是一般性的资料集中，仅供公民查阅和知晓行政机构权力清单的作用，那么就不具备任何法律效力，既不能作为行政部门执法的依据，也不能作为公民保护权利的依据。此种效力不清，必然给编制和公布主体带来困惑，也让行政执法主体迷茫，更让行政相对人无所适从。

编制过程中存在一定程度的越权、违法现象。当前在编制和公布权力清单过程中主要存在以下越权或违法现象：一是暂停实施或取消本不属于本级行政权力的行政执法项目；二是越权下放或整合具体行政执法主体和项目。

法律、法规的不断变化容易导致权力清单滞后。权力清单是对大量法律、法规、规章设定的行政权力进行总结形成的，虽然过程中可能有取消、下放、整合等内容，但本质上依赖于背后法律、法规和规章的设定。法律、法规、规章经常立、改、废，其设定的具体行政执法项目当然跟着变化。法律、法规、规章的立、改、废依赖于庞大的国家立法机关和行政机关，而作为附属于法律、法规和规章的庞大的权力清单工程，由于没有足够的专业人员不断补充、完善，极有可能导致权力清单滞后于相关法律法规对行政权的设置。虽然作为一项很好的制度改革和体制创新，但如果没有一套刚性制度、合理程序、数量众多的专业人士不断地同步于法律、法规和规章的变化，公民看到的可能是完全滞后于生效法律、法规和规章的一堆资料的堆砌，其作用和功能必然会大打折扣。

当然，问题的提出并不是否定制度本身，作为主权在民原则的本质要求，作为加快建设法治政府的重要措施，权力清单制度本身有其巨大的现实价值和理论意义。之所以提出权力清单制度可能会出现的问题，其主旨在于更好地全面科学推行权力清单制度。

制定行政权力清单条例，全面规范行政权力清单的编制、公布和实施。建议国务院尽快制定出台行政权力清单条例，全面规范行政权力清单制度。该条例既明确规定权力清单编制和出台的主体、程序、主体的权限、客体范围，又明确界定权力清单与原法律法规的关系、权力清单的性质和效力、权力清单的适用范围以及违反权力清单需承担的责任等。当然，该条例中既要有强制性条款，即不允许各省、市、县政府及其工作部门随便更改的条款，在这些条款上必须全国统一，也有任意性条款，即可以让各省、市、县自主选择和确定的条款。强制性条款是保证权力清单制度全国统一，从而提高其权威,而任意性条款是为了适应全国不同地方自主选择的需要。

建立、完善相关制度,为权力清单的更新、完善和执行提供制度保障。权力清单制度绝不是单纯地编制、通过和公布几个简单的环节,它还涉及如何定期更新、采取何种形式公布及如何提高其执行力等深层次问题。而这些目标的实现,则需要建立、完善其他相关制度:一是修改完善国务院的《信息公开条例》,把权力清单纳入政府必须公开的信息目录范围之内,并要协调好该目录与其他目录之间的关系。二是修改完善行政复议法和行政诉讼法,加快推进其与权力清单制度的衔接,定位好权力清单在行政复议和行政诉讼过程中的功能和用途。三是完善行政机构的法治指标考核,把编制、公布和执行权力清单情况纳入政府法治指标,构成其重要的组成部分。四是修改完善《中华人民共和国各级人民代表大会常务委员会监督法》,把权力清单纳入人民代表大会及其常务委员会的监督范畴,作为规范性文件的备案审查范围。(杜敏)

# 第四篇

## 以法治思维和法治方式反腐

# 国外反腐败立法的特点及启示

马怀德

**马怀德**

现任中国政法大学副校长、法治政府研究院院长，行政法学教授、博士生导师，中共中央纪律检查委员会特邀监察员。1993年毕业于中国政法大学获法学博士学位，系中国首位行政诉讼法学博士。直接参与《国家赔偿法》《行政处罚法》《立法法》《行政许可法》等多部法律的起草工作。曾于2005年12月为中央政治局第27次集体学习讲授"行政管理体制改革和完善经济法律制度"。

在我国全面推进依法治国的大背景下，法治反腐渐成共识。加强反腐败立法，需要借鉴国外经验，结合我国立法实际和反腐败需要，制定系列法律法规，形成预防惩治腐败的法律体系。

法治反腐是多数国家行之有效的做法。很多国家制定了大量的反腐败法律，逐渐形成预防惩治腐败行为的法律体系，收到良好效果。从各国反腐败立法的规律看，呈现出以下特点：

注重事先预防腐败的立法。多数国家都有预防性的制度规范，注重运用法律手段约束政府和政府官员的行为，防止腐败滋生和蔓延。如美国有《政府行为道德法》，英国有《荣誉法典》和《防腐化法》，新加坡有《防止贪污法》和《公务员惩戒规则》，德国有《利益法》《回扣法》《反腐败法》等。这些法律规定，禁止公务员经商、禁止接受礼品，限制兼职，实行回避制度等。其中美国的预防腐败立法内容详尽、可操作性强。具体包括：有关财产申报的制度；有关公职人员行为准则的规定；有关政治捐款的规定；有关行政公开的规定；有关涉外贿赂的规定；关于廉政机构的规定，等等。

注重将公务员的道德义务上升为法律规范。美国在1978年修订的《文官制度改革法》对政府雇员的义务做了明确规定，要求公职人员必须奉公守法、廉洁自律，不得贪赃枉法、不得以权谋私、不得营私舞弊、不得参加政治捐款等政治性金钱收受活动。新加坡政府先后出台了《公务员法》《公务员纪律条例》《防止贪污法》《财产申报法》《现行反贪污法》《没收非法利益条例》等，同时还配套出台了一套五卷本《指导手册》。菲律宾在1989年推出《公共官员与雇员品行和道德标准法》，以立法形式规范公职人员的从政道德，并以法制的力量保证其有效实施。

注重确立反腐败标准。如俄罗斯在2008年颁布了《反腐败法》，该法引入了反腐败标准，即对统一体系相关领域的活动设定禁止、限制和许可性条件，以保障在该领域达到预防腐败的目的。这些标准不仅仅体现对各个领域（如政府采购）确立和提出这样或那样的禁令、限制及许可，而且应考虑到在实现有关标准时，法律主体行为的各个方面。

注重构建综合系统的反腐败法律体系。很多国家普遍形成了健全完善的反腐败法律体系，有关反腐败的法律囊括了预防腐败和惩治腐败的法律。美国宪法第2条第4项规定："总统、副总统及合众国的文官，受到叛国罪、贿赂罪或其他重罪、轻罪的弹劾并被判定有罪时，应受免职处分。"在联邦政府层面，1883年的《文官制度法》确立了任人唯贤的政府官员选任制度；1921年的《预算会计法》加强了对公共资金的收入、支出和使用监督审查，并根据此法成立直接向国会负责的审计总署；其他如《有组织的勒索、贿赂和贪污法》（1962年）、《对外行贿行为法》（1977年）、《政府道德法》（1978年）等，也是联邦行政机关内部防治贪腐的主要法律。美国《刑法》第201—209条具体规定了政府官员有关贪污行贿的各种罪名和处罚措施。上述法律从根本大法到具体执行条文，建立起了一个相对完善的反腐法律体系。

分析国外反腐败立法，可以得到如下启示：反腐败是一项系统工程，必须通过立法，建立预防惩治的系列制度，实现标本兼治；许多国家预防和惩治腐败的法律是一体化的，在同一法律中规定了预防和惩治两方面的措施，把惩治犯罪作为预防犯罪的一个有机组成部分；对反腐败机构都授予极大的权力并明确其责任，并规定了有效的刚性措施，从制度、管理和监督上减少犯罪产生的可能性；反腐败是世界各国的共同任务，没有哪个国家可以置身其外，必须加强立法合作，形成共识。《联合国反腐败公约》首次就预防、侦查和返还腐败分子转移的财产规定了一系列基本的原则,并为各国就追缴非法财产问题加强合作提供了法律框架。

在我国全面推进依法治国的大背景下,法治反腐渐成共识。加强反腐败立法,需要借鉴国外经验,结合我国立法实际和反腐败需要,制定系列法律法规,形成预防惩治腐败的法律体系。

制定《反腐败法》,修订《行政监察法》。通过制定统一的《反腐败法》确立反腐败的标准,既要明确腐败的内容和形式,又要明确界定公共权力的边界,规范权力授予的形式、行使的程序和适用的范围等,就监督、预防和惩处腐败等做出具体化、明确化的规定。《反腐败法》应当重点规定反腐败主体的职责及义务,预防和惩治腐败的各项措施,如权力清单制度、公务人员财产申报制度等,反腐败的监督与保障,法律责任等内容。通过修改《行政监察法》,提高监察机关的法律地位,可以考虑对监察机关的双重领导体制进行改革,赋予行政监察机关和同级政府平等的地位。扩大监察机关的权力,强化监察职能,包括扩大监察机关的处分权限,赋予监察机关一定的经济处罚权以及责令申报权和没收权等。

加强预防腐败方面的立法。主要包括:第一,制定信息公开法,完善政务和各领域办事公开制度,推进决策公开、管理公开、服务公开、结果公开,确保各项国家公权力都受到监督制约。第二,完善行政组织法和行政编制法,明确政府权力的边界,划清政府部门之间的权力关系,明确各个部门的法定职责,实现用制度管权、管事、管人,保证权力的正确运行。第三,加快制定行政程序法。确立各类行政行为的程序标准,约束和规范重大决策程序,确保国家机关按照法定权限和程序行使权力。第四,制定公务人员财产申报法。在完善领导干部报告个人有关事项制度基础上,探索制定国家层面的统一立法。

完善反腐败信息举报立法。检举、申诉、举报制度对于反腐败具有重要作用。虽然我国宪法、刑事诉讼法和个别部门法中有保护举报人的条款,但缺乏可操作性。必须加强有关举报人的保护制度。要健全办案保密规则,切实有效保护举报人依法举报的权利和人身财产的安全。随着近年来互联网技术的发展，政府机关应当建立起高效、便民的网络举报平台，严格规范网络举报受理程序。制定明确的网络接办人员失职行为量纪标准，允许司法机关对相关部门的不作为或不当管制行为进行司法审查，实行举报救济补偿制度。

完善反腐败的刑事立法。我国《刑法》规定对贪污等腐败犯罪行为要予以刑事处罚。但是，当前反腐败面临的严峻形势，要求我们必须加强反腐败刑事立法，通过严厉的刑事处罚形成震慑。应当尽快出台《反贪污贿赂法》，根据我国贪污贿赂犯罪出现的新情况、新特点，使其全面涵盖贪污贿赂犯罪的各种情形，以利于准确而有效地打击腐败犯罪。

# 依法治国必须坚持依法治腐

黄苇町

**黄苇町**

　　1947年生，1975年毕业于长春光学精密机械学院（现长春理工大学）。1982年调入中共中央机关刊物红旗杂志社做编辑工作，撰写思想评论。1985年起先后任红旗杂志社事业部主任，红旗出版社社务委员，副总编辑。现任求是杂志研究员。

十八大之后，王岐山同志说过，反腐败的治标要为治本赢得时间。现在经历了一段大张旗鼓的治标之后，腐败蔓延的势头得到有效遏制，已经初步具备了向治本转变的条件。在2013年初的十八届中央纪委第二次全会上，习近平总书记就指出："要善于用法治思维和法治方式反对腐败，加强反腐败国家立法，加强反腐倡廉党内法规制度建设，让法律制度刚性运行"——这实际上是指明了一条有中国特色的法治化反腐的新路径。

第一，长期以来，中国式反腐的主要"路径"一般是先由同级纪委双规、调查取证、发现基本犯罪事实或线索，经党内处理后再"移交司法机关追究刑事责任"。2013年以来，中纪委从法治反腐的角度，对反腐败有关部门的职能定位做了一定调整。只要查清主要犯罪事实或者有一件可定罪的事实，就将案件移送检察机关，由检察机关进行侦查和起诉。纪委不再负责案件的具体指挥协调工作，这是一条非常重要的改革。这样做至少有以下几方面的意义：

首先，有助于规范办案流程。现在，纪检监察部门要"两规""两指"一个干部，仅几班倒的监护工作，最少就要占用12个人以上，副省级城市以上尽管都是以武警战士为主，但遇到案情复杂的，两三个月下来办案人员的精力牵扯还是非常大的。而"两规""两指"对象，多数都已涉嫌贪污贿赂等刑事犯罪了，党内执纪部门做了很多执法部门的事，也存在着与现行《宪法》

《刑事诉讼法》等国家基本法律相冲突的问题。稍有不慎，出现安全事故，就可能导致纪检监察机关的形象受损。尽管在现实条件下，这个手段还不能取消，但要尽量缩短使用时间和范围。

其次，有利于发挥检察机关作为法定办案主体的作用。与纪委相比较，国家授予司法机关办理案件执法手段更多，例如像监听、跟踪、搜查这些手段，但是这些手段纪委未必可以使用。在纪委调查期间，很容易因打草惊蛇，出现犯罪嫌疑人家属和同伙销毁证据、转移财产导致错失办案时机的情况。而且，法律对司法机关办案期限，如何调查取证的要求更规范，也有利于保护犯罪嫌疑人的合法权益。现在中纪委查办的案件中，"两规"时间较长的都属于需要深挖的腐败窝案，主要是弄清还有那些党员领导干部参与违纪违法。属于个案的，一般都在较短的时间内移交给了检察机关，所以现在对反腐主力军的提法也有变化，不再只是纪委一家，纪检监察机关和国家的检察机关也是反腐的主力军。

最后，有利于缩短纪委的战线，更好地发挥纪委的领导作用。纪检监察机关作为党和政府内部的监督机关，除了要抓党员领导干部腐败大案要案的查办外，还有一项不可替代的主要职能，就是搞好党内的纪律检查，如果分散了精力，容易忽视对违纪案件的查处。习总书记强调，要"坚持抓早抓小，对党员干部身上的问题早发现、早提醒、早纠正、早查处"，因为如果在作风问题上抓大放小，其实是抓了少数放过了多数，而不良风气对多数干部的腐蚀作用是很大的。我们这样做一是给干部提个醒：这个问题你不要踩线越界，越界了就会被处理。习总书记要求加大执纪检查力度，因为只要及时查处违纪违规行为，并且点名道姓的公开曝光，没有什么不良风气不能纠正。还有，我们常说要让干部"不敢腐"——干部敢不敢腐主要不是取决于惩罚有多重，而是取决于能不能把其威慑住。如果100个人违纪违法只揭露和惩处了四五个，惩罚再重也会有很多人有侥幸心理；如果100人违纪我们能及时处理七八十个，即使只是党纪政纪处置了，也能产生很大的威慑力。因为党员干部也是要面子的，如果被点名道姓地通报曝光，有的人会认为自己的脸皮被当众扒下来了，感到无地自容。而一些想在收买权力上投资的人，也会认为他的政治前途黯淡了，在他们的眼里，这个干部也就从"潜力股"变成了"垃圾股"，不再花那么大的投入去收买他了。这样反而可能挽救了这些有人格缺陷的干部，使他们不至于发展到产生惊天腐败大案的地步。

第二，推进司法体制改革，要坚持司法机关独立行使司法权的宪法原则，包括改革审判委员会制度，完善主审法官、合议庭办案责任制，让审理者裁判、由裁判者负责。必须明确，坚持党对司法工作的领导绝不是可以随便干预具体案件的审判。过去有些地方党委，在查处涉及人多面广的腐败串案窝案时，片面追求稳定，强调缩小打击面，甚至突破法律规定出台从宽政策。例如，在查处黑龙江韩桂芝、马德案时，曾决定贪污受贿5万元以下的主动自首退赃的可以免于追究，因为涉案人员较多、贪污受贿数额较轻，做这样一个特殊安排还情有可原。而到了2009年的茂名贪腐窝案，因为牵连到200多个县处级干部，当时也是为了避免产生太大的震荡，规定贪污受贿50万元以下的退赃交代后，可以不予追究，最终移交司法的官员只有20多名——从依法办案的角度讲，这样做是不行的。因为50万已经相当于一个处级干部几年的年薪，与一般群众的收入相比就更多了。中央巡视组发现后，今年4月高调复查茂名窝案，以政协主席为代表的很多人又被重新"两规"，这就体现了依法治腐的要求。

第三，过去在查处腐败案件时，有的地方存在两种倾向。一个是"选择性办案"。有的犯罪嫌疑人想靠揭发他人立功减刑或能免死时，办案人员就呵斥他"谈你自己的事，少扯其他的"——其实是怕他牵出更多领导干部来，使问题复杂化，以致长期不能结案。由于该查不查、该严不严、给予有些人法外照顾，就使反腐败的公正性受到很大损害。我们后来查出的一些腐败大案的主角，很多都是以前的漏网之鱼。现在要求"不管涉及谁都一查到底"，也是对过去一些地方办案思路的颠覆。二是"选择性定罪"。至今仍有很多地方在查处腐败案件时，只计算收受的现金和房产，没有把一般的收受礼金、礼品、招待旅游、作为人情往来的"灰色收入"，计入犯罪金额。其实从法律角度看，除了合法收入，就是非法收入，不存在所谓性质不清的"灰色收入"。不仅礼品、招待等变相行贿的金额要记入，价值较大的实物礼品也要折算成货币计入涉案金额，超过一定数额就要追究刑责，这在关于刑法的司法解释中早就有。但现在仍有很多干部认为，只要自己不收钱就没关系，这是一个很大的思想误区。

此外，在查处受贿犯罪时，对于行贿犯罪、贿赂中介、协助受贿的相关人员也要追究刑责。过去有的检察部门为了固定犯罪证据，促使这些人出庭作证，对后者的行贿行为承诺不起诉，这种做法是有一定道理的，因为行贿者处于弱势地位，经常作为被敲诈勒索的对象。但以福建的赖昌星案为标志，高价收买公共权力已经成为很多商人进攻性的经营手段。为什么现在一些资金密集型和权力密集型行业的领导职务容易成为高危岗位？就是因为在糖衣炮弹的密集轰击下，一般人很难顶得住。现在检察机关也加大了对行贿犯罪的打击力度，2013 年，全国检察机关共查办行贿犯罪 5676 人，而 2014 年上半年，全国检察机关就已经立案侦查行贿犯罪 4397 人，同比上升 37.6%。

第四，我们广大政法干警在保障人民安居乐业、维护国家安全和社会稳定等方面做出了重大贡献，每年都有 4000 多名干警因公殉职，而留下的，是他们痛不欲生的妻子和儿女，以及"白发人送黑发人"的双亲。因此，习总书记指出，我们的政法队伍主流是好的，是一支听党指挥、服务人民、能打硬仗、不怕牺牲的队伍，但也必须看到，政法战线反腐败斗争的形势，也和其他战线一样严峻。有的法官在审判案件时通过律师搞利益输送，办人情案、关系案、金钱案等枉法裁判，例如深圳中院的一个分管执行局的副院长，和女律师勾结，达到令人吃惊的地步。还有判决后有的司法人员通过私下交易对罪犯减刑、假释、保外就医；而一些没有受害者盯着的罪犯，权钱交易活动更到了胆大包天的地步。例如 2009 年 7 月 30 日，广东省江门市原副市长林崇中因受贿罪，被判 10 年刑，但就在法庭宣判当天，他竟然从法院直接回了家。这是因为他花了不到 10 万元钱，买通了看守所所长、医生等人违规获准"保外就医"——直至 2011 年初省检察院对这一违法的监外执行一案进行立案侦查，他才真正伏法。因此，习近平同志提出，要以最坚决的意志、最坚决的行动，扫除政法领域的腐败现象，坚决清除害群之马。

第五，中央还强调要"完善人权司法保障制度"，必须保障腐败犯罪分子以及其他刑事犯罪嫌疑人的合法权利，要严格依法审理案件和处罚腐败犯罪分子，尊重当事人的尊严，确保程序和实体经得起事实、证据和法律的检验。现在公安部门刑讯逼供少了，但变相地刑讯逼供的现象仍然时有所见，如在审讯中搞车轮战、不准嫌疑人睡觉等。十八届三中全会后，高法宣布，凡通过冻饿晒烤等方式获得的犯罪嫌疑人的供词，都属于要在审判中排除的非法证据。过去我们常说"既不冤枉一个好人，也不放过一个坏人"，过去的重点是放在"不放过坏人上"，今后必须放在"不冤枉好人上"。甚至宁可放过了坏人，也绝不能冤枉好人。因为坏人总要做坏事，今天没抓住他，下次也会抓住。但如果冤枉好人，就可能影响他的一生甚至家属子女的生活。而且好人占绝大多数，如果好人被随便冤枉，大家都会没有安全感。所以，习近平总书记特别强调决不允许办冤假错案。对触犯刑律的我们也要慎用死刑和重刑，社会危害不大的可以判缓刑，通过社会矫正来服刑。除了每月或每周要向司法所报到、外出要请假外，可以像一般人那些生活和工作。目前我国的社区服刑人员再犯罪率一直控制在 0.2% 左右的较低水平，说明这个做法是成功的。例如，最近在福州马尾，当一名被判缓刑的、50 多岁的社区矫正人员发现一辆货车在山坡上往下溜，危及坡下百余名中学生的生命时，冒着车毁人伤的危险开着自己的车死死顶住了下溜的货车，他的行为受到人们的广泛赞扬。犯罪者并不一定永远是坏人，只是他突破了法律可以容许的界限，他们的合法权利也要得到保障，这才符合依法治国的要求。

# 坚持用法治思维法治方式反腐败

邵景均

**邵景均**

中共中央纪律检查委员会研究室原副局级纪律检查员、监察部监察专员。国务院批准的政府特殊津贴获得者,全国哲学社会科学规划学科评议组成员,中央组织部特约评论员,《人民日报》特约高级编辑,国家行政学院兼职教授,中国行政管理学会常务理事,中国领导科学研究会学术委员会副主任。

党的十八届四中全会审议通过的《中共中央关于全面推进依法治国若干重大问题的决定》，提出了全面推进依法治国的指导思想、总体目标、基本原则和一系列重要举措，是新时期加快建设社会主义法治国家的纲领性文件，也为正确开展反腐败斗争指明了方向。十八届中央纪委四次全会，根据党的十八届四中全会精神，就当前全面推进依法治国、深入开展党风廉政建设和反腐败斗争，提出了一系列重要思想和举措。当前，深入贯彻落实党的十八届四中全会和十八届中央纪委四次全会关于党风廉政建设和反腐败斗争的重要精神，总的要求是坚持用法治思维法治方式反对腐败。

### 一、坚持依法治国是解决腐败问题的必由之路

　　一般来说，造成目前这种腐败易发多发状况的原因是多方面、多层次的。在如何反腐败的问题上，不应"就腐败讲反腐败"，而必须着眼于社会的整体进步和全面发展，从治标与治本、惩治与预防两个方面做出努力，尤其应注重治本，注重预防，注重解决"腐败基因"，但当务之急、治本之策，是坚持依法治国，把权力装进法治的笼子里。

　　第一，依靠法治解决腐败问题，是改革开放以来中国共产党的一贯思想和成功实践。

1980年，邓小平总结"文化大革命"的教训，深刻地指出："制度问题更带有根本性、全局性、稳定性和长期性"，"公民在法律和制度面前人人平等，党员在党章和党纪面前人人平等。人人有依法规定的平等权利和义务，谁也不能占便宜，谁也不能犯法。不管谁犯了法，都要由公安机关依法侦查，司法机关依法办理，任何人都不许干扰法律的实施，任何犯了法的都不能逍遥法外。谁也不能违反党章党纪，不管谁违反，都要受到纪律处分，也不许任何人干扰党纪的执行，不许任何违反党纪的人逍遥于纪律制裁之外。只有真正坚决地做到了这些，才能彻底解决好特权和违法乱纪的问题。"1985年，邓小平指出，解决贪污腐化和滥用权力的问题主要通过两个手段，"一个是教育，一个是法律"。1992年他在南巡讲话中再次提出，廉政建设"还是要靠法制，搞法制靠得住些"。至此，形成了邓小平"廉政建设要靠法制"的完整思想。

2000年12月，江泽民在中央纪委第五次全体会议上提出："反腐倡廉工作要逐步实现制度化、法制化。"党的十五届五中全会提出："健全依法行使权力的制约机制，加强对权力运行的监督，使廉政建设法制化"。2005年，胡锦涛在十六届中央纪委第五次全会上指出，"必须继续在完善制度上下功夫，推进反腐倡廉工作的制度化、法制化，发挥法规制度的规范和保障作用"。

习近平任总书记后，第一次到中央纪委全会上讲话，就提出"善于用法治思维和法治方式反对腐败"。他说："要坚持党纪国法面前没有例外，不管涉及到谁，都要一查到底，决不姑息。要继续全面加强惩治和预防腐败体系建设，加强反腐倡廉教育和廉政文化建设，健全权力运行制约和监督体系，加强反腐败国家立法，加强反腐倡廉党内法规制度建设，深化腐败问题多发领域和环节的改革，确保国家机关按照法定权限和程序行使权力。要加强对权力运行的制约和监督，把权力关进制度的笼子里，形成不敢腐的惩戒机制、不能腐的防范机制、不易腐的保障机制。各级领导干部都要牢记，任何人都没有法律之外的绝对权力，任何人行使权力都必须为人民服务、对人民负责并自觉接受人民监督。"

正是在这一系列思想的指引下，我国的依法依纪反腐败取得了很好成效。实践证明，坚持依法治国，就能够逐渐地解决好腐败问题。

第二，依靠法治解决腐败问题，是现阶段深入开展反腐倡廉建设的迫切需要。

十八大以来，党中央坚持从严治党的方针，坚持"老虎""苍蝇"一起打，既坚决查处领导干部违纪违法案件，又切实解决发生在群众身边的不正之风和腐败问题，取得了全党全社会公认的巨大成效。但现实的情况仍如王岐山在中央纪委四次全会所说："在如此高压态势下，仍有一些党员干部不收手，甚至变本加厉，有些地方甚至出现'塌方式腐败'，令人触目惊心！"

2014年10月公布的中央巡视组的巡视情况表明，当前腐败现象依然严重，反腐败形势依然严峻。如，赴黑龙江省的巡视组指出："没能形成惩治腐败的高压态势。一些地方买官卖官问题较为突出；有的地方和单位党政一把手连续犯案，农垦、森工、煤炭系统及工程建设、房地产开发领域违纪违法案件频发；一些领导干部官商勾结，权钱权色交易问题较为突出，有的贱卖国有资产、向关系人输送巨额利益，有的亲属子女在其管辖范围内经商办企业谋利，有的生活腐化、为情妇经商谋利提供方便，有的利用婚丧嫁娶和亲属生病收礼敛财。在执行政治和组织纪律方面，存在重人情、拉关系、不讲原则的风气。"赴上海市的巡视组指出："少数领导干部配偶子女在其管辖范围内经商办企业，群众对个别领导干部的配偶子女倚仗其权力谋取巨额利益反映强烈；文广系统有的单位存在利益输送等问题，医疗卫生、国有企业、土地出让、工程建设、科技等领域和部门腐败案件高发。"赴江苏省的巡视组指出："腐败问题多层次、多领域、广覆盖，表现形式隐蔽化、智能化、多样化；基层权力寻租机会较多、空间较大，'能人腐败'问题突出；一些领导干部与老板之间保持相对稳定的关系圈子，进行封闭式权钱交易；腐败干部普遍存在权色交易问题，生活腐化与经济腐败互为因果，如影随形。"

为什么有这么严重的腐败问题逐步被发现？一个基本原因，就是王岐山同志讲的，"有的领导干部根本不学党规党纪，不知法律法规，无视规矩、不讲廉耻，根本不把党纪国法当回事，毫无戒惧之心"。另一个基本原因，则是法治欠缺，没有把权力装到法治的笼子里。所以，解决当前的严重腐败问题，必须全面推进依法治国。

第三，依靠法治解决腐败问题是人类文明的优秀成果，应借鉴吸收。

自进入阶级社会以来，廉与贪就是一个恒久话题。以人民群众为主体的推动社会进步的正义力量，总是要与贪污腐败现象做斗争。不论是中国还是外国，反腐、廉政的呼声始终不绝于耳。在反腐败的社会实践中，人们逐渐摸索出了一些规律性的东西，其中重要成果之一，就是依靠法治进行廉政建设。廉政建设和反腐败要靠法治，不是哪个阶级、哪个国家所特有的，而是人类共同的财富，是廉政建设应该遵循的普遍原则。

据"透明国际"调查，当今世界比较廉洁的那些国家，都是高度重视反腐败法制建设的国家。在法治背景下"系统反腐"，建设系统的法律制度，是当今世界反腐倡廉的总趋势。那些比较廉洁的国家在反腐倡廉制度建设方面，坚持从腐败现象发生的经济、政治、文化、社会原因入手，从宏观上、战略上进行总体设计；坚持统筹兼顾的原则，使多方面的制度紧密配合、环环相扣，不留制度死角，综合发挥作用；坚持通过廉政文化建设和加强社会监管等多方面举措，确保各项法律制度得到有效落实。例如：

进行反腐败立法。主要有预防性的廉政规范立法与惩治性的反腐立法。前者如美国的"从政道德法"，英国的"荣誉法典""防腐败法"等；后者如美国的"1977 年涉外贿赂法"，德国的"利益法""回扣法"等。这些法律规定，公务员禁止经商，禁止接受礼品，限制兼职，实行回避制度等。

实行透明政治的法律制度。早在 1776 年，瑞典就开放了政府记录，供民众查询。美国制定了"情报自由法""联邦行政程序法"等。1976 年美国通过的"阳光下政府法"规定，联邦政府的 50 个机构和委员会的会议必须公开举行，应律师的请求根据法律许可而举行的秘密会议除外；美国的媒体也可几乎无限度地报道所有的人物和事件，以满足公众的知情权。

实行新闻监督的法律制度。通过自主的新闻报道、转播、调查、评论等，使各级官员的权力运行暴露在众目睽睽之下。尼克松总统曾抱怨，即使换一把椅子，也得小心翼翼，以免被新闻界抓住口实。1971年《纽约时报》连载美国卷入越战的文件，尼克松总统以涉及国家机密为由要求停止连载，但《纽约时报》拒绝，官司一直打到最高法院。最后法院裁决，总统败诉，报纸继续连载。1972年水门事件时，《华盛顿邮报》记者深入调查，尼克松总统威胁吊销其所属公司的营业执照，即使这样，也没能阻止报纸彻底地揭露丑闻。

建立严格追责的法律制度。这些国家反腐败无禁区，通过落实弹劾制度、责任追究制度等，即使贵为总统的尼克松、克林顿，也免不了尴尬甚至下台的命运。

规范政党筹款的法律制度。在实行政党政治的西方发达国家，政党如何筹款，是反腐败的一个大问题。美国规定，个人向候选人捐款一次不得超过1000美元，一年不得超过2.5万美元；候选人收到的捐款只要超过200美元，就必须公布捐款者的姓名、住址、职业、捐款日期和数额；候选人的开支超过200美元的，也必须公布。德国、法国、瑞典等国则按照获得选票的数量对政党进行补贴。

实行政务官与事务官分开的现代公务员法律制度。西方国家克服了早年的恩赐官职制、政党分肥制的弊端，逐步发展为如今的占职位少数的政务官由党派轮流充任、占职位多数的事务官由考试录用的制度。美国规定，政务官官职不得作为竞选的许诺；事务官不受政务官更迭的影响，其升迁实行考绩制，不犯过失即不得被解职。这些措施，都有力遏止了官员的结党营私。

实行金融实名的法律制度。大多数发达国家都规定，存取款必须使用真实姓名。韩国1993年8月12日起实行实名制，同时清查匿名存款，韩两位前总统全斗焕、卢泰愚的巨额秘密资金案由此东窗事发。

实行集中采购、招标投标的法律制度。大部分西方国家解除了政府对企业的行政管制，减少了其对经济的干预，让资源充分地市场化，这样，从源头上断绝了钱权交易的机会。同时，政府对于办公用品、军火、市政建设、公共服务等，都实行集中采购、招标投标的制度。

实行司法监督的法律制度。西方国家司法权独立行使，不受行政的干预，能真正起到监督的作用。美国还设立了特别检察官制度，可以对重大事件、对总统开展调查、检控。

建立议会监督的法律制度。议会以立法权、重大决策审批权对行政进行监督。一些国家还在议会设立了监察专员制度，对政府的不良行政进行纠正，如瑞典设有新闻监察专员、警察监察专员等。

建立审计监督的法律制度。发达国家的审计部门要么独立于行政、立法、司法之外，如日本、德国；要么隶属于立法机构，如美国、英国；要么隶属于司法机构，如法国、西班牙。这样有助于他们公正、独立地进行审计。

建立内部监督的法律制度。许多国家有行政内部监督，如行政监察；立法内部监督，如美国众议院的道德委员会、参议院的规范与品德特别委员会；司法内部监督，如美国的司法道德委员会。

建立公众监督的法律制度。选民通过选举、罢免等行为对行政官员、议员、党派等进行选择，公众通过舆论、举报、游行、示威、罢工等揭露腐败，调整政府的行为。

上述各国丰富的反腐败法律制度建设和举措，有力地保证了反腐败斗争的成效。尽管我们不可能照抄照搬他们的做法，但这些做法确实能够启示我们如何加强反腐倡廉法律制度建设，如何在反腐倡廉建设中贯穿民主、法治、文明精神，从根本上推进我国的反腐倡廉建设。

为什么法治能够在廉政建设和反腐败斗争中起到如此重要的作用？这是由国家治理的一般规律和法治所固有的内在本质决定的，它们都具有以下共同特性：

一是依据性。国家治理必须有章可循，而法制就是其可循之章。实现法制化就能够克服人为因素的不确定性和主观随意性。

二是程序性。程序是法的精髓。国家治理在法的范围内活动，就能够克服管理的随机性，防止管理者滥用权力。

三是规范性。通常情况下权力本身具有无限扩张的特性。只有依靠法制的规范，才能够限制权力的扩张，使管理者不至于以权谋私。

四是可控制性。法律和制度都具有强制性，这正是管理所需要的。依靠法制，既能够控制被管理者，也能够控制管理者，防止权力失控。

五是可重复性。在常态管理下，管理者掌握了法规制度，就是掌握了对可重复性事件的处理方法，这样可以避免重复错误，降低管理成本，而这正是廉政本身的要求。

六是可持续性。可持续发展是现代社会发展的必然要求。只要依靠具有长期性、根本性特点的法律制度，充分发挥其规范和约束的作用，就能够使管理者树立全局意识、未来意识，克服短期行为。

法治不仅具有路径的效力，更具有牵引的力量，发挥着引领和规范的双重功能。因此，法治能够起到防范、制约、监督和惩处腐败行为的作用。法治不仅是廉政建设和反腐败斗争的迫切需要，也是勤政、优政、治政的可靠保证。

## 二、当前运用法治思维法治方式反腐败必须解决的几个主要问题

根据我们党的法治理论和廉政理论，运用法治解决腐败问题的基本要求，就是在党和国家廉政建设的基本方面和主要环节上，都建立相应的法规、制度、体制和机制，保证国家机关及其工作人员所掌握的公共权力的授予和行使受到监督、制约和规范，教育和培养国家工作人员崇高的从政道德素质，促进其清正廉洁，保证及时揭露和依法惩处腐败行为。当前应做好以下工作：

第一，建立一套符合中国国情的健全的廉政法律体系和党内法规制度体系。

建立完善的廉政法律体系，是运用法治思维法治方式反腐败的前提和基础。无论是对公权力的授予、行使和监督、制约，还是对腐败行为的惩治、预防腐败的各种措施，都要以国家法律为最终保证。应通过完善立法，形成

一整套内容详实、形式科学、门类齐全、体系严谨的廉政建设法律体系。当前,应按照十二届全国人大三次会议关于推进反腐败国家立法的重要决策,尤其应制订一部权威的、管总的《廉政法》(或者叫《反腐败法》),使廉政建设、反腐败斗争的各个方面和主要环节都有法可依。

党规党纪是管党、治党、建设党,也是反腐败的重要法宝。王岐山同志指出:"拥有一套完整的党内法规是我们党的一大政治优势。"经过近百年的实践探索,我们党已经形成了包括党章、准则、条例、规则、规定、办法、细则在内的党内法规制度体系。但我们还必须与时俱进,应立足当前、着眼长远,统筹推进党内法规制度建设,确保到建党100周年时,建成内容科学、程序严密、配套完备、运行有效的党内法规制度体系,应将党的纪律检查体制改革的实践成果固化为制度。当前应修订《中国共产党党员领导干部廉洁从政若干准则》《中国共产党纪律处分条例》《中国共产党巡视工作条例(试行)》等,不断完善党风廉政建设和反腐败工作相关的党规党纪。

第二,建立一套完善的体制机制,保证权力的授予和运行受到必要的监督制约。

运用法治思维法治方式反腐败的关键,就是通过改革和创新体制、机制,进一步细化和完善监督制约规范。要通过加强党内监督、法律监督、群众监督等,建立健全依法行使权力的制约机制和监督机制。关键要加强对领导干部的监督,保证他们正确运用手中的权力。要通过努力,加强对权力运行的制约和监督,把权力关进制度的笼子里,尽快建立包括不敢腐的惩戒机制、不能腐的防范机制、不易腐的保障机制在内的完备的制度体系。

第三,健全有足够权能的执纪执法机构,并保障其保廉惩腐的职能不受随意干预。

全面推进依法治国,深入开展反腐败斗争,需要精干、统一、高效并相对独立的、权威的执纪执法机构体系,专司廉政建设和反腐败的预防、监督、教育、惩处等职能。应通过党内法规和国家法律明确规定执纪执法机构的地位、作用、职责、权力和基本工作手段等,保证其可以采取各种法律法规授予的和允许的手段对国家机关及工作人员进行监督、检查、惩处。

一方面，这要求建设高素质的法治专门队伍。抓住立法、执法、司法机关各级领导班子建设这个关键，把善于运用法治思维和法治方式推动工作的人选拔到领导岗位上来。推进法治专门队伍正规化、专业化、职业化，提高职业素养和专业水平。

另一方面，各级纪检监察机关应按照全面推进依法治国的要求，深化转职能、转方式、转作风，聚焦中心任务，深入推进党风廉政建设和反腐败斗争。有权必有责、责任要担当。要深入推进党的纪律检查体制改革，紧紧抓住落实党风廉政建设主体责任这个"牛鼻子"，强化"两个责任"，深化组织和制度创新，不断完善党内监督。广大纪检监察干部要心存敬畏和戒惧，做遵纪守法的表率，自觉执行和维护党的各项纪律。要强化自身监督，坚决查处纪检监察干部违纪违法案件，防止"灯下黑"，打造一支忠诚、干净、担当的纪检监察干部队伍。

第四，及时揭露并依法查处各种违法违纪行为，切实做到执法必严、违法必究，坚持"老虎""苍蝇"一起打。

通过国家法律和党内法规的有效实施，保证能够及时发现、揭露并依法依纪严厉惩治各种腐败行为，是运用法治思维法治方式反腐败，最终使腐败分子不能逃脱党纪国法制裁的基本途径。要依法狠狠打击腐败分子，使各级领导干部充分认识到腐败是"高风险""高成本"和"无收益""负收益"的行为，最大限度地遏制腐败现象的滋生和蔓延。当前，党中央已经横下一条心，一定要遏制住腐败蔓延势头。各级党组织和政府必须保持高压态势，以零容忍态度惩治腐败，重点查处十八大后不收敛不收手，问题线索反映集中、群众反映强烈，现在重要岗位且可能还要提拔使用的领导干部。要通过"治病树、拔烂树"，强化"不敢腐"的氛围。

第五，加强法治教育，增强法治观念，提高法治素养。

增强全体公民和国家工作人员的法治观念，提高干部群众的法治素养，是运用法治思维法治方式反腐败的根本。推进依法治国，坚持依法依纪反腐败，最重要也最难的，是让法治被信仰，提高全民、首先是党和政府的法治素养。一个 13 亿人口的大国，不可能仅仅靠法律来治理，需要法律和道德共同发挥作用。法律法规再健全、体系再完备，最终还要靠人来执行。领导干部一旦在道德上出问题，必然导致纲纪松弛、法令不行。我们的一切权力来自人民、源自法授。这就要求所有领导干部和国家机关工作人员，能够自觉地敬畏法律，把法治内化于心，努力用法治思维思考问题、用法治方法解决问题。通过法治教育，一方面，培养国家工作人员高尚的从政道德素质，使廉洁从政和依法行政成为其发自内心的自觉行动；另一方面，增强公民的依法监督的自觉性和能力，实现对国家机关及其工作人员的有效监督。深入开展法治宣传教育，引导全民自觉守法、遇事找法、解决问题靠法。各级领导干部应带头遵守宪法和法律，不断提高法治意识和依法行政能力，用法治引领改革发展破障闯关、推动民生改善和社会公正。努力以法治凝聚改革共识、规范发展行为、促进矛盾化解、保障社会和谐，努力推动形成办事依法、遇事找法、解决问题用法、化解矛盾靠法的良好法治环境，在法治轨道上推动各项工作。

# 加强反腐败国家立法

吴建雄

**吴建雄**

湖南津市人,法学博士,湘潭大学法学院教授、博士生导师,中国反腐败司法研究中心主任。出版著作《科学发展视域下的中国二元司法模式研究》(法律出版社)等。

加强反腐败国家立法是全面推进依法治国的必然要求,也是反腐败斗争深入发展的必然要求。从目前国家反腐立法的情况看,最大的弊端是将腐败犯罪的法律规定设置在普通刑事法典之中,难以全面体现权力侵害为特征的腐败犯罪刑事司法的特殊性,不能充分体现法治反腐的客观要求,以致反腐败司法资源不足,效能不高,成为制约反腐败法律治理的重要瓶颈。现就加强反腐败国家立法提出如下思考。

## 现行反腐败国家立法的不足与滞后

现行反腐败国家立法未能充分体现反腐败斗争特点与规律。修改后的刑诉法虽然从总体上体现了法治建设的文明进步,但就惩治职务犯罪而言却并非如此。建立在普通刑事诉讼基础上的司法程序规范,虽然在一定程度上兼顾了职务犯罪的特殊性,但难以全面、准确体现职务犯罪高智能、高隐秘性和惩治工作的特殊规律。普通刑事诉讼奉行谦抑、宽缓、非监禁化;职务犯罪刑事诉讼则应秉承从重从严,坚决打击的理念,这是国人和全球共识。而且,普通刑事诉讼与职务犯罪刑事诉讼价值目标不尽相同。刑事诉讼打击犯罪与保障人权的双重价值目标,不能完整体现惩治职务犯罪所特有的规范公共权力的核心价值,模糊了保持反腐败高压态势的政治意旨。

反腐败斗争的有效机制未得到立法确认。反腐败刑事司法在实践中以初查为基础，侦查为主导，起诉为关键，审判为终局，执行为依归；实行初查环节纪检监察与检察配合制约，侦查环节上下级检察院层级制约，起诉环节侦查与起诉流程制约，审判环节检察与法院监督制约，执行环节审判、监狱、检察三机关监督制约的运行格局。其基本符合反腐败斗争规律，但由于未得到立法确认，这一保持反腐败高压态势的重要组织基础缺乏足够的正当性。

现行刑事司法制度实行腐败犯罪与普通犯罪相同的证据标准，使反腐查案阻力增大。腐败犯罪案件很少留有犯罪现场，腐败证据极易被转移、掩饰、销毁，难以侦控获取，因此，腐败犯罪的证明标准低于普通刑事案件是国际通例。但修改后刑诉法在证据要求上，将腐败案件与普通刑事案件不加区分地采用了较高标准。《联合国反腐败公约》规定，对于在犯罪侦查或起诉中提供实质性配合的被告人，各缔约国应当考虑"在适当情况下减轻处罚"或者"不予起诉"，允许以不起诉为条件促使被告人自证其罪并提供其他同案被告的犯罪证据。而我国刑法和刑事诉讼法未能做到有效衔接，特别是新刑事诉讼法将不能要求被告人自证其罪作为通行规定，增加了职务犯罪被告人"坦白从宽"的心理障碍。

由于立法的滞后和疏漏，一些在反腐查案中实际运用的有效措施和初查模式等长期受到质疑，一些群众投诉因法律"门槛"过高而不得不转向求助于网络曝光，一些受到党纪政纪处置后移交司法机关的重要案件经"运作"至证据发生变化而得到"平反"，一些被判处刑罚的职务犯罪分子通过各种关系以"合法"理由逍遥监外，等等。

## 建立反腐败单行刑事法律制度的立法建议

改革开放以来反腐败斗争的经验证明，保持反腐败高压态势必须在坚持我国反腐败领导体制和工作机制的基础上，以反腐败行政执纪为先导，以反腐败刑事司法为保障，实行行政执纪与刑事司法的有机衔接和协同作战。在当下行政执纪建设走向制度化、科学化的同时，大力加强反腐败刑事司法单行制度建设，以实现反腐败行政执纪建设与刑事司法建设的协调发展。用单行法律制度规制腐败行为，也是世界各国的主要模式。

构建单行反腐败刑事司法制度，突破普通刑事诉讼司法观念。普通刑事诉讼司法观念就是认为职务犯罪与非职务犯罪都是犯罪，其刑事评价和司法处置具有一致性和不可分性，从而忽视了职务犯罪主体身份的特殊性和犯罪手段的隐蔽性。这是导致反腐败刑事司法指导思想偏差的症结所在。只有构建以监督公共权力、维护国家政治清明为目的的反腐败刑事司法制度，才能从法律上确认职务犯罪刑事司法与普通犯罪刑事司法是发生在两个不同场域的诉讼活动。前者是对国家权力进行制约和监督的行为，后者是维护社会秩序的国家管理行为。作为国家管理行为的刑事司法，必须坚持公检法相互配合和制约的宪法原则；而职务犯罪刑事司法则是由检察机关法律监督性质衍生的特定程序实施。只有将国家工作人员与非国家工作人员两类责任义务不同的案件分别交由检察院和公安机关办理，并施用不同的程序规范，才具有实质上的正当性和平等性。

遵循反腐败斗争规律，明确惩治职务犯罪的诉讼理念、价值目标和运行机制。反腐败刑事司法制度建设在司法理念上要秉承从重从严方针，坚持"一要坚决，二要慎重，三要务必搞准"的原则，在诉讼目标上要确立反腐败刑事司法的三重价值：一是直接价值目标，即打击犯罪；二是核心价值目标，即反腐倡廉；三是根本价值目标，即保障人权（人民主权）。在司法运行上，可考虑实行纪检监察、检察、法院三机关各负其责、相互制约、相互配合的工作机制。在强制措施、证据采信、律师会见、辩诉交易等程序设计上，可考虑职务犯罪主体身份的特殊性和高智能、高隐秘特点，做出不同于普通刑事犯罪的特殊规定。

完善反腐败刑事司法制度规范，实现与国际反腐败公约的有效衔接。但从总体上看，一些关键性、瓶颈性问题进展迟缓。如腐败犯罪的证明标准问题、建立污点证人与辩诉交易制度问题、特殊侦查手段的执法主体问题、境外腐败资产追回问题、反腐败刑事司法国际协作问题等等，由于受普通刑事诉讼理念、原则和内容的局限，均存在运行机理上的"梗阻"。因此，完善反腐败刑事司法制度设计，要实现与国际反腐败公约有效衔接。

建立反腐败刑事司法制度，适应反腐倡廉建设深入发展。目前我国以廉政文化建设、廉政教育建设、廉政制度建设等为主要内容的反腐倡廉建设正风生水起，势头强劲。作为反腐败斗争的最前沿、对职务违法违纪行为进行纪律评价和党政纪处分的反腐败纪律建设，正在走向制度化和科学化，并成为全党和全国人民关注的焦点。作为对职务犯罪进行刑事评价和司法处置的反腐败法律制度建设，虽有重要进展，却与反腐倡廉建设的要求不相适应。因此，反腐败刑事司法制度要跟进正在科学发展的反腐倡廉建设。

建立反腐败刑事司法制度，加强与之相适应的理论体系建设。党的十七大以来，惩治职务犯罪刑事司法力度加大，领域拓展，质量水平不断提高，但这方面理论与实践严重脱节。除职务犯罪侦查、预防理论研究在检察系统有所开展外，起诉、审判、执行等司法活动均建立在一般刑事诉讼理论基础之上，职务犯罪刑事司法的概念、内涵、范畴、原则等均处于"空白地带"。同时，经济全球化深入发展，腐败犯罪日益呈现出有组织、跨区域的特点，反腐败司法面临一系列新情况新问题。如：完善刑事司法与行政执法、纪检监察案件移送和证据转换机制；正确区分改革探索中工作失误与违法犯罪，合法的劳动、投资收入与违法所得等罪与非罪的界限等，都有赖于反腐败刑事司法理论支撑和法理学、政治学、经济学、侦查学和国际司法等多学科的智力支持，从而形成新的法律资源。

# 反腐时评

## ■ 追责的红线不容逾越

领导干部干预司法插手具体案件处理，是影响司法公正的痼疾。长期以来，有些领导干部打着公共利益的旗号，披着领导机关的外衣，依赖控制司法机关人、财、物、票的特别优势，明目张胆干预司法活动，插手具体案件处理，制造了大量不公正裁判和冤假错案，不仅侵害了当事人的合法权益，也严重伤害了司法公信力，损害了人民对司法的信赖。

为防止领导干部干预司法活动，排除司法审判和检察工作中的地方保护，确保司法机关依法独立公正行使审判权和检察权，四中全会提出要建立领导干部干预司法活动插手具体案件处理的记录、通报和责任追究制度。落实这项制度，必须明确承担记录、通报和责任追究职能的相应机构和人员，记录的形式，通报的范围和方式，责任追究的方式和程序等问题。

就法官审理案件而言，因所有干预司法活动和插手具体案件处理的意见最终都要通过主审法官或者合议庭成员才能产生效果，因此，主审法官负有记录的法定义务。如果案件承办法官受到干预或有人打了招呼、批了

"条子",他有责任将有关的干预、插手的情形和内容记录下来,并且将其入卷,而且这些记录应当进入可供律师查阅的外卷。如果法官担心记录入卷招致领导不满或者打击报复而不敢记录,未能将其记录入卷,那么,法官就构成失职渎职,要为此承担责任。特别是在其办理的案件因领导干部干预最终形成冤假错案的,法官也难辞其咎。假设法官履行了记录及入卷的义务,即使发生错案,也可以因此请求免责。当然,重要的是要通过此项制度设计,警示那些试图干预司法插手具体案件处理的领导干部,使其面对法律红线不敢逾越、法律底线不敢触碰。

如果领导干部违反上述要求,通过各种形式干预司法活动或者插手具体案件处理,那么,在法官或者检察官对干预司法的行为做了记录并且入卷后,一旦发现,就要通报和追究责任。当然,对于司法机关内部的工作人员的通报和责任追究,可以由司法机关实施。对于司法机关以外的领导干部的干预行为,应当按照干部管理权限,由上级党委和纪委负责查实后通报和追究责任,因为只有上级党委和纪委享有对干预司法活动的领导干部的问责权力。为此,建议尽快由中纪委、最高法和最高检联合发文,要求各级纪委对插手具体案件处理的领导干部予以责任追究和通报。需要在文件中明确细化记录、通报、责任追究的主体、条件、程序、范围、对象等内容,便于操作执行。

当然,即使是在法院检察院内部,任何人不能随便打听过问其他人正在办理的案件,如果发生此类情形,也要由案件办理者负责记录,法院检察院的监督系统负有通报和责任追究的职责。只要法官检察官做了记录,法院检察院内部的纪检监察机关就可以在内部及时通报,如果此类过问干预造成冤假错案,必须追究干预者和过问者的法律责任。(马怀德)

## ■ 明晰公权边界才能实现法治

党的十八届四中全会《决定》指出,必须以规范和约束公权力为重点,加大监督力度，做到有权必有责、用权受监督、违法必追究，坚决纠正有法不依、执法不严、违法不究行为。这是四中全会的一大亮点，明确了依法治权在全面推进依法治国总体部署中的地位。依法治权，首先是要做到明晰公权力边界，才能使公权力在规定的范围内运转，不超出规定的界限。

权力是法律规定的，这为明晰公权边界奠定了基础。权为民所赋。根据马克思主义权力观，领导干部手中的权力来自于人民通过法定方式的赋予，因而必须有法定边界，不可逾越。习近平总书记曾多次强调，"把权力关进制度的笼子里"，即是要求用国家法律设计划定公权力的运行范围，形成明确的权力清单和边界。

在权力配置的意义上，公权力可以大致分为立法权、行政执法权和司法权。依据法律规定，每一种权力都有特定的行使范围。一种权力不能越界到其他权力领域，更不能越界到社会自治领域。这是现代政治文明的基本要求之一，也是权力有效运行的重要条件之一。需要明确的是，这种权力的划分和边界的划定，是根据权力的不同分工做出的，与西方的所谓"三权分立"有着本质的不同。在我国，立法、执法、司法等国家机关虽然分工不同、职责不同，但目标是完全一致的，都是在中国共产党领导下，在各自职权范围内独立负责地进行工作。

四中全会根据我国的权力运行现状，针对不同权力的边界问题做了明确规定：在立法权方面，要明确立法权力边界，从体制机制和工作程序上有效防止部门利益和地方保护主义法律化；在行政执法权方面，行政机关不得法外设定权力，没有法律法规依据不得做出减损公民、法人和其他组织合法权益或者增加其义务的决定，同时推行政府权力清单制度，坚决消除权力设租寻租空间；在司法权方面，完善司法体制，推动实行审判权和执行权相分离的体制改革试点，同时改革司法机关人财物管理体制，探索实行法院、检察院司法行政事务管理权和审判权、检察权相分离。

从本质上看，四中全会在明晰公权边界方面，主要是处理了两对关系。一方面，处理了权力与权利的关系。根据法治的理论，公权力存在的目的是为了维护人民权益,使公民合法权利有效地享有和行使。明晰公权力的界限,是保障公民合法权利的基本前提。从世界各国的法治经验看,哪个国家的公权力越明晰越公开,哪个国家公民权利保障就越充分。因此,就我国当前而言,权力不介入社会自治领域,使市场在资源配置中起决定性作用,健全以公平为核心原则的产权保护制度,推进多层次多领域依法治理,支持各类社会主体自我约束、自我管理,就显得尤为重要。

另一方面,处理了不同权力之间的关系。立法权、行政执法权、司法权的理想状态是各司其职,根据不同的权力指向在各自领域发挥独特的作用。但是,理想状态在现实中很难做到,尤其是正处于国家治理现代转型的中国,更难做到。就我国当前而言,不同权力之间藩篱式的复杂关系,已经影响了权力的有效运转,例如行政部门利益和地方保护主义影响立法,审判权和执行权不相分离,司法行政事务管理权和审判权、检察权相互交错,等等。因此,明晰不同权力之间的边界,让立法的归立法,让行政执法的归行政执法,让司法的归司法,也十分重要。

明晰公权边界,关键是要管住人。从权力属性上看,公权力是中性的,非人格化的,其本身并没有价值立场。但是,人都是主观的,有自己的价值判断和利益立场。由于人性的弱点,公权力的行使主体使得权力运行很容易偏离公益取向,超越法定的边界。著名思想家孟德斯鸠就曾告诫:"一切有权力的人都容易滥用权力,这是万古不易的一条经验。"因此,各级领导干部要对法律怀有敬畏之心,牢记法律红线不可逾越、法律底线不可触碰,带头遵守法律,带头依法办事,让公权力在法定边界内真正良性运转。(石伟)

### ■ 让反腐法制刚性运行

习近平总书记在十八届中央纪委二次全会上指出:"要善于用法治思维和法治方式反对腐败,加强反腐败国家立法,加强反腐倡廉党内法规制度建设，让法律制度刚性运行。"十八届四中全会在中央全会的层面第一次专题研究全面推进依法治国重大问题，开启了依法推进国家治理体系和治理能力现代化的新时期，也预示着反腐作为加强党的建设的重大工程，进入加强法治化的新阶段。要大力推进反腐法治化，必须首先在反腐法制刚性运行上多下功夫。

刚性运行须强化依法反腐思维。法治思维主要是指想问题、作决策、办事情过程中具有很强的法治观念，法治原则、法学原理、法律制度、法律方法等在思维中有很强的约束力，是实施法治方式的思想基础。长期以来，反腐败作为我们党的重要政治任务，主要采用的是党纪、政纪和法纪等多元治理方式，因而无论在思想观念、理论体系还是在立法、司法、执法实践中，法治反腐都比较薄弱。虽然改革开放以来全社会的法制意识日益增强，但传统的"人治"思想观念依然根深蒂固，一旦遇到复杂问题或涉及个人利益，以言代法、权大于法、徇私枉法等现象就可能发生。党的十八届四中全会做出全面推进依法治国的重大决策，这为加强依法反腐建设提供了空前的机遇和良好的环境。所以必须借助十八届四中全会的东风，强化全党和全国人民反腐的法治思维，把反腐工作纳入依法治国的总体部署，将依法治国要求贯穿反腐工作的全过程和各方面，坚持用法治思维、法治方式预防和惩治腐败，不断提高反腐工作的法治化水平。

刚性运行须完善反腐法制体系。要使反腐在法治轨道上运行，必须大力推进科学立法、民主立法，以宪法和党章为依据，建立和完善一套功能齐全，立得稳、行得通、管得好，能够适应党的建设和国家发展需要的法律制度体系。包括制定国家反腐败基本法，完善反腐败行政法规、地方法规和行政规章等配套法规，从制度源头上堵住或减少公权力寻租的可能。要突出重点，加强与反腐败有关的行政、刑事和司法方面的法律法规建设，完善客观公正审判制度，建立行政违法责任追究制度。同时，健全党内法规制定体制机制，以严于国家法律的标准加强党内法规制度建设，形成配套完备的党内法规制度体系。增强党纪和国法双轨反腐的法治新思维，强调依法反腐，并不意味着党的纪律检查部门可以弱化反腐职能，相反要积极与国家司法机关"双轨"并进、分工配合，做好党内法规和国家法律衔接，定期研究双方需要共同解决的问题，整合各种反腐资源，提高反腐工作成效。

刚性运行须严格依法依纪反腐。强调让反腐法律制度刚性运行，在很大程度上就是强调要严格依纪依法反腐。一方面，要严格运用党内法规把党要管党、从严治党落到实处，促进党员、干部带头遵守党纪国法。在惩治腐败的问题上，要始终坚持有法必依、执法必严、违法必究，坚持法律面前人人平等，切实做到不管涉及什么人，不论权力大小、职位高低，只要触犯党纪国法，都要严惩不贷。另一方面，又要严格按照党内法规、国家法律以及有关制度规定进行。要以事实为根据，以法律为准绳，坚持证据客观与证据合法并重，切实提高证据的法律效力，同时注意维护被调查人的申辩权、申诉权、人身权、知情权、财产权等各项合法权利，努力使查处的每一起案件都成为客观公正、令人包括腐败分子信服、经得起历史检验的铁案。此外，还要加强对各级领导干部和反腐工作人员依法反腐情况的监督检查，把依法反腐纳入政绩考核指标体系，把能不能遵守法律、依法反腐作为考察干部的重要内容，以此促进依法反腐观念的增强和能力的提高，不断推进反腐工作法治化的进程。（王金龙）

# 反腐观点摘编

## ■ 反腐败工作的法治思维

在全面推进依法治国的大背景下,各级领导和干部必须用法治思维规划指导引领党风廉政建设和反腐败工作,并贯穿于各项工作、各类业务、各个环节的全过程,认真解决好与法治要求之间不相适应的突出矛盾和问题。

**树立法治至上理念**

全面推进依法治国,不仅成为全党、全社会的共识,也已上升为党和国家治国理政的坚强意志,反腐法治化与国家法治化的路径一致。国家的法治化,即国家权力全部纳入法治轨道,就是把权力关进制度的笼子。

近年来,在健全国家惩治和预防腐败体系方面,国家先后制定和修改了刑法、刑事诉讼法、公务员法、反洗钱法、政府采购法等,这些法律从不同的角度对国家公职人员的行为进行了规范。各级领导和干部,特别是作为从事纪检监察工作的各级领导和干部,应把法治作为一种精神信仰,作为一种价值追求,从更高方面、更广范畴、更深层次学习领会其精髓,掌握各类法纪条规,做到想问题、作决策、办事情体现法治精神、贯彻法治精神,把"合不合法、合不合程序"作为一种思维习惯,敬畏法律、推崇法治、遵循法则。克服大而化之、粗枝大叶学法,避重就轻、利己主义用法,改头换面、降低标准执法的现象和问题。

审视十八大以来的反腐历程,法治化是其最鲜明突出的特点。最有代表性的就是薄熙来一案的公开审理。纵观其从开除党籍、开除公职处分到移送司法机关依法处理,从依法指定管辖到公开透明审理,一直沿着法治轨道逐步推进,法治精神、法律原则、法律规范得到充分体现,其案情之重大、庭审之复杂、程序之透明,在我国依法治国历程上都具有里程碑意义。最大限度地实现了反腐败工作的公开性和透明性,最大限度地保障了当事人的申诉权,最大限度地提升了公民的知情权。这不仅彰显了我们党反腐败的基本思路,也是我国司法文明进步的有力体现,为全民普法上了一堂生动的法治建设公开课。

加快反腐立法进程

法制健全是有法可依、有法必依、执法必严、违法必究的前提和基础。反腐立法一方面要完善过去的一些法规,编严编密制度笼子。比如针对政府信息公开条例层级较低、效力不足,将其上升为信息公开法,加快权力公开、党务公开的立法进程等。现行某些规范权力的党内法规和行政规定,有的只是原则性、价值性的倡导,缺乏实际操作性;有的无责任主体,有的无配套政策,有的无程序性规定;有的只有禁止性规定和要求,缺乏明确具体的责任追究条款;有的现有党内法规自由裁量权空间过大,既损害了法规的权威性、执行力,也不利于内部监督。再加上一些地方避重就轻、执法不严,对干部腐败行为以纪律责任替代法律责任,甚至对一些违纪问题采取"下不为例"的处理方式,更是纵容了一些人在制度规定面前依然我行我素,在利益诱惑面前铤而走险的侥幸心理。

因此,要认真研究及时修改完善反腐败法律,加大反腐败的立法力度。针对全领域系统性的一些重大法律空白缺口,抓紧制定出台反腐败法、公职人员财产申报法、国家机关编制法、重大决策程序法、行政组织法等法律，修改刑法以进一步加大对腐败犯罪的惩罚力度，完善政府采购法、招投标法等相关法律，从制度源头堵住或减少公权力寻租的可能。

在中央纪委层面，可进一步加强顶层设计，加强工作业务程序衔接之间的立法，防止因为断层和脱节而产生违法问题和办案事故；结合公、检、法、司等执法机关在反腐败斗争中担负的角色任务，加强与其之间工作运转程序衔接之间的立法，实现法制化规范、程序化运作，防止交叉打架、重复劳动，使反腐败的法律链条平稳延伸、无缝对接。

在地方层面，进一步完善配套法规，特别是加强地方性法规建设。目前，有的地方根据本地区的具体情况和实际需要，出台了诸如网络举报监督、预防职务犯罪、机关效能建设、公车改革等党风廉政建设和反腐败的法纪条规，这在操作执行层面反映出了良好效果和社会反响，应当认真进行总结宣传，为国家立法积累经验。

**依法履职刚性运行**

从事纪检监察工作的各级领导和干部要做到头上有法纪、脚下有红线，实现法纪落地、刚性运行。一方面要头脑清醒、擦亮眼睛，认清合情与合规之间的差距，合理与合法之间的鸿沟，不能空泛化、选择性、生搬硬套落实运用法规条款；另一方面要谨防用组织程序代替法律规范，用工作纪律代替法制规定，用领导意志替代法纪要求的错误行为和现象。如近年来一些地方发生的查办案件致人死亡的安全事故，就是相关办案人员没有按照法定权限和程序行使自己的权力酿成的恶果，法纪意识淡薄是酿成大祸的根源。因此，在纪检监察各项核心工作业务的关键环节，都要抓好法律实施的监督，可探索引进第三方监督机制，将面向社会聘请的廉政监督员进行培训后上岗，履行社会监督职能，切实尊重和保障公民权利，保障被调查人的合法权益，使每一起案件的查办和各项工作的开展都彰显法治光芒，体现公平正义。

**破解难题**

近年来，各类涉法涉诉案件和影响社会发展稳定的群体性事件不断增多，应认真梳理研究这些突出矛盾和问题，以问题为导向，以法治为统揽，以实践为课堂，不断强化各级领导和干部运用法治思维解决现实问题的能力和水平。

针对当前突出存在的仅用党纪而无法用法律规范的灰色地带、法律法规滞后的问题，比如裸官、奢靡、兼职、红包、"吃空饷"等，许多违反党纪的行为在法律上尚无明文规定，这既是监督盲点，也是法律界定的难点。

比如，官员失联事件成为社会热点话题后，办案保密规定与公众知情权之间存在冲突与矛盾、实施重处分对象申诉复议没有第三方介入监督饱受社会诟病、党外人士违纪违法行为采取措施手段受限等新情况、新问题，需要加强研究论证，倾听各方意见，运用法治方式、法治手段，破解此类难题。如对外信息披露不畅通的问题，可以建立全天候网络值班新闻发布制度，针对疑难信访、申诉复议等问题，可探索吸纳律师、司法、第三方组织参与，举行公开听证会，这不仅是对法治精神的弘扬实践，也是对法治国家、法治社会建设的积极贡献。（付静）

## 法治反腐的科学内涵和主要任务

法治反腐是指把反对腐败纳入法治的轨道，健全反腐败法律制度，依法制约和监督公权力的行使，依法惩治腐败分子。其基础是健全反腐败法律制度，核心是规范和制约公权力的行使，关键是完善权力公开制度和权力监督体系，重点是依法惩治腐败分子。法律制度区别于其他制度的根本点在于，它是国家权力机关——人民代表大会制定，或者由人民代表大会授权的国家机关制定的，是以国家形式表现的人民意志的集中体现。在诸多制度中，法律制度具有最高的权威性和最强的规范性，必须推进法治反腐。

解决好路径问题。主要包括四个方面：一是强化反腐败的法治思维理念。要树立法治观念，运用法治思维，冲破传统的思想观念误区，开启法治反腐的思想"总阀门"。二是整合反腐败的机构设置。可考虑对现有分散在纪检监察机关（预防腐败局）、检察机关（反贪污贿赂局）等反腐败专门机构进行整合，建立"国家反腐败委员会"，作为反腐败相对独立的专门机构。三是调整纪检监察机关的职能定位。随着反腐败法律制度体系的建立和完善，应重新认识和确定纪检监察机关的职能定位，纪检机关集中精力管好党纪，监察机关集中精力对政府部门进行监督检查。这样，纪检监察机关就可以有更多的精力、力量和时间，统揽反腐败工作全局、协调各方力量，凝聚全社会反腐败的合力。四是规范社会反腐败的秩序。要尽快制定网络反腐等相关法律规定，将社会力量纳入法治反腐轨道，形成反腐败的正能量。

解决好法律制度问题。主要抓好四个方面：一是尽快制定反腐败法。十二届人大已将反腐败立法列入未来5年的立法规划，明确了我国反腐败立法的路径和时间表。可按照先易后难、有序推进的原则，对腐败问题易发多发领域以及社会领域，加快反腐败的立法步伐。同时，可将一些经过长期实践证明有效的预防和惩治腐败的党内和行政法规、规章制度上升为法律。二是完善配套法规。要处理好党领导反腐败与依法反腐败的关系，通过法治方式，实现从严治党。要强化党内监督，制定和完善党内法规，强化对党的各级组织、党员干部的监督约束。要进一步完善各级政府及其职能部门工作职能、运行程序和监督机制等方面的配套法规，纠正和处理有法不依、执法不严的行为。要进一步加强反腐败的单行法律与条款的协调性、统一性，避免法律之间的相互冲突。三是加强地方性法规建设。除了法律、行政法规外，各地方应根据本行政区域的具体情况和实际需要，制定地方性反腐败法规。四是与国际反腐败公约相衔接，逐步建立国际司法和双边经济合作中的法律法规。（樊得智）

### ■ 强化法律监督，遏制腐败蔓延势头

检察机关作为履行法律监督职能和侦查腐败犯罪案件的专门机构，应该通过强化法律监督，为党中央坚决遏制腐败蔓延势头提供强有力的司法保障。

防止腐败分子逃脱刑事追诉。由于立案是我国刑事诉讼的必经程序和入口，因此，立案是我国惩治腐败犯罪的前提。如果没有立案，即使存在严重的腐败犯罪行为，腐败分子也会因为无法进入刑事诉讼的视野而无法得到应有的刑事制裁。在这种情况下，严厉惩治腐败和坚决遏制腐败蔓延势头就会成为一句空话。尽管立案如此重要，但是在司法实践中仍然存在有案不立的现象。尤其是某些检察机关自侦部门为了谋取私利，甚至故意将举报线索或者初查材料泄露出去，从而导致无法立案的恶果。为了防止腐败分子逃脱应有的刑事制裁，我国检察机关亟待加强立案监督，以便尽可能地将腐败犯罪分子纳入到检察机关的刑事追诉之中。

例如，检察机关自侦部门对腐败犯罪案件的初查，应该向检察机关侦查监督部门备案。如果自侦部门在初查之后不予立案，那么应该向侦查监督部门说明情况。如果侦查监督部门认为案件应当立案，那么应当建议自侦部门报请立案侦查。如果自侦部门没有采纳侦查监督部门的建议，那么侦查监督部门应该报请检察长决定。

提高腐败犯罪案件追诉质量。侦查是我国惩治腐败犯罪的基础。尽管腐败犯罪具有严重的社会危害后果，但是我们对腐败犯罪案件的惩治必须依赖于强有力的证据。如果侦查机关无法收集足够的证据或者查明腐败犯罪事实，就会影响到对腐败犯罪行为的起诉和审判。尽管随着我国检察制度改革的不断深化，我国检察机关自侦部门的侦查水平已经有了很大提高，但是自侦部门仍然没有从根本上改变由供到证的侦查模式。而这种落后的侦查模式不仅难以适应我国刑事司法制度不断变革的发展需要，而且给起诉部门的刑事指控带来许多负面的影响。这是因为，对犯罪嫌疑人口供的

过分依赖往往容易滋生刑讯逼供问题。而在屈打成招的情况下，这种侦查模式不仅容易产生冤假错案，而且会对腐败犯罪案件的追诉质量造成致命威胁。

毕竟，在我国非法证据排除规则日臻完善、而辩护方越来越多地向法院申请排除非法口供的情况下，起诉部门很难依赖那些受到辩护方强烈质疑的非法供述作为指控犯罪的基础。为了提高腐败犯罪案件的起诉质量，顺利地将腐败犯罪分子绳之以法，检察机关侦查监督部门或者起诉部门亟待加强对自侦部门侦查活动的监督。例如，为了增强监督效果和提高证据的质量，侦查监督部门或者起诉部门可以适当提前介入自侦部门的侦查活动。再如，为了在法庭审判过程中有效应对被告人以刑讯逼供为由的翻供或者辩护律师的非法证据排除申请，起诉部门应该加强对侦查讯问录音录像和讯问笔录的审查和监督。对于存在问题的讯问笔录和侦查讯问录音录像，应该责令自侦部门做出合理的解释或者加以补救。

适当控制腐败犯罪案件不起诉适用率高的状况。起诉是衔接侦查和审判的桥梁。起诉部门通过审查案件，可以发现自侦部门的侦查活动存在的问题和缺陷，从而加以适当的补救。在审查起诉之后，检察机关凭借其自由裁量权将符合起诉条件的腐败犯罪案件及时交付法庭审判，而对于不符合起诉条件的腐败犯罪案件做出不起诉的决定。从理论上讲，不起诉制度作为宽严相济刑事政策的一种重要体现，不仅有助于保障无辜或者罪行非常轻微的犯罪嫌疑人早日摆脱刑事诉讼之苦和回归社会，而且有助于节约刑事司法资源，提高刑事司法效率。但是，这并不意味着不起诉适用的案件越多越好。尤其是在党中央强调坚决有力惩治腐败、坚持"老虎""苍蝇"一起打的情况下，不起诉在腐败犯罪案件中的适用应该有所节制。

同普通犯罪案件相比，我国腐败犯罪案件不起诉的适用比例偏高。尽管腐败犯罪案件不起诉适用率高与侦查质量具有一定关联，但是起诉部门的审查起诉缺乏有效监督也是一个不可或缺的重要因素。有鉴于此，为了体现"老虎""苍蝇"一起打的精神，我国检察机关应该加强对审查起诉的法律监督，适当控制腐败犯罪案件的不起诉适用率。例如，各级人民检察院对腐败犯罪案件做出不起诉决定时，应该上报上级人民检察院备案。如果上级人民检察院认为下级人民检察院的不起诉决定有错误，可以责令其予以纠正。

提升腐败犯罪成本。无论是从经济学而言还是从刑法学而言，提升腐败成本都是遏制腐败行为必不可少的重要环节。从经济学的角度而言，腐败行为是腐败分子理性选择的结果。也就是说，当腐败收益远远超过腐败成本时，潜在的腐败分子铤而走险的概率就会非常高。这意味着，要想遏制腐败行为，必须通过严厉惩治腐败使腐败成本超过腐败收益。就刑法学来说，严厉惩治腐败行为，既可以起到剥夺腐败犯罪分子再犯的特殊预防作用，也可以起到震慑潜在腐败分子的预防功效。

显而易见，法院对腐败犯罪分子的刑事制裁既是严厉惩治腐败犯罪行为的有效手段，也是提高腐败成本的理想途径。但是从近年来的司法实践来看，对腐败犯罪案件的刑事制裁力度有所欠缺。有鉴于此，为了提升腐败成本，加大腐败犯罪案件的惩治力度，检察机关除了提升自身的追诉质量之外，还应该加强对刑事审判的法律监督，对那些重罪轻判或者错误适用减刑、缓刑、免予刑事处罚的刑事裁判加大抗诉的力度，尤其是对法官枉法裁判的行为，加大查处的力度。（丰旭泽）

## 核心是依法治权

党的十八届四中全会指出："法律的生命力在于实施，法律的权威也在于实施。"这表明全面推进依法治国的重点在于保证法律的严格实施。各级政府既是执法主体又受制于法，建设法治政府本质上是通过严格实施法律约束政府权力、规范政府行为，核心是依法治权。

列出权力清单，规范权力运行程序。建设法治政府的前提是要完善行政组织和行政程序法律制度，推进机构、职能、权限、程序、责任法定化。

重点有两方面：一方面，列出权力清单，依法明晰权力边界。对权力的内容、适用范围、适用对象、适用程序和运行界限，以及权力行使不当应受到的处罚等依法做出明确规定，把权力限制在笼子里规范运行，为抵制、制约、监督、查办、惩处权力越界、缺位行为提供明确的标准。另一方面，坚持依法、高效、规范、透明的原则，编制决策权、执行权、监督权等权力运行的程序，明确权力行使的主体、条件、方式、步骤和过程，严格规范权力运行程序，把权力运行程序纳入法治轨道，以确保公正公平文明规范执法。

把行政决策全面纳入法治轨道，在起点上制约权力。行政决策，是各级行政机关获得法律授权之后行使权力的开始，是行政行为的起点。规范行政决策行为是规范行政权力的重点，是法治政府建设的前端。行政机关能否做到依法决策，直接体现着其依法行政水平的高低，直接决定着政府能否全面正确履行职能。多年来，各级政府在推进依法行政的过程中，积累了一定的经验，决策法治化水平不断提高，但决策尊重客观规律不够，听取群众意见不足，乱决策、违法决策、专断决策、拍脑袋决策、应决策而不决策等"人治"大于"法治"的现象还依然存在。因此，深入推进依法行政、加快建设法治政府，迫切需要进一步健全依法决策机制，核心是制约决策权，把政府决策全面纳入法治轨道。

坚持严格执法，严防权力"脱轨"。实施行政决策，即行政实施，是权力运行的中间环节，也是行政行为的中间环节。现实生活中发生的许多问题，有的是因立法不够、规范无据，但更多的是因有法不依、失于规制，乃至权力脱离了法治的轨道，导致以权谋私、徇私枉法、破坏法治。社会对法治的感知和理解也集中于法律的实施环节，各种与政府有关的群体性事件，其诱因大多产生于行政实施环节。因此，必须把严格执法贯穿于行政实施的全过程，遏制有法不依、执法不严、执法违法以及执法中自由裁量权过大的现象，确保权力在法治的轨道上运行。

构建权责统一的行政监督问责机制,监督制约权力。权力与责任是对等的,各级政府依法获得权力,依法行使权力,那么,也自然要依法对权力运行的结果负责,授之有据、行之有规、错之有责是法治政府的应有之义。因此,构建权责统一的行政监督问责机制,既是法治政府建设的必然要求,也是建设法治政府的根本保障。当前,要深化行政执法体制改革,着力解决当前各方面反映强烈的权责脱节、多头执法、选择性执法等问题;还要坚持严格规范公正文明执法,使各类违法行为依法受到严厉惩处,全社会真切感受到法律的威严。有权必有责,用权受监督,这是权力运行的基本规则。防止权力滥用,就要强化对行政权力的制约和监督。(赵德明)

## 第五篇

# 培育廉政文化,净化政治生态

# 破除官本位观念 净化政治生态

俞可平

----

**俞可平**

政治学博士,教授、博士生导师,著名政治学者,中共中央编译局副局长。主要研究领域是当代中国政治、政治哲学、比较政治、全球化、治理与善治、公民社会、政府创新等。以《民主是个好东西》而广为海内外熟悉。

政治生态就是社会政治生活的宏观环境。风清气正的政治生态对于社会政治生活而言，恰如山清水秀的自然环境对于居民的日常生活一样重要。2015年两会期间，习近平总书记参加江西代表团审议时强调，抓作风建设要着力净化政治生态，营造廉洁从政的良好环境。他指出，自然生态要山清水秀，政治生态也要山清水秀。严惩腐败分子是保持政治生态山清水秀的必然要求。党内如果有腐败分子藏身之地，政治生态必然会受到污染，因此，必须做到有腐必反、除恶务尽。

我国的改革开放的过程，是一个包括政治变迁在内的社会整体进步的过程。跟改革开放前相比，我国的政治生态发生了极大的变化，突出地表现在民主法治的进步和国家治理开始走向现代化。然而，从大量腐败案例反映的问题看，在某些地方和某些部门，局部政治生态十分恶劣：腐败和特权肆虐，政府公信力缺乏，公共权威丧失，假话空话盛行，形式主义泛滥。一些干部以权谋私，大搞钱权交易，权色交易，腐败堕落；一些干部独断专行，顺我者昌，逆我者亡；一些干部消极怠政，不认真履行职守，得过且过；一些干部缺乏远大的理想信念，沉湎于灯红酒绿，热衷于风水迷信；一些干部对上献媚阿谀，对下颐指气使；一些干部搭建私人小圈子，搞人身依附；还有一些干部对不同意见者打击报复，使某些部门出现人才的逆向淘汰。这种状态离我们长期向往的政通人和、风清气正、国泰民安的政治生态相距甚远。

恶劣的政治生态有各种各样的表现，但所有恶劣政治生态的背后，必然存在一种共同的东西：官本位观念和官本位现象。官本位的实质是权力本位，它是我国传统官本主义的一种流毒。在中国传统官本主义体制下，权力是衡量人的社会价值的基本标准，也是影响人的社会地位和社会属性的决定性因素。权力支配着包括物质资源和文化资源在内的所有社会资源的配置，"有权就有一切"成为社会的流行信条。只要拥有权力，就意味着拥有社会资源。在官本主义条件下，拥有金钱和财产，可能不一定拥有权力；反之，拥有权力，则必定会拥有各种政治、经济、社会和文化特权，从物质财富和生活特权，到社会荣誉和文化特权，等等。

社会主义民主政治的建立，从根本上摧毁了中国传统的官本主义体制。社会主义民主政治的实质是人民当家做主，其核心是人民的主体地位和公民的权利本位，这与传统官本主义条件下的君主主体地位和官员权力本位是截然不同的。然而，数千年的官本主义传统，加上现存制度的某些缺陷，使得官本主义的余毒在社会上，特别是在一些官员身上依然严重存在。他们仍然信奉"有权就有一切"的封建政治逻辑，把当官和当大官本身视为人生的最高追求。为了获取权力和维护权力，可以不择任何手段，卖官买官、拉帮结派、欺上瞒下、阿谀奉承、坑蒙拐骗、违法乱纪，什么坏事都干得出来。"一人得道，鸡犬升天"；一朝有权，便十分"任性"。

官本位意识也是形式主义和官僚主义的重要思想根源。一些官员搞所谓"形象工程"和"政绩工程"，无非是为了给自己的职务晋升增添政绩资本，或是为了给自己为官一任留下所谓的"美名"。一些官员讲排场，比阔气，端架子，计较名位和排序，无一不是官本位思想在作祟。现实生活中每每能看到，一些官员，连个笔记本和水杯都让秘书拿——并非官员们拿不动，而是在显示自己的"威严"和"权威"。中共十八大后新一届中央实施的"群众路线教育实践活动"，集中反对官僚主义、形式主义、享乐主义和奢靡之风，重要目的就是要净化政治生态。不仅如此，新一届中央领导强调依法治国，加大打击腐败力度，推进国家治理现代化，根本目标当然在于巩固党的执政地位，但直接目的也是为了净化政治生态，营造健康良好的社会政治生活环境，为实现两个"百年目标"创造必要的社会政治条件。

中共十八届三中全会通过的关于全面深化改革的重要决定，将"完善和发展中国特色社会主义制度，推进国家治理体系和治理能力的现代化"当作全面深化改革的总目标，则从更深刻的制度层面，对消除官本位现象，改善政治生态提出了明确要求。影响国家治理的主要因素有三个：一是治理主体，二是治理制度，三是治理技术。良好的国家治理，制度是决定性的，但治理者的素质也至关重要。就目前我国的实际情况而言，官本位观念和官本位现象是影响治理者素质的重要因素。改革开放三十多年来，我国的民主法治取得了重大进步，民主、自由、平等、公正、法治等现代核心政治价值日益深入人心。但不可否认，"有权就有一切"的官本主义余毒在现实中还大量存在，在一些领域和地方官本位现象甚至有愈演愈烈的趋势。中共十八届三中全会关于全面深化改革的决定，正式把"破除官本位观念"列为改革的重要任务，可谓切中要害。

破除官本位观念之于净化政治生态，就像清除毒霾之于洁净大气那样重要。破除官本位观念，净化政治生态，是一项艰难而长期的任务，从眼前看，应当着重做到以下五点：

一是大力推进公民教育，把公民教育当作政治教育的重点内容。培育公民意识，破除权力崇拜，牢固树立公民权利至上的观念；让每一个公民从小树立起民主、自由、平等、公正、法治等社会主义核心价值观；让每一个公民明白，公民的权利本位，而不是官员的权力本位，才是社会主义民主政治的真谛。离开公民的权利本位，人民当家做主便是无本之源。

二是重塑社会的政治伦理，把责任和政绩当作评价官员的基本标准。在社会主义民主政治条件下，责任意识应当成为各级领导干部的首要意识，对人民负责，对国家负责，对民族负责，就是对党负责，对历史负责。对人民负责，就要敬畏民意，敬畏法律，而不是崇拜权力。评价民众和官员的基本标准，应当是其社会贡献的多少，而不是其权力的大小。

三是建立公平合理的利益分配机制，逐步消除官员的各种特权。官本位观念的现实基础，在于利益与权力的直接联系。要从根本上消除官本位观念，必须改革利益分配机制，断绝利益与权力的不正当链接。工人、农民、专家、学者、军人、官员、艺人，无论哪一种从业者，只要他们为社会做出了贡献，都有权获得适当的利益回报。只有建立公正合理的经济权益、政治权益和文化权益分配机制，才能真正消除"万般皆下品，唯有当官高"的物质基础。

四是扩大公民参与渠道，促进各类精英的正常社会流动。任何职业一旦能够获取超额利益，从业者便会自发地产生垄断行为，阻止其他社会人员的进入，从政者也不例外。当权力可以产生额外利益时，权力的垄断现象势必产生。打破权力垄断的有效途径，就是扩大公民的政治参与渠道，形成优胜劣汰的政治竞争机制，让更多的民众有权参与政治过程。

五是推进民主法治，是消除官本位观念、净化政治生态的根本途径。消除官本位观念、割断权力与利益的非正常链接，最终还得依靠民主政治。在将官员的权力关进制度笼子的同时，用制度来构筑保障公民权利的长城。就目前我国的政治生态而言，消除官本位观念和官本位现象最重要的制度，是授权和限权制度，而这正是民主政治的关键环节。

总而言之，中共十八届三中全会提出的"破除官本位观念"，直接关系到国家治理现代化的实现，关系到政治生态的净化，关系到社会主义核心价值的弘扬，关系到民主政治的进步，不是一项软任务，而是一项硬任务。

# 优化政治生态须建设行政文化

周文彰

**周文彰**

笔名弘陶,1953年8月生,江苏宝应县人,哲学博士,研究员。国家行政学院原副院长、博士生导师、全国政协委员,兼任中国人民大学、中国地质大学博士生导师、中国书法家协会理事、中央国家机关书法家协会副主席。

政治生态，作为从政环境，涉及党风政风民风社风等多方面要素，其中，行政文化无疑是重要方面。建设良好的行政文化，对于优化政治生态，具有十分重要的意义。

所谓行政文化，从内容来看，是行政观念文化、行政制度文化、行政行为文化的综合统一。其中，行政观念文化是关于行政理想、行政价值、行政精神、行政道德等方面内容的集成。可见，行政观念文化是公共行政的灵魂，一定的行政制度是按照一定的行政观念文化建立起来的，行政行为也是受一定的行政文化支配的。从涵盖范围来看，行政文化是行政工作的文化、行政机关的文化、行政人员的文化的综合统一。从外在表现来看，行政文化是行政工作的综合状态、整体气氛以及机关氛围的综合统一。因此，行政文化是公共行政的内在精神，也是公共行政的外在表现；是行政管理的思想引领，也是行政工作的外部环境。鉴于政府是行政的主体，由此，在一定意义上我们也可以说，行政文化就是政府文化。

党的十八大以来，我国行政文化的建设步伐加快，成就斐然。比如，我们大力推行服务型政府建设、法治政府建设、诚信政府建设、效能政府建设；我们大力削减审批事项，转变政府职能，改善行政作风，净化行政风气。党的十八届三中全会关于全面深化改革决策部署，蕴含着丰富的行政文化内容，可以说，这是一次全面深化行政文化改革的重大部署。比如，《决定》提出"让发展成果更多更公平惠及全体人民",进一步强调建设服务型政党和服务型政府,把服务作为党和政府的基本属性和特征,更加明确了公共行政的价值取向,这是推进行政观念文化改革。《决定》提出用制度管权、管事、管人,让人民监督权力,让权力在阳光下运行,是把权力关进制度笼子的根本之策,这是推进行政制度文化改革。《决定》把处理好政府和市场的关系作为经济体制改革的核心,政府与市场关系的实质,就是在资源配置中市场起决定性作用还是政府起决定性作用。《决定》提出要使市场在资源配置中起决定性作用,大幅度减少政府对资源的直接配置,这是推进行政行为文化改革。

党的十八届四中全会关于全面推进依法治国的决定,要求我们把法治精神和法治要求植入行政文化,清理行政文化中一切忽视法治、违背法治的因素,使行政文化适应和促进依法治国的需要,形成法治行政文化。比如,四中全会提出了一系列重要概念:法治精神、法治意识、法治理念、法治思维、规则意识、契约精神、法治的道德底蕴、法治教育等,这些都是法治行政文化的精神内涵。为了全面推进依法治国,四中全会做出了一系列制度建设的决定。例如:建立行政机关内部重大决策合法性审查机制,积极推行政府法律顾问制度;建立重大决策终身责任追究制度及责任倒查机制;推进综合执法,理顺城管执法体制,完善执法程序,建立执法全过程记录制度,严格执行重大执法决定法制审核制度,全面落实行政执法责任制;加强对政府内部权力的制约,对财政资金分配使用、国有资产监管、政府投资、政府采购、公共资源转让、公共工程建设等权力集中的部门和岗位实行分事行权、分岗设权、分级授权,定期轮岗,强化内部流程控制,防止权力滥用;完善政府内部层级监督和专门监督;保障依法独立行使审计监督权;全面推进政务公开——这些都是法治行政文化的制度内涵。四中全会提出要"善于运用法治思维和法治方式推动工作"。法治思维就是按法治要求处理问题、治国理政的思维方式。法治方式则是运用法治思维、制定和依据法律制度处理和解决问题的行为方式,消除一切有法不依、以言代法、以权压法、徇私枉法的行为。这是法治行政文化的行为内涵。当然,我们提出法治行政文化并不是要重新命名行政文化，而是为了突出法治在行政文化中的基础地位，是为了突出法治在当下行政文化建设进程中的重要性和紧迫性。

与此同时，我们党展开了全面从严治党的伟大工程，力倡"三严三实"，要求一切领导干部"忠诚干净担当"，严厉反对"四风"，坚决推进反腐败斗争……全面从严治党为行政文化建设指明了方向，丰富了内容，更是提供了保障。

因此，当前行政文化建设的重点工作，就是认真学习梳理和贯彻落实党的十八大、十八届三中四中全会精神和习近平总书记的系列重要讲话精神，使行政文化全面体现这些部署和要求。只要我们按照这些部署和要求建设和弘扬行政文化，就一定能够促进甚至带动政治生态的优化。

# 以法治廉培育廉政文化土壤

林 喆

**林喆**

1989年—2001年任职上海社科院法学所，2001年调到中央党校，曾任中央党校政法教研部教授、博士生导师。2015年4月23日下午，因病在二炮医院去世。主要著作有《权力腐败与权力制约》《权利的法哲学》《黑格尔的法权哲学》《法律思维学导论》等。

廉政文化是社会主义先进文化的重要内容，大力发展渗透着现代法治观念和法治精神的廉政文化对促进我国党风廉政建设和社会主义法治建设具有重要意义。

## 一、廉政建设的基本内涵及其特点

廉政是指国家政务活动洁净，国家公职人员公务活动行为规范端正，没有被污染的政治状况。廉政是反腐败的重要内容，包括两个环节：一是防范腐败，二是揭露、追查和惩治腐败。廉政建设贯穿于反腐败的始终，无论是在腐败行为出现之前的防范教育中，还是在腐败行为暴露之后"亡羊补牢"的措施中，都存在着廉政建设。廉政建设是塑造国家机关活动及其公职人员公务行为清廉的制度建设。汉字"廉"意为堂屋的侧边，古书《仪礼·乡饮酒里》中有："设席于堂廉东上。"引申为品行方正。廉洁即为不贪。《楚辞·招魂》中有："朕清以廉洁兮。"王逸注："不受曰廉，不污曰洁。"

廉政建设具有以下特点：

1. 对象特定。廉政建设所针对的是国家机关及其公职人员，特别是领导干部。这些人都是具有某种身份，担任特定职务，掌握某种权力，履行特定职责的权力者。非国家公职人员不是廉政建设的对象。

2. 目标单一。廉政建设以权力者为主要对象所展开的各种活动只有一个目的，这就是保证国家权力的纯洁和在轨道中的规范运作，而制约权力是廉政建设的核心问题。

3. 内容多样。目标的确立，使培育公职意识和正确的权力观，以及建立严格的行为规范和严密且无懈可击的监督制度，成为促成廉政目标实现的制度建设的两大内容，而由此展开的一系列举措使廉政建设的内容变得极为丰富。

4. 依法进行。廉政建设是反腐败的重要方面，它不是一种民众自发的、由下而上的群众运动，而主要是一种由执政党和政府领导、开展的活动；它与政党建设紧密相关，具有很强的政治性，其规模的大小受到特定时期国内政治制度和经济建设，以及该国文化传统状况，社会管理者和民众的理念、心理承受力的制约。该国生产力的发展水平、生产关系的现状，以及经济基础与上层建筑的矛盾状况，决定着这一时期廉政建设的内容和发展规模。

5. 功效渐进。近代社会以来，世界各国或各地区的廉政建设一般不以运动式、尤其是急风暴雨式的群众运动展开，虽然也出现过在一段时期内各种廉政举措同时出台，以至使众多贪官污吏纷纷落马的"廉政风暴"的情况，但是廉政建设大都渗透在日常的制度建设中。廉政建设要求出台的各种制度或举措具有可操作性，以达其实效，强调这些措施不仅应当在惩治腐败时便于操作，而且在权力者的日常生活和工作中也能够起到防范、警示或发现问题的作用。可以说，这是一种主动建构、自觉遵守和敏锐发现问题，自律与他律有机结合的制度建设。在社会发展中廉政建设总是不可缺失的重要内容。

## 二、当代中国反腐败或廉政建设的核心问题

廉政建设的中心工作是权力制约。权力腐败给社会造成的物质的和精神的损失是巨大的，这不仅仅反映在它所造成的直接经济损失和由此带来的精神损耗上，还表现在反腐败所投入的巨大的成本上。

权力腐败与权力制约存在于人类社会的每一个阶段。腐败并非特定时期或特定的社会制度所独有的现象，凡权力存在之处，都存在着权力腐败的可能，尽管人们不可能彻底根除腐败，但是可以遏制腐败。寻求最大限度地遏制腐败的途径是现代社会宪政理论和实践的重要内容。对于当代中国来讲，除了坚定不移地走依法治国的道路，加快民主的进程，加大预防、惩治腐败的法制力度，完善廉政立法体制之外，别无其他更好的途径。

腐败特指权力职能的蜕变。从法哲学的角度上看，凡是行为主体为其特殊利益而滥用权威或偏离公共职责的现象都可以视为权力腐败。权力腐败的基本特征有四：（1）它主要与公职人员的个人行为相联系；（2）权力成为个人谋取私利的商品；（3）主体行为突破了权力的合理界限；（4）其后果损害了公共利益。权力本身所具有的不平等性和可交换性，决定了权力一旦不受制约，它便必然走向腐败。

这样，制约权力便成为反腐败或廉政建设的核心问题。

## 三、廉政文化建设与权力制约

细加分类，在中外历史上曾出现过四种反腐败的基本模式：重法制廉、清廉为政、高薪养廉和以法促廉。各种模式就其理论基石、重点、措施、成本及效果而言各有不同，并具有各自的局限性。

廉政文化建设在本质上是一种以法治廉模式。它是以社会控制论为立论基础，强调法在廉政建设中的主导地位，欲图以法律及其制度为主要手段，对权力的整个运作过程实行有效的监督，建立起多层面、多阶段、多环节的权力监督网络和防止腐败的内在机制。尽管在社会生活中法的控制作用是有限的，但是与其他模式相比较，以法促廉的模式在反腐倡廉措施的有效性上则显得更为突出。

权力内在的易于异化的倾向，决定了权力的制约必须贯穿于权力运作的每一个环节——权力的设定、操作和监督。这里，法律及其制度在对权力的有效制约中扮演着重要的角色。法是现代社会反腐败或廉政建设的主要手段。现在更为重要的不是还要制定多少监督制度，而是应对这些年的用人制度真正地进行深刻的反思，提高诸如社保基金之类财产管理的透明度，并使日常的监督制度真正的运作起来。

## 四、培育共产党人特有的群体思维模式和廉政文化土壤

中国共产党人群体思维模式的形成以共产主义的实现为其价值目标，以为人民服务为其核心内容，以实事求是为其思维方式。历史上象征着其传统的"四大精神"（井冈山精神、长征精神、延安精神、西柏坡精神）所展现的内涵——坚定信念，实事求是，敢创新路，依靠群众，勇于胜利；不畏艰险，不怕牺牲，独立自主，顾全大局，严守纪律，坚定不移，百折不挠，官兵一致，同甘共苦；自力更生，艰苦奋斗；探索进取，敢于斗争，勇于创造，谦虚谨慎，廉洁自律，艰苦朴素，扎根人民，团结奋斗等——是其思维模式形成的显著标志。该思维模式的建构与产生这些特有的作风、习惯和传统的特定文化土壤的形成几乎是同步的。它们既是这一特定时期每个优秀共产党员精神的提炼，一经形成又使得置身于其中的个体思维不可避免地带有它们的印记。正是当年革命领袖和他们率领的红军将士，以及根据地人民的崇高品质、特殊品格和精神风貌，形成了共产党人群体特有的思维模式，是井冈山、长征、延安、西柏坡特有的文化土壤，培育出中华民族的一代精英，使其每一个成员都带有了这种精神特征。这样的群体思维模式和文化土壤是我们现在所需要的。

个体是多样的，群体是诸个体按某种特征结合在一起的共同体。群体思维模式是指群体认识过程中特定的稳态格局和秩序，它以内部成员的认识能力、思维形式、思维方法、思维规律、语言操作程序和技巧为存在前提，但不是它们的简单相加，而是群体组织在特定的时空中借助于一定的物质手段，对诸个体成员思维模式进行提炼的结果。

群体思维模式与个体思维模式的影响是互相的：一方面群体思维模式是在群体成员个体思维模式的基础上发展起来的，另一方面，对于个体思维模式来讲，群体思维模式是先在的，从他进入这个群体之日起，他就处于它的包围之中，其思维模式的形成的过程始终受到群体思维模式的影响。

群体思维模式的建构至少须满足三个条件：群体组织结构的相对稳定；进行共同活动的大部分成员或主要成员彼此之间在思维格局上，比该群体外的其他个体有着更多的相通性；有特定的物质性载体。

群体思维模式的建构主要有两种途径：自然演变或人为设置。政党组织思维模式的建构更多地采用一种强制性手段，通过人为促进的方式进行。由于成员较为分散，试图统一各成员的认识较为困难，这样当组织从少数领袖的思维模式出发，依据政党在社会经济、政治关系和文化生活中的角色、地位、任务和目标，预先地提出一系列需要其内部成员遵守的规范，及相应的权利和义务时，它只能以强制的手段将它们贯彻下去，通过人们反复实践并修改它们，经过长期的熏陶灌输，监督和奖惩，使之渗透到个体成员的认识格局中，最终在群体内部形成一种相对稳定的特定的认识格局。这是长期的和潜移默化的过程。

群体思维模式的存在具有显著的标志：一是特定符号的象征意义，它们所传递的信息在该群体内部的任何一个成员那里都会产生同样的意义；二是特定的作风、风俗、习惯、传统。群体以物质和精神的方式树立整体在个体成员中的尊严和价值，如：赋予、承认、保障或剥夺个体的种种权利，奖励个体杰出的行为，或惩罚个体的离轨行为，以培养成员对组织特有的依赖感、畏惧感、安全感……这样，群体才可能通过给予、灌输、暗示、强制等多种途径，以特定的行为规范将各个成员的认识活动联系起来，促使他们顺应群体目标的指向。当群体的行为规范为诸多个体思维内化时，一种特有的作风、习惯、传统便在群体内形成，它们反映出群体思维格局的秩序化。

## 五、当前一些党员干部的精神面貌正在发生变化

随着改革开放以来国内外形式的急剧变化及干部队伍在权力、地位、利益方面的变化，一些党员干部的精神面貌正在发生深刻的变化。这一变化主要表现为：

一是实用主义态度滋长。建国后，国家在建立社会主义公有制的同时，在意识形态领域确立了以集体主义为核心的共产主义道德观念。在处理国家、集体和个人三者关系中，强调个人对于集体和国家的服从。这一主导观念形态在一段时期内曾经相当有效地维持住了原体制的正常运转和社会各阶层良好的精神面貌，使新中国得以渡过建国初最艰难的日子，承受住冷战时期西方国家施加的重压，初步奠定了我国现代工业、农业和科学技术的基础。改革开放中，尤其是市场经济确立后，一些干部的"务实"意识增强，并很快地从理想主义转向实用主义。他们不再以理想化和教条化的说教来启发和宣传民众，也不再受空洞的理论所支配，而更为注重实际，任何理论或决策只要实用即可推行。这自然是一种进步，但也带来了某种负面的结果：理想的失缺导致的是本位主义和短期行为。

二是双重人格加深。我国原有主导观念形态与原体制的矛盾造成的重要负面后果之一是，在干部队伍中形成双重人格，即尽可能地在人前表现自己对党的事业或领袖无私的忠诚，竭力遮盖、掩藏个人动机，在不同的场合或私下说着截然不同的话语，尤其是在面临选拔之时"唯上"、唱高调，迎合上级的需要。现在这一"两张皮"的情形变得更为严重，一些干部整天关心的不是怎样将本职工作做好，而是揣摩领导意图，研究"为官""升迁"之道，以迎合不同的需要。双重人格造成了干部队伍诚实信用和良知的失缺，阿谀奉承，投其所好。在一些地方说谎话、假话、大话、空话成风，且没有任何内疚或良心谴责。

三是"圈子"意识严重。长期以来干部任用上的任命制和委派制，与伦

理社会重血缘、亲缘、地缘关系特点的融合，滋生了干部队伍内部亚群体的存在。或多或少的"山头""派系"等"圈子"现象的存在，早已成为公开秘密。与某个"圈子"的亲疏成为一个干部能否得到使用或升迁的关键。早在井冈山时期，毛泽东就曾对"山头主义""宗派主义"之类的小团体主义作过严厉的批评，邓小平在揭示原体制弊病时也曾指出这类"君臣父子关系或帮派关系"现象的恶果。但是这些年来干部用人制度的不完善，使得干部队伍中裙带关系、拉帮结派、任人唯亲的做法及"圈子"意识有增无减。这也是"带病提拔""群蛀"、上级为下级提拔或牟利"保驾护航"现象频频出现，以及"平庸者上"选拔机制形成的重要原因之一。

四是唯利倾向加大。建立社会主义市场经济中对于物质利益的强调，放权让利改革的推行，使绝大多数干部的利益意识大大增强。过去那种只讲精神不讲物质、只讲政治不讲经济、只讲"意义"不讲利益的做法被否定，换来的是广大干部对于本地区、本行业、本单位和个人实际利益的获得和增长的关注。利益在驱使经济迅速发展的同时，成为一些干部行为选择的唯一取向，"创政绩"成为在任时的主要热点。结果凡是对自己有利的事情就承揽、促成和推进，凡是对自己不利的事情就推诿、拖延和阻碍。

五是补偿冲动强烈。干部的工资多年来并无实质增长，与借改革开放而迅速暴富的各类经济人员的收入无法比拟，对于一些干部来讲，在向社会提供服务的同时"收取"一些费用，"雁过拔毛"，便成为一种下意识的"自我补偿"行为，尤其是面对那些靠政策优惠、政策漏洞发财致富的服务对象时更是如此。

## 六、廉政文化应渗透现代法治观念和法治精神

廉政文化是指保证国家政务活动洁净，国家公职人员公务活动行为规范端正，不被污染的政治状态的式样系统。我认为建设廉政文化的理由在于：首先，建设廉政文化是保持党的先进性的重要措施。其次，廉政文化建设是

依法治国的内在要求。"依法治国"在我国的提出，将社会主义的廉政建设提升到一个很高的层面，使以法的方式对执政党进入公权力活动的途径、参与公权力活动的范围、程序和限度进行规范，也即从宪法、法律层面上对执政党执政行为的规范，所应遵循的原则，以及违宪审查，做出明确的、具体的规定成为必要。廉政文化建设为法治政府的建成提供了必要的文化土壤。依法治国进程中的廉政建设的实质是依法行政，最终目标是实现权力的廉洁规范运作，建成法治政府。建设法治政府是实现"法治国"目标的第一步。而无论是建成法治政府，还是实现"法治国"，廉政和廉政建设都是必不可少的基本要求和动力。最后，廉政文化是先进文化的重要内容。在现代社会中，文化概念通常是指人类通过创造性的活动获得并沉淀于特定民族中的，以价值观为核心的情感、信仰、习俗等行为方式和规范模式，以及观念、心态等有机统一的生存式样系统。"先进文化"就是中国特色的社会主义文化，它体现的是一个民族积极向上的精神，是一种渗透法治观念和法治精神的现代文化。先进文化渗透着现代法治观念和法治精神，体现和发展社会主义法治的这些基本原则，社会主义法治建设所需要的文化土壤就是以它为主导的文化模式，而培育与依法治国相适应的法律文化，是近年来社会主义精神文明建设的一项重要内容。

加强廉政文化建设是反腐倡廉的长期任务，也是一项基础工程。反腐倡廉的举措并非只是执政党内部之事，它与社会的综合治理联系在一起。

第一，重视教育。注重道德教化，自古以来一直被视为反腐防腐所不可缺少的重要措施。中国古代封建统治者除以重典治腐、清廉为政、倡俭助廉、增俸养廉外，最重要的一项举措就是注重道德教化。历朝历代的政治家、思想家、明君贤相、清官廉吏，为维护本阶级的利益，大都强调通过加强思想教育和道德修养，造成廉洁的社会风气，养成清廉为政的品德。

封建统治者反腐倡廉注重道德教化的思想和主张的积极运作结果，对于当时的封建统治阶级进行政权建设，以及维持相对稳定的政局具有重要的意义。它既在一定程度上抑制了腐败犯罪现象的蔓延，同时也相对缓解了阶级矛盾和阶级对抗。其中一些思想和主张逐渐发展成为规范社会成员特别是官吏的行为准则，及中华民族的文化传统和道德的重要组成部分，它对处于现代社会的人们仍然具有积极的启示作用。

教育的意义在于塑造健康的人格、积极的生活态度和职业道德。为预防国家公职人员搞腐败犯罪，使他们树立正确的世界观、人生观、价值观和荣辱观。这类教育又包括方方面面，如：政治思想教育，党纪党风和勤政廉政教育，继承和发扬艰苦朴素、勤俭节约、反对奢侈浪费等党的优良传统和艰苦创业精神，职业道德教育，法纪教育，审美教育。还必须使领导干部牢固树立服务意识、表率意识、责任意识、管理意识、公正意识、廉政意识。

就教育的方法而言，可以运用多种形式进行。

在教育内容上要突出针对性、超前性、形象性、层次性、目的性；在教育次数上要突出反复性和连续性。

第二，法制是保证。应大力加强法制建设，依靠法制手段来解决腐败犯罪问题。这里所说的法制，是指多层次、多功能的法律及其制度，以及由之实施而逐步建立的廉政法律秩序和环境。

要深入持久地开展反腐败斗争，就必须提供坚强有力的法制保证。大力推进廉政立法工作，有计划、有步骤地建立和完善与市场经济运行同步的廉政法律法规体系，以及各行各业的业务管理制度，把反腐败斗争纳入法制化、规范化轨道，既是新形势下整体有序推进反腐败犯罪斗争的客观要求，也是转型期对腐败犯罪现象实行标本兼治的必然趋势。特别是在当前加快改革开放，发展市场经济的新形势下，加强廉政法制建设显得尤为重要和更为迫切。

第三，监督是关键。一切权力都必须受到制约。不受任何制约的绝对权力，必然产生绝对的腐败。因此，各种监督机制的健全和完善，在各国反腐败犯罪斗争中均被纳入重要的位置，许多国家和地区设立了具有很高权威的专门监督机构，如我国香港的廉政公署，在香港的政治和司法系统中，特别引人注目，它因对腐败犯罪的监督强硬有力而在防贪、肃贪、惩贪中发挥了巨大的作用。"党要受监督，党员要受监督"，这是邓小平的一贯主张。邓小平认为，滥用权力、贪赃枉法、以权谋私、权钱交易等腐败犯罪现象的发生，一个重要的原因就是监督失控。反对腐败，搞廉洁政治，离不开监督。实践证明，人民群众积极参与和发挥专门机关的作用的惩治腐败犯罪斗争形式，是切实有效的形式。

# 全方位廉洁教育让"不想腐"成为官员价值取向

任建明

........................................................................................

**任建明**

　　清华大学工学学士、工学硕士、管理学博士。北京航空航天大学公共管理学院教授、博士生导师，北航廉洁研究与教育中心主任。美国哥伦比亚大学访问学者。主要从事廉政建设、政府管理、公共组织领导等方面的研究。

## 一、廉政文化的本质

廉政文化具有三方面本质。

第一，基于新制度经济学框架，廉政文化具有非正式制度本质。新制度经济学家一般都把制度划分为两大类，一是正式制度，包括宪法、法律、各种组织、产权制度、契约等；另一类是非正式制度，包括传统、道德规范、习俗、价值等。正式制度影响、支配、改变人的行为选择，同样，非正式制度也有这样的作用。从制度变迁的特点来看，非正式制度对于正式制度以及对于人的行为的影响还具有长期性和持久性的特点。制度是可以变迁的，但是，相对于正式制度，非正式制度的惰性要大得多，变迁起来往往要困难、要缓慢得多。根据新制度经济学对制度的分类和对非正式制度特点的分析来看，我们可以得出如下一些基本结论：（1）廉政文化作为人们对于腐败或廉洁的基本态度、观念或价值判断，属于非正式制度；（2）作为非正式制度的廉政文化对于人们选择廉洁还是腐败行为具有持久的影响作用；（3）作为非正式制度的廉政文化对于惩治和预防腐败正式制度的创新、改革及执行起到持久的影响作用。

如果我们只是一般地从制度对人们行为选择产生约束效果的强弱来判断，就可能忽视廉政文化的作用。因为相对于正式制度的硬约束而言，作为非正式制度的廉政文化，对于人们具体行为的选择可能只是一种软约束。事实上，作用强度是一个维度，而作用的广度则是另一个重要的维度。作为非正式制度的廉政文化对人的作用在广度上要比正式制度大得多。具体来说，廉政制度可能只作用于那些掌握权力和资源的人群，而不大可能作用于没有掌握权力和资源的更广大的人群。后者就是普通社会大众，而前者则是公共部门或私人部门中掌握权力或资源的少数人。作为非正式制度，廉政文化既作用于社会大众，也作用于公私官员。

第二，从哲学视角或辩证法的角度来看，廉政文化不可能孤立存在。廉政文化不可能孤立地存在，而是有一个"对立物"或"孪生体"，那就是腐败文化。甚至可以说，不了解腐败文化，就不可能认知廉政文化；不清除腐败文化，就不可能建立起廉政文化。因此，要建设廉政文化，就必须首先深入认识廉政文化和腐败文化的关系，也就是要揭示作为腐败文化对立物的廉政文化的本质。过去、现在和将来，不管人们在主观上是否愿意承认和接受，腐败文化必然是任何一个社会的客观存在。就像任何一个社会都或多或少存在着一定的廉政文化一样。廉政文化和腐败文化在对立和冲突之中，共同构成了任何一个社会中与廉政相关的文化总和。一个社会既有深厚的廉政文化，又有很强的腐败文化；或者是一个社会存在廉政文化和腐败文化都很缺乏的状态，这些情况显然不会存在。

这种辩证视角的考察就揭示了廉政文化的第二个本质，即廉政文化不可能孤立存在。换句话说，如果人们不致力于消除腐败文化，而只是片面地倡导廉政文化，其结果必然会变成水中捞月、竹篮打水。

第三，廉政文化是一种典型的公共物品，具有外部性。这方面的本质具有以下两个方面的含义：一是廉政文化的建设不是个别人或少数人的事情，而是所有社会公众的事情。反过来说就更容易理解，即只有一部分人或组织接受廉政文化，是没有意义的。从这个意义上说，廉政文化建设是一个覆盖全社会的大工程。二是个人或个别组织缺乏提供廉政文化产品的积极性，而必须要由政府或由政府委托专门的机构来提供。廉政文化作为一种文化，也应该像组织文化一样,在结构上存在着不同的层次。在关于组织文化的各种研究中,一种典型的做法是把组织文化结构划分为三个层次,即精神层、制度层和物质层。如果套用这样的结构划分,则可以简要地对廉政文化的三个层次的内涵做如下的归纳:精神层包括尚廉耻贪的基本理念和价值观,是廉政文化的核心或灵魂;制度层包括廉洁先进典型的宣传表彰制度,腐败典型及其危害的警示教育制度,廉洁行为准则,以及官员的廉洁宣誓制度等;物质层则包括廉洁广告,廉洁书画,廉洁标语口号,廉政教育场所等。

总之,只有深入揭示廉政文化的本质,我们才可能对廉政文化在廉洁社会建设或反腐败战略中的功能找到一个准确的定位,才能确立廉政文化建设的基本原则,也才能对廉政文化建设实践做出准确的评估。

## 二、将全方位廉洁教育落到实处

廉政思想教育的教育重点对象可以分为三个方面:第一方面,党政领导干部以及我们的国家工作人员,这是最重要的一个人群;第二方面,企业管理层,包括国有企业,包括私营企业、跨国公司;第三方面就是我们的青少年。

全方位的反腐败要有一个教育战略,要广泛开展理想信念教育、思想道德教育、党风党纪教育和领导干部廉洁从政教育,增强广大党员干部拒腐防变的意识和抵御风险的能力。我们全方位的教育战略教育的对象范围就是2005年1月份中共中央颁发的实施纲要里面提到的面向全党全社会,当然也分不同的对象,教育的内容、方式、方法就不同。我们经过几年的努力,以高校廉政研究专家为主,发起成立了廉政研究与教育学会,在高校也推动廉洁教育的课程。当然这只是我们民间自发的,教育很大程度上是一个公共品,应该是以政府主导来落实,要有相关的政策保证,才能把这个全方位的教育落到实处。我们党非常重视思想政治工作,重视教育,重视党的思想建设理论方面的建设。但是在过去的反腐倡廉教育主要对象是党政领导干部廉洁自律,在有了这个战略以后,教育就不仅仅是以领导干部为主要人群,而是一个面向全党、全社会的教育。它的教育是五进或者是六进，进学校、进机关、进农村、进企业等，特别是进学校。

廉洁教育的确不仅仅是面向领导干部，领导干部是一个重点人群。未来建设一个廉洁政治、廉洁社会应该是全方位教育的战略，提出这样一个比较综合的、科学的战略体系，这是对未来取得反腐败成功一个重要的保障。

### 三、强调党风廉政责任 坚持对腐败"零容忍"

"零容忍"可以从两个层面去看：一是执法层面。在查出腐败问题时，不管"老虎"还是"苍蝇"级别，能不能做到有腐必反、有贪必诉。二是观念层面。"零容忍"非常鲜明、生动地展示出领导人的反腐败决心。之前总书记也提出有腐必反、有贪必诉等，但最简短、最生动的话还是"零容忍"。习近平总书记在十八届中央纪委三次全会上的讲话，是对党的十八大以来反腐败工作新思路、新部署、新举措高屋建瓴的系统表述。讲话不仅反映出反腐倡廉建设的制度化、科学化，也表明党的反腐倡廉工作走出了一条正确的道路。习近平总书记的讲话，从作风建设常抓不懈到坚决惩治腐败，从以深化改革推进党风廉政建设和反腐败斗争到严明党的组织纪律，释放出党对反腐败工作的高度重视及一抓到底的坚定决心。

党的十八大以来，党风廉政建设和反腐败工作已取得一些实实在在的成绩，中央出台八项规定，坚决纠正"四风"，在多个重要时间节点发出多项禁令，加大通报曝光典型问题力度，既"打老虎"，又"拍苍蝇"。老百姓感受到，党风政风的改变带来了民风的改变。带电的高压线对每一位党员干部都是公平的，党员干部要心存敬畏，不能心存侥幸，一定要牢记"手莫伸，伸手必被捉"的提醒。接下来如何巩固现有成果，使其向好的变化持续，检验着全党的决心和意志。习近平总书记的讲话为今后党风廉政建设和反腐倡廉工作指明了方向，"打老虎"的频率会更高，"拍苍蝇"的面会更广，打击腐败分子的力度不会削弱，将一直持续下去。随着反腐力度加大，新思路的形成，真正的考验会来到。

## 四、建设廉政文化 引领崇尚廉洁的社会风尚

廉政文化建设主要存在四个问题：形式主义倾向、忽视反对腐败文化、忽视大众的广泛参与和忽视正式制度的作用。

几年来，一些地方、系统和单位对廉政文化建设活动进行了十分有益的探索，廉政文化建设活动还搞得相当不错，相当有声势、有效果。一批优秀的廉洁公益公告、廉洁教育图书或教材、廉政文化网站涌现出来。不少地方积极开展中小学廉洁教育，举办廉洁文艺活动等，都为建立一个廉洁的文化氛围发挥了积极的作用。但是总体来看，还存在一些带有一定普遍性和倾向性的问题：

一是存在一定的形式主义的倾向。形式主义的典型表现是搞概念炒作、刮风、搞"形象工程"、热闹一阵子。有些地方和单位一看廉政文化建设是个热点，容易搞出影响，也不会有什么负面效果，于是就策划了一些很有声势的活动，又是请领导，又是请媒体。影响一出去，"政绩"自然就有了。然而过不了多久，就销声匿迹了。区分一个地方、系统或单位的廉政文化建设是否存在形式主义，主要还是要看它是否能够长期坚持下去；内容和形式是否符合"三贴近"的原则；活动是否可持续；当然最终还是要看效果，看是否改变以及在多大程度上改变了人们对于腐败与廉洁的态度，是否影响以及在多大程度上影响了人们的行为。

二是在廉政文化建设的总导向上，偏重倡导廉政文化而忽视反对腐败文化。不直面腐败文化，不坚决地反对和清除腐败文化，廉政文化是立不起来的。换句话说，不反对腐败文化的廉政文化建设必然会变成空中楼阁。所谓不破不立，破旧才能立新，在廉政文化建设上是十分恰当的。在已经开展的廉政文化建设活动中，或多或少地带有这种倾向性问题。例如，在不少廉政文化网站上，讲廉吏故事的多，而很少有贪官的故事，很少讲贪官所造成

的严重后果及危害；同样，在廉洁公益广告中也是廉洁倡导的多，而通过深刻揭示腐败危害给人们以警醒的少。在一些廉洁图书和教材中，也没有足够的篇幅和足够的深度来告诉大众读者或青少年，腐败到底有什么样的危害。其结果，就自觉不自觉地让受众产生一定的困惑：一方面是宣传教育中讲的廉洁的好处，另一方面却是大量的生活中感知到的因腐败而得益的事实。如果不了解腐败的危害，就不可能痛恨腐败，就不可能以腐败行为为耻，也就不可能懂得廉洁的好处，不可能从根本上接受廉洁的理念。不深入了解腐败的危害，并从行动上做到不容忍腐败，自觉抵制腐败甚至积极参与举报腐败，那么廉洁的观念也不可能牢固。因此，人们对于廉洁的追求和向往必须是建立在对于腐败危害的深刻认知基础之上。

三是在廉政文化建设活动中强调政府或组织的作用，而忽视大众的广泛和有效参与。廉政文化只有是大众的、普遍的、广泛的，才是有效的。仅有一少部分人接受廉洁理念的廉政文化建设是没有意义的。这就要求，廉政文化的建设首先必须做到大众参与，其次是参与结果的有效性。没有大众参与这个前提，肯定达不到廉政文化建设的目的。在已经开展的廉政文化建设活动中，一个倾向性的问题就是，强调政府的作用，有些地方甚至强调多个政府相关机构的协同，但是都没有广泛地动员社会力量的参与，没有发挥社会力量的积极性。《实施纲要》已经在这方面提出了明确的要求：廉政文化建设要"面向全社会……积极推动廉政文化进社区、家庭、学校、企业和农村。"还对社区组织，妇联等人民团体，教育行政部门、学校和共青团组织的在廉政文化建设中的作用，以及在企业和农村开展廉政文化建设的原则做出了说明。但是，不少地方和单位还没有准确把握《实施纲要》的精神。

四是在廉政文化建设中，仅仅局限于以文化抓文化，而忽视了正式制度的作用。廉政文化建设是反腐败战略的一个独立组成部分，这是没有疑义的。但是，不能因此就只在文化范畴内搞自我循环。事实上，反腐败战略的各个支柱之间都是互相支撑的关系，各搞各的，都不能实现效果的最大化。特别是作为非正式制度的廉政文化的建设就十分需要正式制度的支撑。如当前我国商业领域的贿赂腐败现象是比较严重的,如果仅仅揭示商业贿赂的危害,开展企业社会责任相关活动,倡导商业伦理的重要,而不通过建立商业信用管理系统,不断完善市场经济体制,加强和改进政府管制,以及依靠科学有力的惩治措施来打击商业贿赂腐败,那么,企业廉洁文化肯定不能得到增进。

总之,廉政文化建设应当从文化的层面去考虑问题,但在措施上,必须是非正式制度和正式制度双管齐下,只有这样,才能更好地达到廉政文化建设的目的。

## 五、正视"腐败文化"

近年来全社会从上到下为什么要加强廉政文化建设,其实针对的就是客观上存在的一些腐败的文化。

不论是在古代还是在当代,中国社会都积淀了丰富的廉政文化资源,但是腐败文化的包袱更重。大众腐败意识在这些年里已经发生几个阶段的演进,腐败文化正在渗透到社会的各个角落。建国初至20世纪80年代末,人们是普遍地憎恨腐败;到了90年代初期,就出现了类似"腐败是块臭豆腐,看着臭、吃着香"这样的顺口溜,表明一些人们已经不那么痛恨腐败;再后来,同情、纵容腐败的一些表现也开始出现,腐败行为不再是官员阶层特有的现象,开始向大众领域蔓延,"医托""学托"纷纷出现,"腐败有用论"等观点也开始见诸于公共媒体。

近年来,因为"腐败文化"的影响,在社会出现了一些啼笑皆非甚至是本末倒置的事情,这已经发生了实质性的影响,如:安徽省的一个县委书记拒绝了各个部门官员礼节性的送钱,但结局竟是"拒贿"让这个官员在当地做不下去了。这个例子说明确实有这样的一个"文化",确实有这样一个环境存在。由于"腐败文化"的存在,甚至出现了"当官不发财,请我也不来"之类的话语。也就是说,个别官员看到的就是权力背后可以腐败,可以迅速发家致富,可以换取好处,而这种观念恰恰反映了文化层面,也就是"腐败文化"的存在。对于目前存在的一边骂贪官一边找门路的现象，我们不要给予过多的分析，因为这是人们的一种普遍的心理。需要强调的是，只要有决心，有正确的战略，再加上教育，"腐败文化"是可以改变的。

## 六、制度反腐与文化反腐的关系

腐败的发生与蔓延涉及复杂的社会根源，其中包括社会价值及公共意识等文化因素，制度与文化的失衡会加剧腐败的蔓延，因此，廉政建设需要转换思路，反腐倡廉的努力将由"专项任务"变成"系统工程"。这场系统性的社会改造包括两个方面：一是通过制度创新，从根源上减少腐败风险、预防腐败行为；二是培育廉洁文化，修复失衡的道德传统以及重塑社会价值观体系。廉政制度的确立总是以特定廉政文化为社会基础的。廉洁文化的培育是针对根源而非针对现象的努力，也许见效慢，但文化的力量是持续而深沉的，对于遏制腐败和树立廉洁导向更具基础性的意义。

首先，文化反腐、廉政文化建设与制度相比具有独特之处。并不是讲文化就不要讲制度，反腐败不存在灵丹妙药，它一定需要一个综合的措施，是一个系统的社会工程。我们过去忽视廉政文化的作用，忽视面向全社会的廉洁教育，这已经对我们长期以来的反腐败斗争造成了危害。经过这些年的反思，我们认识到了这一点。20世纪90年代初期，中共中央意识到腐败的严重性，开始重视查办案件，但后来发现，不解决产生腐败的制度上的原因，是无法根除腐败的。例如，在同一个职位上先后几任领导干部都腐败，这就不是一个人的品德问题，而是一个制度系统的问题了。所以，大致从1997年开始，制度改革得到了重视，通过制度改革以治理腐败。但后来又发现，制度必须得到文化的支持，才可以发生持久的作用。至此，我们今天终于认识到了廉政文化的作用。

其次，要思考廉政文化建设的规律。文化是软性的东西，潜移默化才可以起到作用，不是说讲廉政就廉政了，想廉洁就廉洁了。以廉为荣、以贪为耻这种观念的最终确立，需要我们探讨廉政文化建设的规律，即：怎么样才能够使人们认知它、接受它，在这个规律层面我们应该怎么做。比如在学校进行廉政教育，是沿着传统的德育教育思路走、搞灌输或抽象的说教呢，还是探索一些新的教学方式？廉政文化建设做不好，很容易走向形式主义，比如建一些廉政文化公园、谱廉政文化主题曲之类，所以，应该探讨廉政文化建设的规律，而不是搞一些形式主义。

最后，怎样评价、评估廉政文化建设的成果。越是软性的东西，越是应该有一个这样的评估，否则就越容易走形式。在香港，廉政公署是通过委托一个社会机构作跟踪调查，看看公众对腐败的认知、反腐愿望的变化，来评判廉政文化建设的效果。我们也要进行类似科学的评估，如：大众对腐败和廉洁的基本态度及其改变程度、对腐败危害的认知程度、对反腐败工作的支持意愿、采取行动的意愿和决心等，通过这些调查来对廉政文化建设进行评估和测量。

## 七、科学借鉴中国古代的廉政文化资源

关于吸收借鉴中国古代的廉政文化资源，我想讲两层意思。第一层，中国古代廉政文化资源十分的丰富，值得下功夫去整理、发掘和继承。我个人认为，中国古代廉政文化资源至少有三个方面的重要价值：一是中国传统文化或传统道德对"廉"高度重视，这在今天依然有重要的价值。中国古代道德内涵十分丰富，流传最广的一种概括就是"四维"或"八德"。"四维"是礼、义、廉、耻，"八德"再加上孝、悌、忠、信。无论是"四维"还是"八德"，"廉"或"清廉""廉洁""不贪"都是其中不可或缺的一维。高度重视"廉"或许也是中国传统文化有别于其他主要文化的一个重要特点。虽然时移世易、斗转星移，但重视"廉"，在今天，甚至在很长久以后的未来都具有重要的现实意义。因为今天的人们已经比较深入地认识到了腐败现象的顽固性，而只要有腐败，就不能丢弃廉洁。二是很多古代的清官给人们

树立了生动的廉洁榜样，有很好的学习借鉴价值。这方面的故事很多，在此就不予赘述了。三是积累了丰富的保持个人廉洁的策略、技巧和方法，依然不过时，值得今天的人们去继承和发扬。这些策略、技巧和方式都是一代代人智慧的结晶，今天看来依然十分实用。即使不能简单套用，其背后的哲理、道理也依然有效。中国是一个人情社会，十分重视关系，今天的很多官员仍在受人情往来的困扰。不妨举一个如何处理人情往来、礼尚往来的例子。这个例子来自于一个古代清廉官员的故事，被后人称之为"悬鹅示众"。明朝官员周新担任司法按察使后，一天有人给他送来一只烤鹅，他坚决不接受，但送礼人已抢先出门了。于是，周新把烤鹅挂在屋子后面。以后凡有送礼者，他就让人去看那只已风干了的烤鹅——这个小策略或技巧就是一种暗示警告，远比原安徽亳州市市委书记李兴民在面对频繁送礼者，简单推辞而不掉要高明很多。古人还有类似的策略或技巧，如"厚谢婉拒"，即用更昂贵的礼品回赠送礼者，既给了送礼者面子，也没有因收礼而承担额外的义务。这些智慧都很值得今天的人们来学习。

第二层，对于中国古代廉政文化资源的价值也要一分为二地看。例如，我认为挖掘传统清官文化有它的价值，但不应该估计太高，毕竟我们面临的现实生活和古代的差别很大了，很多古代的东西不是简单就能移用过来的，而且很多的古代清官，是经过戏剧加工，个个不食人间烟火。个人认为我们更应该从今天现实生活出发，去思考我们面临一些什么样的问题，人们应该怎么去做，规范或制度上应该怎么配合，这可能会更有意义。我不是反对去挖掘古代的一些东西，而是说我们今天有更多的东西更亟需总结，有大量腐败教训，还有一些廉洁官员的做法和经验值得我们借鉴。

# 将"一把手"权力关进笼子是净化政治生态的关键

杜治洲

**杜治洲**

毕业于北京大学政府管理学院,获管理学博士学位;毕业后在清华大学廉政与治理研究中心从事博士后研究;出站后至今任北航公共管理学院副教授,廉政研究所副所长,中国管理现代化研究会廉政建设与治理研究专业委员理事、副秘书长。

习近平总书记说,领导干部的表率作用至关重要。当前,中央的高压反腐行动打掉了一批横行霸道的"老虎"和困扰百姓的"苍蝇",这些腐败官员的落马大快人心,但也暴露了一些地方的政治生态存在严重问题。政治生态恶化的后果十分危险,会歪曲用人导向,导致"圈子文化"盛行,透支政府信用。古往今来无数事实告诉我们,政治生态恶化,腐败得不到控制,最终必然会亡党甚至亡国。我们要做的是,防止部分地方基层政治生态的持续恶化朝全局性动荡和失控的方向演进,尽快将政治生态拉回正常轨道,避免政局不稳。

在中国地方政府的权力架构中,"一把手"扮演着极其重要而特殊的角色。"一把手"的执政理念和执政行为主导着一个地方的官场氛围和治理理念。一些地方腐败窝案频发,政治生态恶化,"一把手"的权力失控是最主要的原因。

## 一、政治新常态是未来理想的政治生态

习近平总书记曾在多个场合公开提及"新常态",而近期"政治新常态"一词受到官方和民众的高度关注。"政治新常态"就是通过长期高压反腐构建一种科学的、符合正常逻辑的、符合情理法的政治生态,它使潜规则失去功能,使显规则发挥作用,使清正廉洁成为一种官场常态。"政治新常态"

就是不同于病态政治生态的一种良性的状态,这就是政治新常态中"新"的特征。此外,"政治新常态"还有一个重要特征在于"常"字,即可持续。作风建设和反腐败不是一阵风,而是一盘棋,不是蜻蜓点水,而是常抓不懈,从而营造风清气正的政治生态环境。构建"政治新常态"这种理想的政治生态,不仅是高层领导的反腐战略,更是习总书记治国理政的新思维。"政治新常态"应该包括以下四个方面的内涵:

第一,良币驱逐劣币,这是政治新常态的基本规律。构建政治新常态就是要树立并遵循良币驱逐劣币的竞争法则,让能者上、廉者上,不让老实人吃亏,将庸官、贪官扫地出门,营造积极健康的政治环境。

第二,廉洁战胜腐败,这是政治新常态的前提条件。惩治腐败是通往政治新常态的必由之路。要顺利实现政治新常态,就必须有效控制腐败,做到腐败之影难觅,廉洁之花盛开,即通过高压惩腐和全面防腐营造良性的政治生态。

第三,勤政代替懒政,这是政治新常态的民意基础。新的政治生态能否变成常态,离不开民意支持,而民意支持主要取决于民生福祉,取决于政府为老百姓做了多少实事,取决于老百姓获得了多少实惠。因此,领导干部必须勤政为民,兢兢业业为民谋利,切不可懒政。在当前严峻的反腐形势下,一些地方以前"给钱办事,不给钱不办事"的潜规则正在发生微妙的变化,一些领导干部开始采取"求稳"策略:"不收钱,也不办事","不花钱,也不调研",以"不做事"保"不出事"。这是典型的以反腐为借口的懒政,是需要坚决反对的。

第四,法治取代人治,这是政治新常态的重要保障。法治是国家治理体系和治理能力现代化的重要衡量指标,也是实现政治新常态不可或缺的保障条件。人治向来就是官场的一大忌讳,也是与现代国家治理格格不入的。当前一些地方和部门权大于法的人治现象依然突出,"黑头不如红头,红头不如口头","用人一言堂,花钱一支笔,决策一张纸",严重透支了政府声誉和国家信用。要使新常态真正"常"在,就必须摒弃人治,依法治国。只有真正建立在法治基础上的政治生态,才是科学的、可持续的。

## 二、构建政治新常态必须将"一把手"权力关进制度笼子

如前所述,政治生态恶化,"一把手"难辞其咎。因此,净化政治生态,构建政治新常态,把"一把手"的权力关进制度笼子是关键。为尽快扭转部分地方政治生态恶化的局面,以下几个方面的问题尤其需要引起重视。

第一,"一把手"要他律。政治新常态必须建立在权力、尤其是"一把手"的权力得到有效制约和监督的基础之上。要净化政治生态,必须将"一把手"的权力关进制度的笼子里。首先,明确划定"一把手"的权力界限,列出"一把手"掌握的具体权力清单,并向社会公开。按照"明确规定权力范围、责任以及权力运行的程序和界限""科学编制出权力运行流程图"的要求,科学配置"一把手"权力清单,使"一把手"的权力在能量上从无限到有限,在边界上从暧昧模糊到清晰可见。其次,强化对"一把手"利益冲突的防范。必须强化对"一把手"亲属的约束,划清公共权力与亲情、友情之间的界限,推行家庭成员情况报告制度。同时,对领导干部、尤其是省部级以上官员的秘书进行严格管理——比如领导干部的秘书不得在领导干部担任现职或曾经任职的地域或系统担任重要岗位。最后,在权力运行过程中大力推进信息网络技术的应用,将"一把手"的法定权力和一些不必要的自由裁量权通过电子化方式固化或消除。

第二,"一把手"要自律。"一把手"除了在任何情况下都要坚定坚持党的基本路线,在政治立场上保持与中央的高度一致外,还要做到以下几个方面的自律:首先,在发扬民主方面坚持自律。作为"一把手",不仅要注意集中的问题,还要充分发扬民主。"一把手"的角色定位是"班长",但不是"一霸手",也不是"家长",切忌家长式的管理,不可独断专行,要充分听取和尊重副职和其他干部乃至群众的意见。其次,在工作作风方面坚持自律。"一把手"要有实事求是、言出必行的工作作风,以客观情况作为

决策依据。最后，在公正廉洁方面坚持自律。"一把手"要培养良好的"官德"，以廉修身、以廉立威、以廉服众，在廉洁自律方面成为干部群众的表率。当然，对"一把手"的不廉洁行为，需要采取比其他领导干部更加严厉的惩治措施，对这类官员产生强大的震慑力。

第三，"一把手"要律他。一个地方或单位的"一把手"，不仅要把本职工作做好，廉洁自律，还需要做好本地区或单位的廉洁管理，要对本地区或单位的党风廉政建设承担责任。党的十八届三中全会明确指出，"落实党风廉政建设责任制，党委负主体责任，纪委负监督责任"。因此，"一把手"在党风廉政建设中负有不可推卸的主要责任。如果领导干部工作作风严重涣散，"一把手"要负总责；如果反腐倡廉制度不健全，"一把手"也要负总责；如果公职人员出现大面积腐败问题，"一把手"同样要负总责。

事实上，要管好"一把手"，最根本的手段是消灭"一把手"概念。一个领导干部只要是被称作"一把手"，就意味着他可以"一手遮天""一言堂"，就有不受制约的权力。因此，净化政治生态必须让"一把手"从官场的表述中消失。

# 重构政治生态

高新民

**高新民**

中共中央党校教授、博士生导师,原党建部原理教研室主任。长期从事党的建设教学与研究,以执政党建设基本问题、党的建设史等为研究方向。著有《中国共产党活动方式》《论党的领导方式与执政方式》等著作,发表学术论文及时政文章一百多篇。

习近平总书记在中纪委五次全会上充分肯定党风廉政建设和反腐败斗争的成效，同时也明确指出："反腐败形势依然严峻复杂，主要是在实现不敢腐、不想腐、不能腐上还没有取得压倒性胜利，腐败活动减少了但还没有绝迹，反腐败体制机制建立了但还不够完善，思想教育加强了但思想防线还没有筑牢，减少腐败存量，遏制腐败增量，重构政治生态的工作艰巨繁重。"

重构政治生态，实质上是党风廉政建设和反腐败的治本问题，是以逐渐清除产生腐败行为的基础条件来构建清正廉洁的政治环境。

## 重构政治生态是全面深化改革应有之义

先治标再治本，以治标为治本赢得时间，是十八大以来反腐败的特点之一。在今后的实践中，惩治腐败行为依然是丝毫不能放松的任务，否则不足以形成威慑力。但是，如果仅限于治标，那么，腐败行为还会前赴后继涌现，只不过暂时收敛、适时待发而已。因此，在"不敢腐"的威慑局面已初步形成的背景下，提出重构政治生态，是顺应时势、意义深远的任务。

政治生态是借鉴自然科学的生态学理论而提出的概念，可以理解为政治行为个体与政治环境的关联及运作机理。政治生态中最基本的要素就是政治行为主体（个体或集体）、价值、制度，这些要素依据特定规则联结为相互影响相互作用的整体。个体的某种腐败行为，如果仅仅是个别行为、偶发现象，可以理解为行为个体的变异。但如果腐败行为成批量出现，甚至有的地方出现系统性、塌方式腐败，则说明政治生态在某些领域、某些地方发生了变异。重构政治生态，修复政治环境，就是从源头做起的治本之路。

重构政治生态，需要分清现存腐败行为产生和高发的条件。腐败的本质是滥用公共权力为个人或小集团谋私利。公共权力的存在，国家管理权的存在，是人类社会生存所需，但如果这种权力高度集中在少数人手中又没有适当的制约，那么公共权力就易于失去控制而被滥用。当下能够做到的重构政治生态的工作，就是建立科学的权力制约和监督体系。

中国现有的腐败行为，主要集中于两大领域：一是干预微观经济，二是干预选人用人。从某些领导者干预微观经济来看，土地出让、房屋拆迁、政府采购、城市建设、行政审批、国企改制等诸多领域，甚至企业微观经营，都有行政权力过多干预的空间。而权力能够干预成功，是因为市场体制不完善，法治不健全。从选人用人来看，三十多年来党领导了对干部人事制度的改革，民主推荐、民意测评、竞聘上岗、任前公示等具有新的时代特点的民主元素在选人用人机制中起到了一定作用。但从选人用人的实际运作来看，大多数情况下仍是领导者、特别是"一把手"的意志起了决定性作用。买官卖官能够买卖成功，说到底依旧是某些人权力太大。

由此可见，所谓治本，其实就是从经济体制上减少权力干预微观经济的空间，政治上对权力过于集中进行改革，对干部人事制度特别是选人用人机制进行改革。这恰恰是党的十八届三中全会所说的市场在资源配置中起决定性作用，政治方面强化权力制约和监督体系，把权力关进制度的笼子，这两大领域都需要法治的保障和规范。党风廉政和反腐败的源头治理就蕴含在全面深化改革和全面依法治国之中。

## 重构政治生态的核心是制度建设

所谓系统性、塌方式腐败，就是特定地区权力制约和监督系统性失灵问题。从这一层面分析问题，重构政治生态就是系统性修复权力运行中暴露出来的问题。

权力制约的首要问题是确定权力边界。为防止权力行使者滥用权力干预微观经济，除前述市场体制在资源配置中起决定作用外，还需要通过立法来规范权力的职能、范围、责任、运行流程，任何人不得越权。十八大以来党中央从多个层面提出限制权力问题。

第一个层面是规范各级党政主要领导干部职责权限，也就是人们日常所说的党政"一把手"的职责权限需要制度化，是对具体岗位的权力限定。

第二个层面是科学配置党政部门及内设机构权力和职能，明确职责定位和工作任务。这里的新意在于：一是把"党"和"政"的部门同样列为需要有权力边界的主体，而过去历次改革大多触及的是政府部门的职责权限增减改变，党的部门很少触及。但是，在十八大以来落马的官员中，出自地方党委主要负责人的案例并非少见，所以，确定各级党的部门机构的权限，对于防止滥权有积极意义。二是提出党政部门内设机构的职能问题。党政部门某些内设机构的职责权限并不能说完全没有制度规定，但其科学性及公开度不足。某些内设机构虽然级别不很高，但处在要害地位，有的甚至可以直接影响决策，因此，往往被特定利益相关者游说、"公关"，易于发生滥用权力之事。界定内设机构的权限职责，无疑是习近平总书记提出的制度笼子的重要组成部分。

第三个层面是推行地方各级政府及其工作部门权力清单制度，依法公开权力运行程序，特别是推出负面清单管理方式，对于减少权力寻租的空间有重要意义。

健全、完善监督制度。十八大以来党内监督已经出台了一系列制度。从长远来说，制定反腐败的国家立法依旧是重要任务，人大监督、行政监督、审计监督、媒体监督，都需要在法治框架内相互衔接，依法监督。

加大干部人事制度改革力度。对于选人用人领域的腐败现象，一需严厉打击，二需加快制度建设。这一事项关系全局，需集中全党智慧，充分论证，按照不同类型岗位确定选举类与任命类的不同选人用人机制，把党管干部、群众参与、程序公开、责任追究等要素科学地渗透在干部的选拔任用中。

## 全面从严治党 形成良好从政环境

全面从严治党，实质上就是严格按照党章的要求，认真从各个方面、各个环节加强党的建设，形成良好的从政环境。

落实从严治党的主体责任。从严治党的责任主体是各级党委（党组），党委主要领导是第一责任人，党的建设是党的各级领导班子的最大政绩。在现行体制下，党风廉政建设的主体责任同样由党委承担。过去我们虽有党风廉政建设责任制，但执行力度不足，并由于某些事项权限不清，导致制度虚设、程序空转，即使出现问题也难以追究责任。因此，明确责任主体，意味着严格落实责任制，有权必有责，出现问题必须由相应责任人甚至责任部门担当责任。

从严治党的基本途径就是思想建党与制度治党相结合。思想建党是中国共产党的传统优势。党的思想教育以党性和道德教育为重点，在思想上、道德上划出不可碰触的红线。制度治党则意味着摆脱运动式党建模式，以体制机制改革创新和务实有效的制度治理党内事务，调节党内关系和政治生活。清正清廉的政治氛围政治生态，是价值体系与制度体系方向一致的产物，因此，需要把思想教育贯穿在制度建设过程中，制度建设也贯穿于思想教育中。

作风建设常态化。十八大以来，全党开展了以反对"四风"为主要内容的群众路线教育活动，"四风"得到明显遏制，但在活动结束后"四风"是否会反弹，是党内和社会共同关注的问题。把抓作风建设的高压态势常态化，向制度建设要长效,通过全面深化改革铲除不正之风的土壤,是解决问题的基本出路。

严明党的纪律。中纪委十八届二次全会和三次全会上,习近平总书记分别强调政治纪律和组织纪律,在五次全会上再次强调政治纪律、党内规矩。纪律的作用在于可以维系组织的整体性,保证党内各部分组织运转方向、行为方向的一致性。无论是从反对在党内政治生活中搞团团伙伙、拉帮结派的视角出发,还是从反对腐败的视角来看,政治纪律、组织纪律都需要加强。

重视纪律是共产党的传统,而习近平总书记把党内并无明文规定但长期以来形成的优良传统和惯例也作为党的规矩。如在党内政治生活中,"党"与"政"两个一把手之间的个人沟通,其具体做法因人而异,并无明文规定,但对于调节党政关系有重要意义,这就属于事实上有效的传统、惯例。讲纪律、讲规矩,在当前全面深化改革中更为重要,是排除各种干扰、保持改革大方向不变的组织保障。

加强反腐败体制机制创新和制度保障。十八大之后,中央在推动党的纪律检查工作双重领导体制具体化、程序化、制度化,强化上对下的监督方面,改进巡视工作等方面,确有重大进展,一大批不同层级的贪腐干部落马与此相关。从长远来说,同级监督和下级监督的作用,人民对从严治党的监督作用,还需通过一系列制度改革来充分体现出来。

# 反腐时评

## ■ 治贪也要治"混"

党的十八大以来,中央出台改进工作作风的"八项规定",在全党深入开展党的群众路线教育实践活动,持之以恒狠抓作风建设,动真格,打硬仗。反腐败利剑高悬,铁扫帚所到之处,扫除了顽瘴痼疾,营造了良好政治生态,取得了人民满意的实效。

反腐败对于党和人民来说无疑是一件大好事,但是在气势如虹的反腐败斗争态势面前,也有少数领导干部认为"当干部好处不多了""做事就容易出事",滋生了"只要不出事、宁愿不做事"的混日子思想,一些地方和部门出现了"门好进、脸好看,礼不收、事不办"的现象。为官不作为、敷衍了事,成为了作风建设中新出现的突出问题,需要下大气力加以解决。

"混日子"情绪的背后是什么?是为什么做官的问题,是人生观、价值观的问题。中国共产党执政是为人民谋利益、谋幸福,忘记了这样的宗旨,那么这样的党员领导干部对自己入党初衷已经背离,这样的思想情绪是很不健康甚至危险的。君不见那些出了问题的领导干部,反思腐败之始,往往就是被最初一种不良情绪驱动"出格"行为吗？管住自己与党的宗旨不符合的不良情绪，应该是领导干部自我管理的一项重要内容。

领导干部一定要清醒地认识到，清正廉洁是对自己的一种底线要求。我党执政60多年来，培育了许多孔繁森、杨善洲式的廉政模范，但是，十八大以来的一年多时间内，第十八届中央委员、中央候补委员中被查处的数量已超过1%。这个数字尖锐地摆在全党面前，多么惊心动魄，多么振聋发聩。每一位共产党人，尤其是各级党员领导干部，在内心深处一定要筑牢不贪腐的思想防线；一定要恪守规矩，严格按党纪国法办事，管住自己的手，管住自家的人，管好自己的责任领域。作为领导干部一定要清醒地知道，反腐败、正"四风"并不是对领导干部们如何过分的要求，而是底线性的要求。一个领导干部，如果连这些底线都不能坚守，怎么配得起"人民公仆"四个字？

保持奋发有为，是领导干部应有的、长期保持的精神状态。我们共产党人为人民执政，既不能贪，也不能混。如果领导干部对党的事业无所用心，在重要的岗位上无所作为，说到底也是一种消极渎职行为。这样的行为也是党和人民所不允许的，尤其是一旦在工作上给党和人民的事业造成损失，更应该严肃地追究责任。因此在党纪国法上加大对为官不为者的问责力度，是我党一种必然的制度和治理上的选择。如果放任为官不为、敷衍塞责之风蔓延，就会严重阻碍中央政令畅通，就会严重损害人民群众利益，就会严重影响党和政府的形象。必须建立健全惩治为官不为的规章制度，进一步严明纪律，严格管理，严肃问责。作为领导干部，应该及早振作精神，投入到积极主动的工作中来。

对于每位领导干部来说，廉政是必须的，勤政也是必须的。清正廉洁，勤政为民，两者相辅相成，统一于全心全意为人民服务的根本宗旨。做到这两点，坚守这两点，在为党和人民勤奋工作的同时，坚持做人做官的底线，那么一个领导干部就会在为人民谋利益、谋幸福的同时，得到自己的成就与利益，自己的事业就会同党和人民的事业一起发展，获得人生的辉

煌。能如此,应该是每个领导干部追求的人生境界。(熊若愚)

### ■ 当官就不要想发财

在中央对腐败保持高压态势下,不断有贪官被查处,其中一些人贪腐数额巨大。本该是人民公仆的官员,却成了吸取人民血汗的寄生虫,原因何在?从主观上说,一个重要原因是他们把当官看成了发财的途径。

官员手中掌握公共权力,参与国家政策或地方政策的制定,并可以进行资源调动和分配。所以,如果权力的使用没有得到有效限制和监督,无论世界上的哪一个国家,也无论人类社会的哪一个历史时期,官员都会贪污受贿。因此,"升官发财"甚至成为很多人认同的逻辑,也是不少人"奋斗"的动力。在中国人的某些传统意识里,当官就等于发财,就等于名利双收。很多人在不健全的体制中"成功"了,家世显赫,财源滚滚,真所谓"三年清知府,十万雪花银"。当然,其中一些人也就和清代第一大贪官和珅一样,被钉在了历史的耻辱柱上。但在名、利、色等诸多因素的诱惑驱动下,一些人依然在"前赴后继"地奔向为官贪腐之路。

在现代政治中,官员是老百姓选定的为公共事务服务的人员,他们的职责就是做好百姓的"勤务员",当官与发财必须是两条道上跑的车,绝对不能混淆在一起。"官"只是一个服务性职位,是借由公众赋予的权力为公众服务,必须摒弃私利。不能把当官看作生意,这是现代政治中最起码的一个原则。

共产党的干部是人民的公仆,其权力是党和人民给的,只能用于全心全意为人民服务。公仆不是老板,领导工作不能以发财为目的。"为人民服务"历来是中国共产党人的宗旨,"权为民所用、情为民所系、利为民所谋"是我们党对广大领导干部的根本要求。身为共产党的领导干部,就有义务、有责任把为人民谋利益当作自己的使命和追求。如果把当官作为发财的途径,利用党和人民给的权力贪污、受贿,大发不义之财,最终一定会受到党纪国法的追究，身败名裂，被人民所唾弃。

　　古代出过大贪官和珅，也出过许多当官不想发财的清官、好官。如宋朝包拯，秉公办案，拒礼拒贿，竟敢拒绝皇帝送的生日贺礼，临终一口石棺了此一生。现代，则有焦裕禄、孔繁森、牛玉儒等，都是为官厚德薄财的典范，备受人民的尊敬爱戴。实现中国梦，需要一大批把"当官"作为干事业的平台而不是发财的途径的人，这样的人越多，我们党的事业就会越兴旺。

　　2014年"五四"青年节，习近平总书记在北京大学考察时一针见血地告诫青年学子："当官就不要想发财，想发财就不要去当官。"这不仅是对北大的学子，也是对所有的党员干部的要求。中央颁布的"八项规定"和持续的高压反腐，也在用铁一般的党纪国法告诉每一个领导干部、每一个想做领导干部的人：想靠当官来发财和享乐行不通！既然如此，广大领导干部当思之慎之。（李红）

## ■ 适应反腐带来的官场"新常态"

　　党的十八大以来，中央以极大勇气和决心全面彻底地治理腐败顽疾，一系列雷霆万钧的举措，澄清了吏治，提振了人心，也带来了官场的"新常态"。之所以称之为"新常态"，是因为一系列反腐败措施已经趋于"常规化"，官场的清新状态趋于稳定化。

　　官场正在出现的这种"新常态"，是政治生态向好的表现，是中央大力反腐收获的积极成果。反腐败的目的，不在于抓些"老虎"和"苍蝇"，而在于通过标本兼治，从根本上改变不良的政治生态，逐步塑造出让领导干部从不敢贪到不能贪、最终不想贪的从政环境。在中央通过反腐着力改善政治生态和从政环境的努力下，官场的风气必然朝向激浊扬清的方向发展，官场的"新常态"也必然地随之出现并巩固下来。

　　官场的"新常态"，对于领导干部的从政品德和行为提出了新的更高的要求。对领导干部尤其是各个地方和部门的一把手来说,权力的行使要更加规范透明了,不能再有那么多不受限制的权力,权力的行使一旦越界就要受到约束和惩治。而且,在人人手里有麦克风和照相机的网络时代里,领导干部不但要习惯受组织的监督,还要习惯时时接受社会的监督。在如此高要求的"新常态"下工作,领导干部当然不能不有所顾忌,不能不更加自我检点,否则就会付出料想不到的代价。

"新常态"是一种新的正常状态。之所以说是"新常态",就是说这种状态不是一阵风。因此我们要对之充分认识,坚定信心,不应该也不能抱有观望和应付的态度。这种"新常态",将是领导干部从政新的基本环境,因此也就形成了对领导干部的基本的底线,不能违背和僭越。当然这种"新常态"也是会变化的,但是其变化只能是对领导干部的要求更高、更明确,而绝不是相反。

值得注意的是,现在仍有少数领导干部对于这种"新常态"持犹疑、观望、猜测的态度,认为中央这样的严要求不可能持续太久。这种判断一方面是出自于以往的所谓"经验",另一方面则是因为利益关系而怀有一种不切实际的愿望,其实这实在是低估了中央的决心和勇气,也没有认识清楚信息化时代人民群众高度的反腐败积极性和中央坚定的反腐败部署之间的紧密互动、互相促进效果。实际上,清楚的事实正摆在我们面前:新一届中央领导集体在以"踏石留印、抓铁有痕"的精神,全面彻底地治理腐败的顽疾,既抓"苍蝇"又抓"老虎",既抓小事又抓制度建设,既把腐败分子关进监狱又"把权力关进制度的笼子",这样的反腐就绝对不是选择式、运动式和有退路的反腐。如果中国的政治生态没有一个完全的改观,"新常态"没有完全稳定和充分到位,中央在这方面的推进是绝不会停止的,何况这已经得到了广大人民群众和绝大多数领导干部坚定的支持。因此,作为领导干部一定要坚定对中央治理腐败的信心,打消顾虑,主动调整思维、心态和行为,积极适应这一"新常态",迅速地在"新常态"下来谋划和开展自己的工作,同时也设计并主动进入自己的"新常态"。

反腐败带来的官场"新常态",切切实实地向领导干部们提出了新的要求。权力行使要有明确的边界和规则了，监督无时无刻不在了，以致有些领导干部私下里感慨现在工作不好做了，因此出现了消极应付的现象。这种不作为心态正是对官场"新常态"不适应的典型表现。当然，在官场"新常态"下工作确实要求高多了，所以暂时有所不适应也还可以理解，但是一味抱怨的态度要不得。"牢骚太盛防肠断，风物长宜放眼量"，作为领导干部，应该善于从长远看问题，并且善于从自身找原因，要看到自己同党和人民要求之间的差距，及时调整心态，尽快学会在这样的"新常态"下开展工作，实现自己的"转型升级"，争取在新的条件下、按照新的标准要求，有更大的作为。实际上，反腐败并不是使环境恶化了，相反，由于官场趋向弊绝风清，更有利于开展正常的工作，更有利于有才干、想作为的人有更大的作为，更有利于真正的人才脱颖而出。对于所有有志于从政的官员来说，这是一个新的难得的机会，都应该学会适应它，进而做出更大成绩来，以不负党中央和人民的期望。（兰文飞）

### ■ 以反腐促团结

反腐败的必要性毋庸置疑，它的重要性不仅仅在于要向群众有所交代，还在于涉及干部队伍的团结问题，而干部队伍的团结则同样关系到执政的稳固与否，关系到国家的兴衰存亡。只有团结的干部队伍，才能保持组织的活力，才能释放正能量，才能保障政治稳定，才能谋划经济社会发展。同时，只要有了团结的干部队伍，哪怕其他方面的矛盾相当突出，我们也能克服困难，取得事业的进步。如果干部队伍团结出现问题，那就会出现大麻烦，其他不太突出的矛盾也会因为干部队伍的裂痕而十倍百倍地放大，导致生死存亡的严重局面。

干部队伍如何团结？没有私心的干部才能团结。私心是干部的一种政治病态，公权力的运行拒绝私心。一旦有私心，就会打小算盘，就会争权夺利，一粒老鼠屎搅坏一锅汤，甚至劣马驱逐良马，就会坏大事。一旦私心膨胀，寻租腐败，破坏公权力运行和社会分配秩序，就会乱大局，进而形成一个个与党的整体利益背道而驰的利益集团，结果就会闹分裂。反腐败，就要治心病。治心病，首先要通过理想信念教育，强身健体。但这还远远不够，还要有抑制领导干部出现私心和防止私心滋长的制度和机制，才能从根本上控制住领导干部的私心。领导干部财产公开制度、权为民所赋的制度就是控制领导干部私心的根本制度。财产公开使领导干部不敢有私心；权为民所赋要求领导干部眼睛向下，时时刻刻想着怎样更好地为人民服务，走群众路线，不能有私心。这两项制度的建立已经有所讨论，但是还没有真正破题，表明存在着很大的困难，但越是困难，越说明其重要。关键不是要一步到位建立起来，而是要行动起来，迈出步伐，每一两年再向前迈一步，这样有个十年八年，我们的制度就建立起来了。改革开放以来，我们党和国家的领导制度，如离退休制度、有限任期制度、集体领导制度、新进政治局组成人员预备人选民主推荐制度等，哪一项是容易建立的？哪一项是忽然一夜之间建立起来的？哪一项不是脚踏实地一步一个脚印经过长期努力逐渐建立起来的？因此，一定要有建立制度的决心、信心、耐心和行动。领导干部的私心问题解决了，干部队伍的团结问题就有保障，各项事业取得长期稳定发展就有了保障。

剪不断，理还乱。腐败之所以猛烈，而且作为一个严重问题长期盘踞在我国的政治生活中，就是因为许多领导干部有了病态的私心，而不能对症下药。我们应该打一场高水平的反腐战，不但要扑灭这些领导干部的炽热私心，抓出一个个腐败分子，还要从根子上扑灭所有领导干部出现私心的可能性，这就要求在"老虎"和"苍蝇"一起打的同时，建立起领导干部精英选育和民主选举相结合的用人机制、财产公开的社会监督机制，建立起权为民所赋的权力运行机制，把权力关进制度的笼子里，才能防止未来继续发生腐败，遏制正在发生的腐败，从而真正建立长效机制。

反腐促团结，团结出力量。打一场高水平的反腐战，不仅给人民群众一个清正廉洁的干部队伍，而且保障了干部队伍本身的精诚团结，从而创造出经济上长期稳定发展、政治上长治久安的大好局面。（李跃平 赖海）

# 反腐观点摘编

## ■ 廉洁政治建设的特征

回顾十八大以来这两年，以习近平同志为总书记的新一届中央领导集体，从严治党，建设廉洁政治的基本方略在实践中不断推进，不断发展，呈现出以下特征。

既治标，又治本。以治标为切入点，赢得社会的高度认同；以治本为落脚点，改善政治生态环境。

作为廉政建设和反腐败的两种方式，治标和治本各自有所侧重，有机统一。治标突出的是一个"惩"字，腐败现象露头即打；治本突出的是一个"防"字，从源头治理，解决问题。两年多来，中央通过重点工作的推进如要求党员干部严守"八项规定"、重点问题的解决如群众反映强烈的"四风"问题，以及重要机制的运行如巡视和专项巡视等综合性措施来治标，达到集中整治、重点突破的效果，赢得了社会公众和国际社会的高度认可。通过治标，发现实际存在的问题和漏洞，有针对性地提出治本措施与对策，将一些行之有效的工作办法固定下来，通过制度化和规范化，从根本上为建设廉洁政治,营造好的政治生态创造条件。

塑廉政,倡勤政。将廉政的思想与勤政的行动在党员干部的管理和领导实践中统一起来,落实权为民赋、实现执政为民的宗旨。

廉政和勤政是为政之本,是党员干部开展工作的"鸟之双翼"和"车之两轮",两者相互联系,相互促进,缺一不可。勤政建设搞好了,有利于形成积极进取的精神状态,形成良好的工作作风,充实精神生活,从而为廉政建设奠定坚实基础。反之,如果精神状态萎靡,工作作风不正,精神生活空虚,必然导致种种消极腐败的观念和行为滋生蔓延,反腐倡廉建设的成本和难度就会大大增加。

所以,新一届中央集体一方面大力抓干部队伍的廉政建设,另一方面高度重视提高干部队伍的勤政意识,反复倡导党员干部的担当意识,通过具体举措督促干部队伍提高工作的能力水平。

应当充分看到,中央在党风廉政建设和反腐败方面的努力取得了很大成效,得到了社会的高度评价和欢迎,对于纯洁党员干部队伍,保证执政党的先进性,强化执政之基起到了很好的效果。

立制度,建文化。以科学的制度引领廉洁文化,以廉洁文化巩固廉政制度实施的效果。

马克思主义经典作家曾经指出,公务员是公仆,公仆要注意防止两种倾向,即防止公仆变私仆和防止公仆变主人。恩格斯就如何从制度上防范这两种倾向提出了思考,即通过选举制度和监督制度的设计来做到"防患于未然"和"治病于未亡"。选举制度重在解决权力主体的产生问题,监督制度旨在解决权力主体如何避免出现异化。应当说,马克思主义经典作家多年前提出的问题在社会主义国家的政治实践中破题了,但是还远没有结果。苏联的干部产生体制走的是一条完全自上而下的选举,这条道路已经被实践证明有很多隐患,但是单纯地依靠从下到上的选举也同样有问题。对于我们来说,需要做的是如何在从上到下的选举形式和从下到上的选举形式之间找到一个最佳的平衡点,如何在自我监督和社会监督之间找到一个适度的平衡机制,如何很好地将党的领导和人民群众的意见结合起来,这需要很高的领导智慧和领导艺术。

对权力的警惕之心和敬畏之心在短期之内容易形成,但如何将廉政制度"外化于形,内化于心",进而形成一种廉政文化,则需要一个比较长的历史过程,可能需要一代人甚至几代人持之以恒的努力和坚守。廉政文化要注重吸收具有普遍意义的价值观,更要注重挖掘我国传统文化的精神养料。习近平总书记指出:"博大精深的中华优秀传统文化是我们在世界文化激荡中站稳脚跟的根基。"苏轼在《前赤壁赋》中写道:"且夫天地之间,物各有主,苟非吾之所有,虽一毫而莫取。"类似这样的精神品格在我们传统文化中有很多,可以成为延续廉政文化的精神命脉。

新一届中央领导集体高度重视有关廉政制度的建设。习近平总书记提出:"要强化制约,科学配置权力,形成科学的权力结构和运行机制。"科学的权力结构和运行机制有赖于顶层设计,也依赖于实践中的监督。从维护宪法尊严,到全面推进依法治国决定的做出,从"谁来提名"到"怎样提名"再到"落实提名责任",为把好选人用人第一关扎好制度的笼子,到借鉴中央巡视组工作经验,建立党风廉政建设巡查和纪检监察系统巡查"两个巡查"制度,明确党风廉政建设主体责任和监督责任,这些都有力地推动了科学的权力结构和运行机制的形成及作用的有效发挥。

同时,中央也将廉洁文化的养成和巩固问题提到了一个新的高度。因为廉政文化有助于在社会中建立普遍的道德追求,能"未病养生、防病于先",对腐败行为起到"防火墙"的作用。在全党范围内开展的群众路线教育实践活动,就是要把为民务实清廉的价值追求深深植根于党员干部的思想中,就是一次生动的廉政文化的再教育。(孙晓莉)

## 以传统文化助建廉政文化

关于加强党风廉政建设，习近平同志曾明确指出："党风廉政建设和反腐败斗争是一项长期的、复杂的、艰巨的任务。反腐倡廉必须常抓不懈，拒腐防变必须警钟长鸣。"这一观点洞彻了事物的本质属性。笔者认为，通过长期的人文"教化"与不断的自我"内省"，可以提高每个领导干部的思想正确度，有利于他们树立正确的价值观和人生观。

**以文化的感化之功塑造官德人格**

文化是一个民族厚重的精神积淀，是一个民族不朽的灵魂，它对人们的价值取向、行为方式、审美情趣、思维定势等产生了深远而又常新的影响。中华民族是一个注重精神修养和生命内涵的民族，历代统治者大都非常重视文化的社会功用，以文化的感化之功，提升执政集团中每个个体的精神境界，将教化作为防范权力异化、保证吏治清廉的最基本的手段。

中华文化的人文理念对教化官吏摒弃邪恶、消除贪欲具有不可替代的作用。儒家倡导的大人之学——"明明德""亲民""止于至善"，其根本目的就是使齐家治国者加强人文素养，提升精神境界，塑造完美人格，以实现"修身、齐家、治国、平天下"的人生目标；儒家的法治观、民本观、爱人观、忧乐观、义利观、修齐观、自省观、慎独观、生死观、清廉观是传统礼制社会主流的伦理观，已成为中华民族主流的价值取向。道家以"慈""俭""不敢为天下先"为"三宝"，倡导自然无为，能够医治人对名利的过度贪求；佛家的慈悲情怀以及对宇宙万物的本源性认识，能够感召人对社会的无私奉献。这些人文财富对于提升为政者的精神境界，都具有直指本心、塑造心灵的重大作用。

**身教胜于言教必先正己　而后化人**

古人云："其身正，不令而行；其身不正，虽令不从。"中国传统文化的影响，使得公众有强烈的从众、仿效心理。权力高层高尚的道德操守，对治下官吏具有潜移默化的教化作用，居上位者的以身作则，都是治下官吏廉洁执政效法的榜样。

在注重"正己化人"的同时，历代有作为的政治家还十分注重对官吏进行廉政训诫，告诫他们要奉公守法，廉洁自律。如汉景帝劝谕官吏要廉洁爱民，警告他们不得"以货赂为市，朋党比周"，违者严惩不贷。唐太宗训诫群臣："大丈夫岂得苟贪财物，以害及身命，使子孙每怀愧耻耶？"并告诫臣僚，鸟栖于林，鱼藏于水，仍被人捉拿，其缘由在于它们贪吃诱饵。明太祖朱元璋训诫群臣："无作是非，显尔祖宗，荣尔妻子，贵尔本身，以德助朕，为民造福，立名于天地之间千万年不朽，永为贤称。"后蜀孟昶以送箴言的方式劝诫地方官吏廉洁自守："尔俸尔禄，民脂民膏，下民易虐，上天难欺"。宋太宗亲书这一箴言，赐给州县官员，要他们勒石立于衙门大厅之前，引以为戒，这就是历史上有名的《戒石铭》。清代康熙帝明令地方以及在京的全体文武官员不得"借名节令、生辰，剥削兵民"，"苛索属员"，"交相馈送"，要求官员之间"断绝馈送，以尽厥职"。这些封建统治者的言传身教对于防范官吏腐败起到了一定的教诫效果。"正己化人者顺"（《三略》），在人类文明高度发达的现代社会，不仅是权利高层，各级领导干部都是国家的主人，每个官员都有"正己化人"的社会责任，理应以高度的社会责任感，做好治下官员的好榜样。

**正确对待名利常存惧戒之心 修身内省**

"天下熙熙皆为利来，天下攘攘皆为利往。"（《史记》）人类追名逐利的本性，似乎成为吏治腐败的正当理由，但是，对"名利"的不当贪求，必然会导致堕落。

《周易·乾·九三》说："君子终日乾乾，夕惕若厉，无咎。"这句爻辞告诉我们，无论是建功立业，甚或是安身立命，都必须慎重对待，在事业的发展过程中，应该努力不懈，奋发有为；同时也应存有战战兢兢、如履薄冰的惧戒之心，才不会迷失人生的目标。否则，若胸无大志，飘飘然忘乎所以，昏昏然不思进取，整天灯红酒绿，腐化堕落，就会在不知不觉中蜕化变质，滑向犯罪的深渊！白日欺人，难逃清夜之愧报；暗室收金，怎欺天地之明鉴。慎始、慎终、慎独、慎微都是君子修身内省的必备功夫。历代明君贤臣无不注重涵养道德，修身反省，严于律己；处上位而不骄傲，居下位而不忧郁，在不断进取的同时，时刻保持内心的警觉，最终成就千秋伟业。在物欲横流的现代社会，人们越来越注重对名利的追求，对道德操守愈发不屑一顾。然而，名利之实不能使人永久占有，而操守之虚却能成就千古清名！如何看待名利，是衡量一个人道德水准的重要方面。若以不正当手段求取一己私利不计天下大利，若求一时之名而不计身后之名，必然会身败名裂。我们每个领导干部，都应树立正确的名利观，自觉修炼"内省"功夫，注重内心省养，鄙视物欲享受，应以积财货之心积学问，以求功名之念求道德，以爱妻子之心爱父母，以保爵位之心保国家，则人人皆可为尧舜。（李如龙）

## 反腐倡廉徒法不足以自行

《孟子·离娄上》曰："徒法不足以自行。"即只有法令不能够使之自己发生效力，反腐倡廉仅靠法令是不行的。早在两千多年前，董仲舒在给汉武帝的《举贤良对策》中曾重点分析了当时为什么会"法出而奸生，令下而诈起"，即：政府防止犯罪的法令越多，人们犯罪的数量也越多；政府打击犯法的措施越多，人们犯法的手段也越高明；政府越是反腐败，腐败越猖獗。中纪委王岐山书记强调，要把坚决惩治腐败、遏制蔓延势头作为工作目标，并指出，惩是为了治，要加强理想信念教育，使领导干部"不想腐"；强化制度建设和监督管理，使领导干部"不能腐"；坚持有腐必惩、有贪必肃，使领导干部"不敢腐"。反腐倡廉，需要他律与自律的共同推进，徒法不足以自行。

"相濡以道德，相忘于法治"，反腐倡廉须道德源头教化。道德自律是软约束，而法律制裁是硬约束，道德与法律都属于人们的行为规范，法律是外在的道德,道德是内在的法律;法律是强制执行的道德,道德是自觉执行的法律;法律是起码的道德,道德是高尚的法律。道德的力量是无穷的。董仲舒以为,要从根本上解决腐败问题,必须以"正人心"作为重要的突破口,并从最上层做起,层层向下,影响整个社会,其曰:"故为人君者,正心以正朝廷,正朝廷以正百官,正百官以正万民,正万民以正四方,四方正,远近莫敢不壹于正。"《资治通鉴》记载,唐朝宰相姚崇丧子,请假数日,政事积压,同朝宰相卢怀慎一时处理不了,感到愧疚,便向唐玄宗作检讨。然而,唐玄宗并无怪罪之意,他笑着对卢怀慎说:"朕以天下事委姚崇,以卿坐镇雅俗耳。"意思是说,管理朝政主要是姚崇的事,而卢怀慎是他树立的道德榜样,让其在位的意义在于引领社会风气。卢怀慎居官多年,正直无私,廉洁自律,生活俭约,所用器物、衣服没有金玉锦绣之华丽,所得薪饷大都接济给困难的人,家无积蓄,妻儿常年受穷,其官声极佳、影响很大,他手下的官吏亦不敢奢侈挥霍,更不敢中饱私囊。再如明朝万历皇帝用海瑞来引领社会风气,做道德楷模,虽然海瑞屡次触犯万历皇帝,贬了又升,几起几落,因为万历皇帝知道,海瑞是一个离不开的清官,由他"坐镇雅俗",引领世风,对抗官场贪渎习气极为重要。古今中外,无论哪个社会,都需要"坐镇雅俗"的道德楷模,能够开风气之先,净化党风、政风和民风。

"畏己知""嗜鱼拒鱼",反腐倡廉须自律。"畏己知"始见于清,作为反腐倡廉名训为历史推崇沿用。誉称"千古一廉"的清代河南巡抚叶存仁离职时,僚属为避人耳目,便在深更半夜用小舟为其馈赠金银首饰等大批礼品,叶存仁见状,既不想私藏暗吞,可送礼者是自己昔日的旧僚下属,又不想生推硬挡,便灵机一动,挥诗巧妙拒绝。其诗文曰:"月明风清夜半时,扁舟相送故迟迟。感君情重还君赠,不畏人知畏己知。"《初潭集廉勤相》中的《公仪休嗜鱼》记载:公仪休相鲁而嗜鱼,国人献鱼而不受。其弟子谏曰:"嗜鱼不受,何也?"公仪休曰:"夫唯嗜鱼,故不受也。受鱼而免于相,则不能自给鱼,无鱼而不免于相,长自给于鱼。""畏己知""嗜鱼拒鱼"都是一种自律境界,"畏人知""不免于相"是外部约束的他律。《礼记》云:"莫见乎隐,莫显乎微,故君子慎其独也。""畏己知""嗜鱼拒鱼"是一种慎独意识;"祸兮福之所倚,福兮祸之所伏","畏己知""嗜鱼拒鱼"亦是一种忧患意识。正如唐代诗人杜荀鹤诗云:"泾溪石险人兢慎,终岁不闻倾覆人。却是平流无石处,时时闻说有沉沦。"加强反腐倡廉建设,需要领导干部要有"叶存仁畏己知""公仪休嗜鱼拒鱼"这样的自律境界。

"淮南为橘,淮北为枳",反腐倡廉需廉政文化土壤。《晏子春秋·内篇杂下》记载:"齐国的晏子到楚国,楚王想戏弄他,故意将一个犯人从堂下押过。楚王问:此人犯了什么罪?回答:一个齐国人犯了偷窃罪。楚王就对晏子说,你们齐国人是不是都很喜欢偷东西?晏子回答:淮南有橘又大又甜,一移到淮北,就变成了枳,又酸又小,为什么呢?因为土壤不同。""橘生淮南则为橘,生于淮北则为枳",现喻指反腐倡廉的文化土壤很重要,关键在于建设培育。廉政文化的特点在于它是软性的不是刚性的,是民主的不是专制的,是多元的而不是单一的,是春风化雨、潜移默化的,攻其力不如攻其心。廉政文化具有社会引导的功能,对人们的思想认识起到潜移默化、感染熏陶的引导作用。要加强廉政文化建设,才能从根本上铲除腐败的土壤;要强化廉政文化载体,增加廉政文化含量;要重视廉政文化制度建设,不搞"教而不诛"或"诛而不教",不断建立和完善先进廉政文化;要强化"文化反腐"氛围,形成对腐败文化零容忍的舆论态势。《官箴》曰:"吏不畏吾严而畏吾廉,民不服吾能而服吾公。"培育廉政文化土壤让倡廉有形,润物无声。

"自宜按律,以儆效尤",反腐倡廉须保持高压态势。清代李绿园《歧路灯》:"自宜按律究办;以儆效尤。"要强化惩治机制、加大惩处力度,形成"不敢腐"的反腐机制和社会氛围。要加大权力运行的透明度和对腐败行为的惩治力度,使行政权力的运作处于众目睽睽之下,不让腐败分子"痛苦一阵子,幸福一辈子",而要让腐败分子"痛苦折磨一辈子"。把坚决惩治腐败摆到更加突出的位置，以严明的纪律维护党和政府的形象，同吃、拿、卡、要、报等一切消极腐败现象进行毫不留情的斗争。严格按照十八大报告中要求的"始终保持惩治腐败高压态势，坚决查处大案要案，着力解决发生在群众身边的腐败问题。不管涉及什么人，不论权力大小、职位高低，只要触犯党纪国法，都要严惩不贷。做到'老虎''苍蝇'一起打"。通过严惩使腐败分子心生惧意，不想腐、不能腐、不敢腐。

"甲申对""窑洞对""赶考对"，反腐倡廉须民主监督。延安时期毛泽东赞赏郭沫若《甲申三百年祭》的"甲申对"；1945年与黄炎培的"窑洞对"，黄炎培问毛泽东：历朝历代都没有能跳出"其兴也勃焉""其亡也忽焉"的"周期率"。"中共诸君"能跳出这"周期率"的支配吗？毛泽东回答：我们已经找到新路，能跳出这"周期率"。这条新路就是民主。只有让人民来监督政府，政府才不敢松懈。只有人人起来负责，才不会人亡政息。两次对谈一个主题，即如何防治腐败，保持共产党的先进性、纯洁性。300多年前的甲申年是非常典型的"周期率"，李自成的农民军之所以亡得这样快，一个重要问题就是腐败而丧失斗志。在党中央由西柏坡到北京城时，毛泽东对周恩来说：今天是进京"赶考"，退回去就失败了，我们决不当李自成，我们都希望考个好成绩——这就是"赶考对"。"甲申对""窑洞对""赶考对"三个"对谈"至今对中国共产党都是很好的鞭策和警示，启示我们反腐倡廉要坚持"两个务必"、民主监督，才能跳出"历史周期率"的"魔咒"。

"法者，天下之程式也"，反腐倡廉须把权力关进制度的笼子。《管子》曰："法者，天下之程式也，万事之仪表也。"习近平同志强调指出："要把权力关进制度的笼子"。邓小平指出："廉政建设，要靠教育，更要靠法制，搞法制靠得住些。"能否有一套严格而又较为完善的法规法制体系，这是防治腐败现象，在反腐败斗争中有无强制性对策的问题。反腐败要标本兼治，法制是保证，应通过法制建设，铲除腐败现象滋生蔓延的土壤。要运用法制思维和法制方式反对腐败，进一步推进各项与权力运行相关的体制机制改革,用制度来保障权力在阳光下运行。加强反腐倡廉法制建设,提高制度刚性约束的有效性。

人无常心,习以成性;国无常俗,教则移风;德以劝善,法以诛恶。反腐倡廉,徒法不能以自行。(梁晔)

## ■ 廉政文化培育的现实路径

廉政文化的养成,从时间上讲,远非一朝一夕所能完成,从培育的现实路径看,需要多措并举。培育廉政文化必须坚持人民群众主体地位,以宽广的视角、创新的思路、综合的办法积极加以推进。笔者认为可以考虑从以下几个方面入手。

积极稳妥地推进以干部选拔制度为突破的政治体制改革,破除官本位的阻碍作用。

30多年正反两方面的经验表明:"经济体制改革每前进一步,都深深感到政治体制改革的必要性。不改革政治体制,就不能保障经济体制改革的成果,不能使经济体制改革继续前进。"政治体制改革问题已经成为躲不开、绕不过的难题。历史和现实经验也表明,破除官本位对社会发展的阻碍作用必须对官员选拔方式进行改革,从根本上要解决各级领导干部手中权力的来源、使用与监管问题。因此,"必须继续坚定不移并持之以恒地将干部选拔、任用与管理制度的改革作为整个政治体制改革的突破口,作为反腐倡廉制度建设与创新的关键生长点,使所有肩负人民重托与期望的领导干部都能置于优良制度的监管之下而永不变质"。在具体路径上,尤其要加快推进基层民主发展的步伐,在总结乡镇选举民主工作实践经验基础上,至少应在县级层面大力推进选举民主,将人民群众的知情权、参与权、选择权和监督权落到实处,"从制度与体制层面将党选干部、党管干部与民选干部、民管干部统一起来,最大限度地从干部选拔这个源头上堵塞权力腐败的漏洞"。

大力培育以科学理性为主导的融人文精神于一体的当代科学精神，推动人伦型文化向科学理性文化的转型。

科学与民主在一定意义上是一致的，现代政治文化的形成离不开科学精神的支撑。西方现代政治文化是在科学精神指导下的西方社会整体现代化过程中形成的。现代政治文化所要求的公民意识、公共权力观念、政治主体意识、政治参与意识、平等协商精神、开明包容意识、依法办事观念，在与科学精神的融合互动中得以形成。中国传统文化从根本上说是一种道德伦理型文化，未曾产生真正的科学精神，妨碍了现代政治文化的形成和发展。在中国的现代化运动中，由于传统人伦文化、实用工具取向、现实社会环境制约等因素的影响，科学精神始终处于缺失的状态，加上我国基础教育薄弱，科普工作又极为有限，精神层面的现代化无法实现，自然造成了现代化运动中首要的也是最为重要的人的现代化始终没有完成，国民的科学文化素养仍然需要不断提升。要真正实现中国传统政治文化的转型，必须大力培育以科学理性为主导的融人文精神于一体的当代科学精神，为廉政文化培育营造良好的基础条件。同时我们要弘扬的科学、科学精神并非近代脱离了人文向度的霸权性意识形态与绝对工具理性，而是融人文精神于一体的现代科学精神。

重塑国家廉洁价值观，奠定服务型政党和服务型政府发展的文化基础。

廉洁价值观奠定了制度的道义基础、构成其合法性的依据，构成服务型政党和服务型政府发展的文化根基。香港在20世纪70年代发起的"廉政风暴"中，在法治和防止腐败行为的同时，还注重开展"价值革命"提高公众对腐败的认识、对政府的信任及社会整体的伦理道德标准。实际上，"有什么样的价值观念，就有什么样的制度，价值观念的变化会引起制度的变化"。廉洁价值观作为一种价值标准，可以发挥对廉政建设和廉政制度建构的指引作用、预测作用、评价作用、教育作用，它应该是引领中国特色反腐倡廉建设科学发展的旗帜。"值得警醒的是，对于制度反腐的重要性，现代政府和民众已经有了较为普遍的共识，而对于重塑具有内在反腐属性的政治文化价值和道德理想的重要性,不少人仍然缺乏清醒的认识"。当前,中国社会处于纷繁复杂的转型时期,既有的道德文化价值体系日渐式微,工具理性大行其道,拜金主义、享乐主义和奢靡之风盛行,传统士大夫的道德理想和传统政治文化中特有的内在超越精神被种种肆无忌惮的世俗化、功利化倾向急剧吞噬,成为腐败滋生和蔓延的土壤。从长远看,这是比制度化建设不足更为堪忧的问题,是提升中国政治合法性和社会基础秩序生成过程中更为艰难而又更加隐形发挥作用的根本性任务。重塑国家廉洁价值观在个体意义上应着眼于实现理论认同、真诚信仰、行动指南的统一,在社会约束机制意义上要力求实现在其崇高价值理想、合理价值取向、日常价值选择、科学价值评价层面的统一,引导广大人民尤其是党员干部树立人人崇廉、自觉拒贪的理念和信仰,形成清正廉洁的品行和操守,自我监督及监督他人的价值评价。对广大公民个体来说,就是要树立正确的事业观、利益观、交往观;对党员干部来讲,尤其是要树立正确的权力观、事业观、利益观。

**将高质量的制度建构及其良性运行作为重点,提高制度建设科学化水平。**

改革开放以来,一系列党内法规和反腐倡廉基础性法律逐步颁布,廉政制度建设取得一系列成就和突破。同时,对制度本身的合理性、适用性、系统性、简便性考虑不够,不利于制度功能的发挥和制度本身生命力的维护。在社会已经发展到一定程度、制度规范逐步建立健全的今天,应当将制度建构的重点放到制度的优化、创新和执行上来。这就要求强化"权利本位"观念,充分发挥民众在制度建构及其良性运行中的主体作用。研究囚徒困境以及相关博弈的学者提出,通过反复的博弈,更容易维持合作关系,在民众参与过程中,会逐步形成民众自治规则系统——社会规范,包括各种层次:法律规范、道德规范以及行为习惯等。这种社会规范不同于由国家机构自上而下指令性发布的法律规则,是民众在多次重复自由组合过程中逐步发现为保障个人利益最优而存在着的最优纳什均衡。因此,在制度拟定中要充分发挥人民群众的作用，通过各种形式征求和吸纳群众的智慧，避免少数人闭门造车、纸上空谈。在价值取向上，要立足于实现和维护人民群众的福祉，方便群众而不只是方便管理，要体现出个体权益和公共利益的关联。在制度执行中，要体现人人平等的刚性，在鼓励人们遵守制度的同时，对破坏制度的行为给予足够震慑的惩治。最后，还要加强对制度的全方位监督，避免出现制度模糊、制度执行不力、制度失效、制度虚置的现象，这也是制度价值体现的保证。（张弘政）

# 附录　国外制度反腐镜鉴

编者按：习近平总书记指出，要把权力关进制度的笼子里。打造廉洁政治，不仅要严厉查处腐败，更要重视制度建设。只有"坚持用制度管权管事管人"，用法治思维和法治方式反腐，才能形成"不敢腐的惩戒机制、不能腐的防范机制、不易腐的保障机制"。放眼世界，腐败指数较低的国家和地区，往往重视对权力运行的制约，重视权力运行的制度建设。唯其如此，了解国外廉政制度建设的过程和做法，就极有必要。

## 1. 美国

在19世纪，美国曾经历过一个经济增长与政府官员腐败横生并存的时期。譬如，19世纪70年代，曾是美国经济史上的高速增长时期，也是腐败现象的高发期。有学者计算，这一时期美国的腐败指数，差不多是美国20世纪30至70年代之间腐败水平的5倍，然而，从1815年到1975年，美国经历了一个从腐败事件层出不穷的高峰期，到腐败指数减少并维持在一个低水平稳定期的过程。20世纪70年代后，美国进入了当今世界腐败指数水平最低的国家行列。即便如此,美国依然腐败丑闻不断。

吉姆·莱特是民主党人,于 1987 年任众议院议长。1988 年初,众议院的共和党议员控告莱特有违反政府道德法的行为,随后,众议院道德委员会聘请芝加哥的费兰律师担任独立检察官,负责调查莱特的行为。经过 10 个月的调查,费兰及其工作人员于 1989 年提交了一份调查报告,指控莱特在过去 10 年内曾 69 次违反有关的法律规定,其主要问题在两个方面:第一,一位名叫马立克的房地产开发商在过去数年内以支付莱特夫人工资等名义向莱特夫妇提供了 14 万多美元的馈赠,莱特的这种行为属于不适当地接受"对立法有直接兴趣者"的馈赠。第二,莱特故意规避有关议员演讲收入的法律规定,以出版演讲稿的方式获得约 5 万美元的"稿酬",而且他没有申报这笔收入。1989 年 4 月 17 日,众议院道德委员会一致通过了费兰的调查报告,并发表了谴责莱特违反议员道德准则的声明。同年 5 月 31 日,莱特被迫辞职,成为美国历史上第一位因违法贪财而被迫辞去职务的众议院议长。

1992 年 4 月,《纽约时报》披露了美国国务卿贝克动用军用飞机作私人旅行的情况。报道说,政府的审计表明,国务卿贝克在过去的 26 个月中共动用军用飞机进行了 11 次私人旅行,花费公款 371599 美元,其中,9 次动用军用飞机飞往他的老家休斯敦,2 次飞往怀俄明州的派恩代尔。这些旅行包括他去怀俄明州的一个农场度假和他去得克萨斯州参加他母亲的葬礼。他只向政府交付了 17159 美元,作为他本人、家人和客人的旅费。虽然贝克在联邦审计总署对其上述行为进行了审计之后就立即按标准补交了全部费用,他还是陷入了国会和公众对政府高级官员特权的批评之中。

托马斯·马洛尼曾经是芝加哥颇有名气的刑事审判法官。他在 1990 年退休前连续担任了 13 年法官。1993 年 3 月,芝加哥的联邦检察官办事处在长期调查之后指控马洛尼在他以前审理的三起杀人案和两起抢劫案中收受了当事人的贿赂,其中最引人注目的是 1986 年芝加哥黑手党"鲁肯家族"首领杰夫漠福特杀人案的审判。在该案中,马洛尼法官先是私下收受了"鲁肯家族"的 1 万美元现金,但是在开庭审判之前又把钱退了回去,理由是"此案太引人注目"了。由于检察官在马洛尼受贿案中提出了颇为充分的证据,包括大量的录音带,所以主审的联邦法官虽然对马洛尼心有同情,最后也只能判其有罪。该案对美国的司法系统产生了强烈的冲击。

正是基于对一桩桩权力腐败案件的思考,加强对权力运行的制约与监督,成为美国政府的一项重要工作。通过长期的努力,美国目前已经形成了比较健全的权力制约与监督体系。其代表性的制度有如下几个方面:

美国的《文官制度法》颁布于 1883 年。该法的基本宗旨是要确立任人唯贤的政府官员选任制度。该法规定要公开选拔政府官员,而且保证公民不受政治、宗教、种族或出生国的限制和影响,都享有平等竞争政府文官职位的权利。最初,该法的这一规定仅适用于 10% 的联邦政府文官职位,后来历任总统不断扩大其适用范围。在 1978 年的《文官制度改革法》颁布之后,90%以上的联邦政府雇员都受到该法的保护。该法对政府雇员的义务作了更明确的规定,它要求政府雇员要奉公守法,廉洁自律;不得贪赃枉法,以权谋私,营私舞弊;不得参加包括政治捐款在内的政治性金钱收受活动。上述立法确立了文官行为准则和政治家从政道德准则。

美国的《预算和会计法》颁布于 1921 年。该法决定撤销原来隶属于财政部的主计长和审计官,成立直接向国会负责的审计总署,并规定了审计总长的任免、职权以及审计总署的机构设置等事项。该法的基本宗旨是加强对公共资金的收入、支出和使用的监督审查,以便约束和减少行政官员滥用职权、贪污浪费的行为。尔后,国会曾多次通过法案扩大审计总署的权力。

《有组织的勒索、贿赂和贪污法》最初是于 1962 年在联邦立法机关中部分提出的,后来在 1970 年由国会通过。该法扩大了联邦司法机关在惩治腐败官员上的管辖权,给予了执法机关使用更为灵活的调查手段的权力,加大了对贪污受贿官员的处罚力度,因此很快就成为美国最重要也最有效的反贪污贿赂法律。随后,美国一些州的立法机关也颁布了类似的法律。

《对外行贿行为法》颁布于 1977 年,后来在 1988 年进行了修订。在 1977 年以前,美国法律并不禁止美国公司向外国政府官员行贿,也没有要求美国公司向社会公开其可能带有行贿性质的向外国政府官员的付款。该法的主要内容是要求那些受证券交易委员会规章约束的公司建立一套完备的内部财会管理制度，并在遵守现存证券交易法规的前提下向社会公开其向外国政府官员付款的情况以保证其经营行为的正当性。该法禁止对外行贿行为。无论是直接还是间接地付款给外国政府官员、外国政党首脑或政党首脑候选人，或者做出给付某种利益的承诺，只要给付的目的是行贿，即希望通过受贿者的某种行为或不作为使公司获得不正当的利益，那么这种给付或承诺就属于对外行贿行为。该法并不禁止为获得正常政府行为而向外国官员支付钱款，也不禁止向外国官员支付所在国法律准许支付的回扣或小费。

《政府道德法》颁布于1978年，并于1989年进行过修订。该法的主要内容是规定了政府官员财产申报制度。按照该法的规定，包括总统、副总统、国会议员、联邦法官在内的立法、司法、行政机关中一定级别以上的官员，都必须按时申报其财产收入，包括可估价财产和不可估价财产，还包括其配偶和子女与其有关的财产收入。该法规定了政府官员财产申报资料的保管办法、保存期限、公开方式、查阅手续，以及对拒绝申报和虚假申报的处罚办法。此外，该法还规定了政府道德署和独立检察官的设置和职责等事项。根据《政府道德法》，美国财产申报制度分为公开申报和秘密申报两类。公开申报，是指个人财产报告向社会公开，任何公民均可查看。约2.5万名高级官员和雇员需要公开申报，包括担任重要决策权和指挥权的官员、高级科技人员、咨询顾问人员等。秘密申报人员范围一般由各部门自行确定，一般为文职人员、中下级官员或雇员。而秘密申报的材料不予公开，由各部门掌握。根据《政府道德法》，公职人员须填写财产申报表格，申报内容包括个人收入、收受礼物、个人资产、负债额度以及房产、资产等转移情况。财产申报不只限于申报者本人，还包括其配偶或受抚养子女，各受理申报的机关均须将财产申报资料公开，以接受监督。必须公之于众的财产主要包括：申报人在一定的范围内获取的收益，签订的受益协议，接受的馈赠、款待和谢礼，以及个人的债权债务、买卖交易、社会兼职等。

《监察长法》颁布于 1978 年。该法规定在政府的各行政机关内设立监察长办事处以及设立的目的；规定了监察长的任免和监督；规定了监察长的任务和职责；规定了监察长工作报告的内容和公布；规定了监察长的调查权力；规定了对举报人和控告人的保护；还规定了国防部、财政部、司法部、国际开发署、核管理委员会等机构的监察长的特殊职权和义务。

《美国法典刨刑事法卷》第 201 条至 209 条规定了与政府官员贪污贿赂行为有关的各种罪名和处罚，包括贿赂公务员罪、贿赂证人罪、公务员受贿罪、证人受贿罪、国会议员及其他政府官员非法收受报酬罪、国会议员及其他政府官员从事有损政府事务罪、政府官员假公济私罪、政府官员收取来自非政府报酬罪等。

## 2. 英国

1993 年，英国首相梅杰发起了一场"道德回归"运动。当时，街谈巷议盛传一些议员在收钱后代提议案和替商人获取情报。为了弄清事实真相，《泰晤士报》派出两个干练记者，在 1994 年秋打扮成药商，相继请 10 名议员在议会上替其药品生意说话，并且许诺每提一个问题将给 1000 英镑的报酬。意外的是，竟有 6 名议员欣然赞同这种官商勾结的交易。过了几天，果真有 2 名议员就药品问题向福利部长提问，然后暗地里收下了"药商"所开的两张 1000 英镑的支票。在掌握了真凭实据后，报社毫不客气地在《泰晤士星期刊》上对此事全盘曝光，令全国哗然。在这种情况下，梅杰任命一个由诺兰主持的生活标准委员会开展调查，调查结果显示，下院 651 名议员之中有 245 名议员在院外做兼职，其收入高出了法定年薪的 3 倍。于是，1995 年，在梅杰政府的推动下，诺兰委员会提出了严格部长以及公务员的公职生活准则的意见，规定部长以及特别顾问应遵守和国家公务员相类似的规则，如果要加入公司，须有两年的隔离期；对公共咨询和管理组织的管理人员，提出了人事任免和公开性方面的建议，认为应由一名任免委员会的委员来调整任免程序，所有的任命都须听取其职能小组或者独立委员会的意见。

实际上，作为世界上第一个工业化国家，英国也是现代政治腐败的鼻祖。虽然英国不时会曝出大大小小的丑闻，但从不曾扩展成大范围权钱交易和严重的政治腐败，这与其权力运行制度的构建密不可分。早在1889年，英国就颁布了首部反腐败法，即《公共机构腐败行为法》。其后，英国分别于1906年和1915年两次颁行《防止腐败法》。二战后，英国在1948年颁行的《人民代表法》、1962年通过的《北爱选举法案》、1964年颁行的《许可证法》、1972年制定的《北爱地方政府法》、1988年通过的《犯罪审判法》、1989年通过的《地方政府和住房法》、2001年制定的《反恐、犯罪和安全法》等，都针对政府官员的行为制定或添加了新的法律条文。2003年3月，布莱尔政府又公布了新的《反腐败法》。长期以来，英国在透明国际的排名中其廉洁指数均比较靠前，这是英国加强制度建设的结果。

防止权力滥用行为，英国主要依靠文官制度。英国有一套完整、具体、实用的行为法规，用以规范公务员的行为。英国的公务员制度始于1854年，公务员约有60万人，共分为12级。与推行高薪养廉的国家不同，英国文官收入并不很高，低级和中级文官的薪水与非文官同等人员差不多。高级公务员待遇相对较高，但比起在私营公司任职的经理们仍差距甚远。英国公务员之所以比较廉洁，是因为英国有一套较完善的公务员招聘、培训、任用、管理和监督的制度，对公务员必须遵循的六条原则，即诚实、负责、客观、政治中立、保密、公平，以及公务员的职业保障、权利保障、行为规则、活动意向、活动幅度和活动程序都做出了详尽规定。英国文官守则的总纲规定非常明确，文官必须效忠于国家，诚实正直，不能将个人利益置于职责之上，不能以权谋私。为此，守则作了许多具体规定。例如，公务员持有或者将获得可能和本人工作的部门利益不符的公司股份时，须报告或者请求上级；不能泄露经济情报；不能利用工作的便利而得到的信息用于投机；禁止接受与工作有关的个人或者单位的礼品、馈赠和酬金，以及他们频繁或者定期的宴请；不能从事第二职业。而文官出于外交礼节，不便谢绝礼品时，受礼前要请示，受礼后应交公处理。同时,英国政府还把道德建设作为公务员制度的重要组成部分,制定了政府工作"无私、正直、客观、责任感、公开、诚信、领导才能"七大原则,并对每条原则都做出了详细解释。与此同时,又相继制定了国会议员行为准则、特别顾问行为准则、部长行为准则、公务员行为准则等,从制度上保证了公职人员的廉洁从政行为。

建立财产申报制度。1883年,英国议会通过了世界上第一部关于财产申报的法律,即《净化选举、防止腐败法》,规定了议会中议员选举费用的限额和对选举舞弊的刑罚。法律规定,如果官员个人财产与其正常收入之间存在差距,就必须做出解释和说明,如不能提供合法所得的证据,就会被认定为灰色收入,进而被治罪。此外,瑞德克里夫—莫德委员会于1973年提出了关于财产申报等预防腐败措施的建议,对于议员的佣金、从公司获得的利益、从地方政府的土地获得的利益,实行强制登记。英国的官员分为议会议员和公务员两类。议会议员实行收入状况披露制度,要把各种收入、福利和形形色色的好处摆在明处。工资、奖金、津贴、补贴、免费旅游等福利,以及官员从事咨询、写作、讲学和协助他人经营等活动的所得收入,必须逐一申报。英国普通公务员申报财产和收入只限于本人,其子女、配偶、父母和其他亲属的收入和财产不需申报。

建立政务公开制度。社会监督是对政府运用职权的有效制约。如果权力的运行是公开透明的,权钱交易就变成了一种困难的行为。英国《信息公开法》规定,公共机关有义务向信息公开申请人提供信息。被申请提供信息的公共机关有义务以书面形式告知申请人是否拥有被申请的信息;如果拥有该信息,应当向信息申请人提供所申请的信息。公共机关拥有的信息除了例外信息都应当公开。如果信息公开的申请被公共机关拒绝,申请人可以通过一定程序获得帮助。这些程序包括信息专员的帮助、信息裁判所的帮助和法院的帮助。以公务用车制度为例,政府车辆处有各级负责人的名字、基本工资、加班费、车贴等,透明度高,不仅列入年度报告交议会审核,而且全部在网上公布。英国首相及其政府大臣的公务活动和经济状况也同样高度透明。

通过制度建构，加强腐败预防工作。1889 年，英国颁布了第一部专门反腐败法《公共机构腐败行为法》。该法严格禁止公共机构成员的主动或被动的贿赂行为。依据该法，任何行使公共职能或法定职能的机构均被认定为公共机构，公共机构的任何人员被严格禁止在与公共机构有关的任何交往过程中收受或者要求收受、同意收受任何形式的礼物、贷款、费用、酬劳或利益，也严格禁止他们在此类事务中承诺或提供任何形式的礼物、贷款、费用、酬劳或利益。此外，对上述公共机构成员的腐败行为，该法还规定了严厉的惩罚：对犯有此类行为的公务人员可处以 6~7 个月的监禁，还可加上不设上限的罚款，有的还可能获得像解除公职、从犯罪之日起 5 年内不得担任任何公职。第二次再犯类似罪行永远不得担任任何公共职务，而且从犯罪之日起 5 年内剥夺其在议会和其他任何公共机构选举中的选举和投票权、剥夺获得养老金的权利等处罚。1906 年，英国在修订《公共机构腐败行为法》的基础上，颁布了《防止腐败法》，将禁止公共机构成员贿赂的适用范围扩大，规定不仅适用于公共机构的工作人员，而且适用于公共机构本身。1916 年，英国又对《防止腐败法》作修订，进一步将适用范围扩大到一切地方性和公共性机构。2003 年 3 月，英国政府又颁布了新的《反腐败法》。按照新法的规定，"英国公民或根据英国任何一个地区的法律注册设立的机构在英国以外的国家或领土上发生的贿赂行为"都要受反腐败法的约束。

根据《防止腐败法》，英国政府内阁和文官部都制定了相应的规则。其中比较重要的规范有：关于公务员合同签订中的行为，如果有人在签订合同前获得优惠而给予或暗示给予礼物，公务员应当及时向上级报告这一情况；凡与正式合同有关的任何官员，均不得将自己的住址透露给合同对方。在应酬活动中，政府官员在接受礼品和宴请方面有一定的自主权，可以接受与本部门有日常工作联系的团体和个人的礼品和宴请，也可以接受重大节日（如圣诞节）的赠礼或宴请，但事后必须向主管部门或部门长官汇报，由其裁决是否有受贿因素，必要时予以纠正。对于与部门工作有关的招待会、午餐会、鸡尾酒会等邀请，明确规定只有部门首长或技术、业务主管可以代表本单位参加，其他人员须事先得到其主管官员的批准，否则不能接受；一时无法获得上级批准的，事后也要及时向上级汇报。为了防止假公济私，规定政府官员不得接受与行使公务有影响的、需要回礼和回请的大额礼品或宴请，如果官员因此于事后做出对给予好处的当事人有利的裁决，便构成轻罪。

### 3. 德国

在西方各国中，德国算是一个比较廉洁的国家，2012 年透明国际公布的廉洁指数排名将其列为第 13 名。尽管如此，在 20 世纪八九十年代，官员腐败问题还是时有发生。如 20 世纪 80 年代，拉姆斯多夫被控在担任联邦德国经济部长期间，利用职权授予弗利克集团出售奔驰汽车股票所得收入的免税特权，从中收受 37.5 万马克贿赂；联邦议院议长巴策尔也被指控收受弗利克集团"顾问费" 170 万马克。1993 年，德国运输部长克劳泽在媒体揭露其以权谋私之后，也宣布辞职，成了当时第 5 位因腐败问题而辞职的部长。近年来，腐败问题已然销声匿迹，而官员的道德诚信则备受关注。去年，德国总统伍尔夫黯然辞职。起因是，2008 年 10 月，时任下萨克森州州长的伍尔夫想购买一处房产，由于手上钱不够，于是从企业家基尔肯斯的妻子处得到了一笔 50 万欧元的贷款，由于伍尔夫与基尔肯斯是好朋友，故双方商定贷款利率为 4%，低于当时银行约 5% 的贷款利率。同年 3 月，伍尔夫从斯图加特一家银行获得贷款，还清了基尔肯斯夫人的私人贷款。根据德国的有关法律，官员获得私人低息贷款并不构成贪污，但是在 2010 年 2 月，伍尔夫在下萨克森州州议会接受质询的时候没有承认自己有私人贷款，而只是表示他在过去的十年中同基尔肯斯的企业或者参股公司并没有任何业务往来。这件事怎么说也算不上大事，只是伍尔夫没有承认自己有优惠贷款，但是在伍尔夫当上德国总统后，这个撒谎的事被德国媒体挖了出来。德国媒体认为，总统贷款没有什么问题，但是不能对民众撒谎。这件事使伍尔夫陷入了严重的信任危机。2012 年 2 月 17 日，在强大的民众和舆论的压力下，伍尔夫最终宣布辞职。这几年，算上伍尔夫，德国已有多个高官因为所谓的"丑闻"而被迫下台，其中主要包括：德国教育和科研部长安妮特特沙范因卷入博士论文剽窃丑闻而被迫辞职；德国国防部长古滕贝格因博士论文"未充分交代引用来源"，被迫放弃博士头衔，重压下被迫辞职。

德国政府的清廉与其完备的权力制约与监督制度体系是分不开的。

建立严格的公务员录用和管理制度。人们想要进入公共机构任职，都必须经过严格的审查。坚持忠实可靠、待人诚实、勤劳认真的标准，经过公开招聘、严格审查，并宣誓忠于国家和《公务员行为守则》。在许多州的法规中，规定实行比较严格的检查制度，不管是否发生了违法行为，上级机关都要定期对下级部门的全面工作进行检查考核。根据《德意志联邦共和国基本法》和《公务员法》，公务员在服务期间，每年都要与所在单位签订一份"廉政合约"，承诺廉洁奉公。这不仅是德国公务员与政府之间的一份合同，更是公务员对民众的一份承诺。为了防止腐败，德国实行公务员岗位风险评估，实行轮岗制度，政府官员（包括反贪工作人员）5年必须轮岗交流，对容易滋生腐败的建设、规划、医药等部门则将轮岗间隔缩短为3年，以有效地降低贪污腐败的可能性。在岗期间如发现违规行为，立即调离现岗位。德国政府要求，公务员的所有行为都要公开，每个公务员都要做好随时接受监督和调查的准备。决策的理由要进行论证，决策的过程要进行备案，并要求注明时间、地点、有无上级施加影响、是否代表本人意愿等信息。公务员执行公务之后都要进行报告、签字，并且长期保存，以备案发后作为证据使用，方便责任追究。建立权力分解和制约制度。如重大工程项目的招投标、财政较大的支出、警察执行公务等，必须两个人以上同行，不能单独行动、暗箱操作；制度设计上，许多工作也必须是多个部门参与才能共同完成。德国公务员行为守则明确规定，从事公务的人员不能从事第二职业，如工作需要从事第二职业的，要经过上级主管部门批准，否则，必须责令辞去公职。

建立严格限制接受礼物和利益的制度。所有公职人员不得接受来自任何方面、任何形式的馈赠和捐献。对于公务员收受礼品以15欧元为界限，政府公职人员必须将价值15欧元以上的礼品上报。如公务员被邀参加重大节日活动，须经上级批准，而且只能收取印有主办单位名称作为广告的小礼品，否则会受到查处。德国的《联邦政府官员法》对公务员的权利义务、福利待遇等做出了极为细致的规定，要求公务员不得贪赃枉法、以权谋私，强调所有公职人员包括家属都不得接受来自任何方面、任何形式的馈赠。这种规定从总统、总理到普通公务员，无一例外。根据2007年德国慕尼黑关于"禁止收受酬劳和礼品的准则"，价值超过15欧元的馈赠均被纳入禁止之列。即使是一盒牛奶巧克力、普通化妆品、一支圆珠笔或者一瓶红酒，如果其价值超过15欧元，当事人也要拒收。

完备的权力监督制度。第一，从行政监督来看，各级政府部门都设有内部监督机构和反腐败工作联系人（廉政专员），如发现腐败现象，就向上级报告，比较严重的向检察院反映。审计署是德国政府的专门监督机关，其工作按照法律规定进行，独立于立法、行政、司法之外，不服从任何上级指令，只对议会负责。审计机关平均每5年对政府各部门及公共事业单位审计一次。第二，从司法监督来看，主要是通过行政法院对政府及其公务员涉嫌腐败行为进行司法监督。德国全国设有大约60个行政法院，每州设最高行政法院，联邦设联邦行政法院，普通行政诉讼案件实行三审终审制。比如，竞标政府一个基础设施工程，失败方如果认为政府有失公平，可以到法院要求审查发放程序是否存在腐败问题。迫于这种压力，负责合同发放的政府官员一般会保持公正合理。第三，从议会监督来看，联邦议院中如果有1/4的议员要求对联邦政府在行政管理中产生的官僚主义、贪污腐化、行贿受贿或公众十分关注的问题进行调查，联邦议院有权利和义务成立一个由专家组成的调查委员会。调查委员会可以利用刑事诉讼的规定，传唤证人，通过公开和秘密的途径搜集必要的证据。第四，从舆论监督来看，德国有100多家电台、25家电视台、27家通讯社、380多种报纸和9000多种期刊。为了占有读者，一般都雇有耳目，专门收集政府要员和公务员的政治丑闻和绯闻。德国新闻总署是连接政府与舆论媒体的桥梁和纽带，雇有500名员工收集媒体对政府及其相关政策的报道和评价，每周一、三、五都要召开有政府高官出席的记者招待会。第五，从社会监督来看，任何公民都可以依据法律对政府部门的决定提出批评甚至诉讼。莱比锡市立法规定，公民如发现某政府官员支出大于收入就可以举报，反贪官员要对此进行调查。公民还可以直接到高级官员甚至到议会对公职人员的腐败行为进行质询。

建立腐败预防制度。德国联邦议会建立了一套岗位风险评估制度。该制度是将联邦议会的各个内部职位，按照出现腐败机会和频率的大小，以及有可能产生腐败的工作量占整个工作量的比例，划分等级，超过50%的确定为特别风险岗位。德国联邦议会内部共分为105个部门，其中评出7个部门、200多个岗位具有较高的腐败风险。这些部门及其岗位的工作人员，在岗最多不得超过3年，以避免其与某些企业或者机构长期联系而建立关系网，滋生以权谋私等腐败。对于腐败风险较高的部门和岗位，对其工作人员进行筛选，就职前进行重点教育和提醒，并重点监督；其工作程序实行严格的标准化，每一项工作从开始到完成，每个步骤都要书面存档，他人可随时调阅。德国内政部颁布有《联邦政府关于在联邦行政机构防范腐败行为的条例》，在条例附件中将可能发生腐败的迹象概括为中性迹象和报警性迹象两类。中性迹象包括：公务员有不合理的高水准生活；对变换职务或者调动工作表示出令人费解的抵制；在未获得批准或未进行说明的情况下从事其他兼职工作；出现酗酒吸毒或赌博等问题；同一些企业之间有不同寻常的私人交往；特别夸奖和照顾一些企业以及获得企业方面的慷慨赞助等现象。报警性迹象包括：公务员无视有关规定；不断发生"小过错"；做出不同寻常且令人费解的决定等现象。

## 4. 澳大利亚

在2012年国际知名反腐组织"透明国际"发布的"2012年全球清廉指数排行榜"上，澳大利亚位列第七。一贯以清廉著称的澳大利亚，2011年也曾爆出"史上最严重的腐败"。2011年12月12日,澳大利亚昆士兰州卫生署财务经理莫尔胡·巴罗因贪污公款1630万美元被警方缉捕。昆士兰反对派就此向政府提出质疑,认为正是由于政府对财务控制薄弱,才导致挪用公款丑闻的出现。2012年,工党联邦议员克雷格·托马森被指控用公款召妓,警方介入调查。在反对党动议下,议会对托马森的议员资格进行投票,托马森以两票之差侥幸逃过一劫。62岁的众议院议长彼得·斯利普在2011年11月上任后被指违规报销出租车票和性骚扰33岁男性下属。澳大利亚联邦警察局遂对他展开正式调查。斯利普遂发表声明,宣布暂时停止履行众议院议长职责。

虽然偶有丑闻曝光,但澳大利亚依然是世界上最廉洁的国家之一。这要得益于澳大利亚通过制度建设来预防腐败的做法。澳大利亚虽属英美法系国家,刑事、民事案件审判适用判例法,但对权力运行的规范和监督,却采用了大陆法系国家的做法,即以成文法模式,制定了一套严密的法律法规体系,基本上做到了凡事有法可依,有章可循。政府部门的职责由法律规定。法律没有明文规定的,政府不许作为。每一个机构都有特别法律规定,只适用于这个部门。这既有利于政府部门依法行政,也有利于追究违法行为。

建立公务人员行为准则。澳大利亚实行传统的行政管理体制和文官制度。政务官与常任文官分离,常任文官即公务员恪守政治中立原则,实行职务终身制。联邦议会通过的《公共服务法》把公务人员的核心价值观通过法律形式规范起来。公务员管理委员会还将公务人员的行为准则、价值标准以及对公务员的绩效管理办法等编印成册,甚至将《公务人员行为准则》做成书签,下发给每一位公务员,让他们牢记。澳大利亚公务员行为准则明文规定:"公务人员不得使其职责从属于他的个人利益,他也不得使其职责和他的利益处于相互矛盾的地位。他不得利用他的官方职位增加个人收益,也不容许其私人事务招致滥用信任的猜疑……"为保证上述准则的贯彻,公务人员行为准则规定:公务人员有义务向部长或常任首脑报告任何可能与其公职发生冲突的直接或间接的钱财收益;公务人员不得从事可能损害或影响其职务的第二职业；公务人员在履行职务时取得的薪金以外的任何其他报酬均需上缴政府；除特许外，公务人员不得担任公司董事等职务；公务人员不得利用职权范围内掌握的官方信息和文件为自己或他人或任何集团谋取利益，违者处以两年监禁；公务人员私人不得接受馈赠，但不值钱的纪念品，工作午餐款待，或出于不同文化背景拒收则会招致冒犯的情况不在此列；禁止上级向下级借钱；公务人员退休或辞职后，原则上不禁止在企业任职，即使"脱钩"，也不得泄露过去所掌握的文件或事实，否则以犯法论处；不得利用过去的关系谋取优惠；公务人员不得利用官方设备从事非官方的目的；公务人员不得行贿受贿，否则课以刑罚惩戒；公务人员不得为了晋升、调动或其他便利谋求别人的帮助，也不得为其他公务人员提供这种帮助；公务人员在工作中要厉行节约，避免铺张浪费；公务人员要爱护公物，对毁坏公物、盗窃公共财产、伪造窜改账簿、档案和报表者要处以 2~7 年监禁；公务人员不得冒充别人参加根据法令举行的考试，或在考试前不正当地得到或提供试卷。

建立公共事务公开制度。在澳大利亚，无论是政府机构还是议会，其工作运行都是公开透明的。公民可以自由地进入参众两院旁听议员们辩论。不能进入议会厅旁听的公民，也可以通过电视和议会网站实况转播，了解议会讨论的情况并进行监督。同样，法律也保证任何媒体记者有权进入议会厅，并对包括在议会质问时间内所进行的激烈争论，甚至颇为粗暴的提问等情况予以转播和广泛报道。行政机关所有不涉密的信息要对外公开。《联邦信息自由法》第三条规定，行政机关应该公布有关行政机关职能和任何信息的记录，以及任何存储或记录信息的物件。对公共事务中的关键环节都要公开。比如，政府机构不仅要制定政策，同时要向各级执行政策的部门解释为什么制定该政策。又比如财政预算报告全部公开，主要内容包括财政收入、支出和预算资金，财政报告标准和主要预算合计，联邦政府部门的财政陈述，联邦机构的统计数字，联邦和地方各级政府的近期财政动向，政府部门的财政历史数据，联邦政府和州、领地和地方政府间的关系，政府各部门向财政部报表的详细信息等。

建立财产申报制度。澳大利亚联邦议会为保证政府部长以上高官（政府部长均为议员）为政清廉，于1984年10月9日通过决议（此决议又经1986年2月13日和10月22日两次修改），规定议员必须登记本人、配偶及子女（指全部或主要依赖其供养的子女）的有关钱财的收益。登记表必须本人签字并注明日期。登记的项目包括股份、房地产、是否担任公司董事、债券和证券、储蓄和投资、价值5000澳元以上的其他财产、其他收入、礼品（指官方给予的价值250澳元以上的礼品，或非官方馈赠给议员的价值在100澳元以上的各种礼品）、接受旅行招待或款待、是何组织成员以及其他与议员公职可能发生冲突的任何好处。

建立金融和税号制度。在金融领域，1988年联邦政府建立了资金流动制度，规定凡是1万澳元以上的资金流动，金融机构要向国家管理机构报告。如果公职人员有大额度资金流动，无正当理由将被严重怀疑并受到追究。在税务领域，1991年建立了税号制度，规定每个人只能有一个税号，凡是在银行开户的人，不管开多少个账户，都要报自己的税号，以便将各个账户上的金额加以汇总。这既便于防止偷漏税款，又便于查核个人收入。公职人员大额资金收入不明，将会受到怀疑。在支付方式上，采用电子转账，不用现金结算，且所有的支付过程都记录在案，有据可查。如果公职人员有贪污贿赂行为，其非法收入是很难处理的，即便化整为零想存入银行，也会被发现有问题。依据财产申报法，公职人员的财产申报后，除本人的存款、股份和证券这几项不得公开外，其他收益和财产均可公开查看，接受有关机构和公众的监督。

建立对政府投资、财务、采购的控制制度。法律规定，超过600万澳元的投资必须经议会具体讨论。议会关注的重点不是固定资产投资本身，而在于投资能有什么贡献。如果说不清楚投资的实际意义，议会就不会通过政府投资。政府建立起完备的电子支付和资产管理系统，各部门根据预算购买物品时，很少使用现金，一般都通过财政部出支票，并在财政部报销，从而减少腐败机会。澳大利亚拥有较为健全的政府采购风险防控制度。针对政府采购拟定了指导方针，采购的每一步都有详细的法律指导和案例指导，要求所有公务员必须遵循。如果偏离了这个指导，就要把理由记录下来，同时要将采购全部过程都记录在文件上，比如多少人投标，投标人的情况，没有中标的为什么失败等。采购的细节要公开，如所有的商业机会、签署合同的细节、投标人失败的原因、核心采购政策和原则的执行等。根据需要，审计部门要介入采购过程，进行全过程审计。

## 5. 新加坡

新加坡是一个非常廉洁的国家。根据 2012 年透明国际公布的廉洁指数，新加坡排在全球第 5 名。为人所不知的是，历史上的新加坡曾是个腐败肆虐的国度。20 世纪 50 年代，新加坡公务员中的贪污问题十分普遍。在当时一起 40 万新元鸦片款被骗案的调查中，调查人员发现，警匪勾结，警察队伍中贪污问题非常严重。直至 1960 年，李光耀领导的人民行动党上台后，从制度预防和严肃惩治两方面着手，坚决惩治腐败，但即使如此，1986 年还发生了郑章远案。时任国家发展部部长的郑章远被李光耀总理视为密友，但根据反贪机构的调查，郑章远曾帮助一位开发商重新获得已被政府征用的土地，并帮助另一商人购买国家土地进行私人开发，从中两次收受贿赂达 100 万新元。案发后，郑曾经向李光耀写信求情，但被李光耀严词拒绝，郑最后羞愧难当而畏罪自杀。

为加强对权力运行的制约与监督，新加坡制定了一系列的制度。

严格的财产申报制度。新加坡《公务员守则和纪律条例》要求公务员必须在任职前申报个人财产，而在任职以后，如果财产有所变动，也应主动填写变动财产申报清单，并写明变动原因。申报财产的程序非常严格，首先要出具财产清单，到法院设置的公证处接受审查并有指定的宣誓官签名；然后把公证处的正本交由工作人员所属机关的人事部保存，副本则直接保存于法院公证处。申报财产的范围很广，既包括个人的动产、不动产，又包括银行存款以及股票证券等。此外，个人申报财产后还必须由反贪调查局核实。如若发现公务员财产与其实际收入不相符，且又不能说明其缘由者，将以其不当获利的嫌疑而受到审查追究。

严格的公务员选拔和考核制度。新加坡在公务员录用上实行严格的考核任用机制，杜绝人为影响，防止腐败现象。国家设有专门的公务员委员会，负责公务员的录用、任命和奖惩。公务员委员会直属于总统而独立于内阁，这就为它严格、公平选拔公务员提供了条件。新加坡制定了《公务员指导手册》共五卷，对政府各部门公务员不同的职务行为，从穿着、言行、奖惩、津贴、休假、保密到退休等方面都做出了明确、具体规定。如在官员举债方面，规定政府官员借给别人钱时，不准附带利息；在向别人借钱时不准以自己的职务为名，不得做交易。如果一个官员所负的债务已超过其 3 个月的工资的总和，则被视为陷于债务麻烦的官员，必须向其所属部门常任秘书报告。凡是陷于债务麻烦的官员或所填表格虚假者，都必须受到纪律处分，甚至被开除。在官员职务行为与私人事务的区分上，规定任何官员不准直接或间接地利用官方信息或官方地位为其私人谋取利益；不准直接或间接地利用职权，或允许他人利用自己的名义，为自己的企业和民间团体谋利；也不准参与各个团体的广告和出版物的活动。在官员投资方面，为了避免政府官员参与非法投机活动，规定政府职员不准直接或间接地拥有在新加坡营业的任何公司的股份或证券，但可以购买股票市场上公开挂牌的股票，也可以购买土地和住宅；严禁官员的子女利用父母的地位非法经商或营私；在官员兼职方面，规定官员在未经批准的情况下不得做兼职工作，如讲学（不得超过 6 小时）等；在收受礼品方面，规定除个人私交外，任何官员不得接受下级人员赠送的任何礼品，包括现金、物品和票券，也不得接受下级人员的邀请出席娱乐活动等。

完备的廉政法律制度。新加坡制定了完备的反贪法律、法规，做到有法可依。首先，在新加坡的宪法中，明确规定了对担任总统、总理、内阁成员和议员的条件，并对他们的行为，如不得经商等，做出了明确的规定；其次，制定了专门的行政管理法律《公务惩戒性程序规则》；最后，制定了完善的反贪污刑事法律。如 1960 年 6 月修订的《防止贪污法》对贪污受贿罪的构成、处罚以及起诉、审判等诉讼程序问题都作了较为详尽的规定。《防止贪污法》自 1960 年颁布实施以来，先后进行了 7 次修改，以适应新形势和新情况。该法除了规定各种利用权力或职务之便收受报酬的行为都是违法行为必须治罪外，还对什么是"报酬"作了详细的界定，以便严格执行和防止司法官员随意解释。该法还对官员如何处理那些无法推辞掉的礼品作了详细规定。根据《防止贪污法》，当公务员收到了无法推辞的礼品后，要赶快将它交给各单位负责处理礼品的负责人，如果受礼人想要保存礼品，则由专人估价后，照价收买。这既可防止公务员因为不懂得怎样处理各种无法推辞的礼品而失足，也使那些想借故无法推辞而有意接受各种报酬或好处的公务员无空可钻。《防止贪污法》加强对举报人的保护，积极鼓励和支持公众参与反腐败。《防止贪污法》第 34 条规定，对于触犯本法的犯罪，证人不得披露任何举报人的姓名或者住址，不得说明任何可能导致举报人暴露的情况；若有关证据或材料含有关于举报人姓名、特征或者可能导致其暴露的记载，法庭应将这类材料隐瞒，必要时予以涂去。此外，《公务员惩戒规则》是关于公务员行政处分的一部法律。该法详细规定了公务员委员会对尚不够刑事处分的公务员渎职和玩忽职守行为的调查和处理程序，弥补了《防止贪污法》的不足，使二者互为补充。

完备和严格的执法程序。为了规范惩治腐败的程序，新加坡在 1988 年颁布了《没收贪污所得利益法》，这是一部专门惩治腐败犯罪的程序法，用以补充和完善刑事诉讼法的有关规定。该法详细规定了法院在审理贪污犯罪案件过程中，发布没收贪污所得财产的命令的条件及其程序，以及没收贪污所得财产的范围，法院没收贪污所得财产的命令的执行程序等，具有很强的可操作性。《防止贪污法》还规定了不同于追究一般犯罪的新型证据制度，主要是包括贿赂推定、财产来源不明的证据、习惯证据、共犯证据与证人免责、贿赂人的证据效力等。

建立专门的反贪机构。贪污调查局是新加坡反贪污腐败的专门机构，也是《防止贪污法》的执行机关。《防止贪污法》对贪污调查局作了全面规定，并赋予其广泛的权力,特别是强化了其侦查权限和侦查措施,增大了执法的权威性。根据该法第 15 条至第 21 条的规定,贪污调查局享有特别侦查、无证搜查与强行搜查、对财产的查封扣押、检查复制银行账目、要求有关人员提供犯罪证据、要求嫌疑人说明财产来源、无证逮捕以及限制转移财产等特别权力。这些权力有的是法律直接赋予,有的则是通过检察官予以授权。贪污调查局的局长由总统任命,对总统负责,不受其他任何人的指挥和管辖。贪污调查局还经常检查政府机关执行公务的程序,以便堵塞漏洞;对容易发生腐败现象的部门人员进行定期轮换,也可以对这些部门进行突击检查,并且每隔 3 到 5 年全面检查防止贪污贿赂措施是否真正实施,从而有效地防止腐败案件的发生。

不仅有法可依,而且执法严正。新加坡对贪污罪的惩罚,并不是简单地体现在重刑化上,而是表现在对任何贪污行为都毫不姑息,贪污者必须为此付出极其惨重的代价。一旦公务员贪污罪名成立,会被立即清除出公务员队伍,而且其巨额公积金也会被全部没收,从而在政治上身败名裂,在经济上倾家荡产。新加坡的反贪执法做到"老虎""苍蝇"一起打。在新加坡,执法部门对政府机构及公共服务部门进行监督和调查时,对一切涉嫌官员,不论其名声多大,地位多高,一概严惩不贷,决不姑息。地位越高,处罚越重,不允许任何人享有法外特权。

## 6. 韩国

腐败一直是韩国历届政府领导人关注的焦点。从朴正熙政府的"庶政刷新运动"、全斗焕政府的"社会净化运动"到卢泰愚政府的"新秩序、新生活运动",他们都致力于反腐败。到金泳三总统执政期间,韩国的反腐败运动得到了进一步的发展。在就职演说中,金泳三宣布要通过全面改革建立一个所谓的"新韩国",而根除腐败是建立"新韩国"的先决条件。于是,金泳三把根除腐败作为主要施政目标,通过施行公务员财产登记和政府官员财产的公开、"金融实名制"、《公职人员伦理法（修正案）》等措施，惩处了一批腐败官员，许多政界高官（如前国会议长金存淳、朴浚圭，前国防部长李钟九、李相熏，大法院院长金德柱等）纷纷中箭落马。为了彰显反腐败的政治意志，在就任总统后的第一次国务会议上，金泳三表示，反腐败要从自己做起。第二天，金泳三就向社会公开了他和他的直系亲属的财产：他和夫人孙命顺、父亲金洪祚、长子金恩哲、次子金贤哲的不动产、汽车等价值为17亿韩元，约225万美元。他宣布，在5年任期内决不接受企业和个人提供的一分钱的政治资金。为了进一步推动反腐运动，金泳三促使国会于1993年5月20日通过了《公职人员伦理法修正案》，根据这一法律，从总统、政府总理，到各部长官、国会议员、地方议会议员、四级以上公务员、警长以上警官、校官以上军人、法院和检察院负责人和各大学校长等3万多名国家公职人员，必须于7月12日至8月11日一个月内进行财产登记，其中1100多名公职人员不仅要进行财产登记，还须将财产公之于众，须登记和公布的财产主要项目包括房地产、现金、存款、股票、证券和金银首饰等。但到了执政后期，金泳三推行的"清除腐败运动"也避免不了虎头蛇尾的命运。金泳三的儿子金贤哲在父亲任期末的1997年被查出受斗阳集团等企业的委托，并以活动费等名义收受66亿韩元，并逃掉14亿韩元赠与税，因此被检方起诉，被判处两年有期徒刑。无独有偶，继任总统金大中虽然力主整肃吏治，但他的三位"太子"也都以腐败而遭到调查。金大中有三个儿子，长子金弘壹2002年因收受1.5亿韩元非法资金的罪名被判有罪；次子金弘业2002年7月因涉嫌收受20多亿韩元非法资金和逃脱赠与税等罪名被拘留；2002年，三子金弘杰因涉嫌收受15亿韩元贿赂而遭到韩国汉城地方检察院关押候审。

韩国在曲折、漫长的反腐败进程中，经历了运动式治理和制度建设两个阶段。政府越来越重视权力运行的制度建设。这些制度主要包括公职人员行为准则和反腐败立法。

韩国自1981年制定国家公职人员财产申报和公开制度——《韩国公职人员道德法》以来，先后于1987年、1988年、1991年和1993年分别进行了四次修订。该法使公职人员、公职候选人的财产登记和财产登记公开予以制度化，同时对外用公职取得财产、申报礼品、退职公职人员的就业制定限制性的规定，目的是为防止公职人员不正当的财产增值，确保公务的公正性，确立公职人员的道德准则。该法第二章为财产申报公开，第三章为礼品申报，第四章为限制退职公职人员就业。主要内容是：第一，明确规定申报义务主体。该法将财产申报主体称为"申报义务者"，表明该法列举的十一个方面的国家公职人员有向有关部门进行财产申报是应履行的义务，带有严格的法律强制性。这些公职人员主要包括：总统、国务总理、国务委员、国会议员等国家政务的公职人员；地方各级政府首长和议员；四级以上国家和地方公务员；四级以上外交和国家安全企划部公务员；法官和检事；上校以上军官及与此相当的军务员；大专以上大学正副校长、院长；总警以上警察公务员等；政府提供经费的机构正副首长等；有关机关、团体中的高级职员以及根据国会规则、大法院规则以及总统令所指定的特定部门的公务员和公职有关团体的职员等。第二，明确规定登记对象及需登财产范围。登记对象即登记义务者，包括本人、配偶、本人直系亲属（已出嫁的女儿除外）；关于明确需登财产范围包括，不动产所有权、土地使用权和转卖权；矿产权、渔业权以及其他有关不动产规定所确定的可以使用的权利；动产、有价证券、债权、债务以及无形财产权。第三，明确规定登记时间和财产登记机关。一是公职人员在成为登记义务者后的一个月内，应登记成为登记义务者时的财产。二是法定登记机关共分十三种类型，例如：议员及国会所属公务员的登记机关为国会事务处；法官及法院所属公务员的登记机关为法院行政处；地方各级政府所属公务员的登记机关为各有关的地方政府等。第四，依法成立公职人员道德委员会。依法分别在国会、大法院、宪法裁判所、中央选举管理委员会，以及地方政府等设立公职人员道德委员会。道德委员会依法对财产登记对象的财产登记事项进行审查，并对其审查结果进行处理。第五，财产登记的公开。一是公职人员道德委员会对管辖下的登记义务者及其配偶、直系亲属的财产登记或变动事项的申报，应在申报期限结束后的一个月内，在官报或报上刊载，予以公开。二是欲成为总统、国会议员、地方自治团体首长、地方议员的人员，向所属选举管理委员会提出申报财产的申报书，所属选举委员会在候选人登记公告中，公开候选人申报的财产。关于礼品的申报，该法第三章也作了明确的规定：公务员、公职有关团体的任员和职员，接受外国或与其职有联系的外国人（含外国团体）的礼品，必须立即向其所属机关、团体的首长申报，并上交礼品。他们的家属接受外国或与公务员、公职有关团体任员、职员有职务上关系的外国人的礼品，按同样规定申报。规定申报的礼品，应立即归国库。

2001年7月，韩国通过《反腐败法》。该法的宗旨是"有效地预防和控制腐败行为，以便营造廉洁的公务和社会环境"。由于预防腐败是全社会的工作，需要明确社会各方在预防工作中的作用，才能收到实效，为此该法第3条至第7条规定了预防腐败工作中的各方面责任，包括公共机构的责任、政党的责任、私营企业的义务、公民的义务和"公职官员的净手义务"。公共机构的责任，包括四个方面：各公共机构应该履行职责，努力预防腐败，以营造良好的社会道德；基于教育和公开性之类的合理措施，各公共机构应该尽力提高雇员和公民的良知，以杜绝腐败；各公共机构应该主动地开展工作，以促进旨在预防腐败的国际交流；如果某公共机构认为，为了预防腐败，有必要消除法律上、制度上或行政措施上的不合理成分，或者改善其他事项，就"应当立即改善或纠正前述内容"。由于政党资金筹集和选举活动中的问题较多，政党在预防腐败方面关系重大，为此《反腐败法》第4条规定了在预防腐败中"政党的责任"：其一，按《政党法》登记的诸政党及其所属的党员应该努力营造廉洁和透明的政治文化；其二，政党及其所属的党员应该培植正当的选举文化，以身作则，以透明的方式筹集和使用政治资金。此外，还专条规定"私营企业的义务"：私营企业应该建立良好的贸易秩序和商业道德，并采取必要措施预防各种腐败。同时规定，每个公民都应全面配合公共机构及其所采取的预防腐败的对策措施。在"公职官员的净手义务"中，规定各公职官员应遵守法律和附属法规，公正地、热情地履行其职责，杜绝任何时期腐败或使其丧失人格尊严的行为。并提出规范公职人员行为的主张，认为应当禁止和限制公职官员接受任何与其职务有关人员的娱乐安排、金钱、物品等，禁止和限制公职官员利用职务之便，干预人事安排或特许事务，或者进行斡旋或游说他人进行斡旋的事宜。（王立峰）

党政干部书架

# 中央编译出版社重点推荐

《国家命运：反腐攻坚战》 邱学强、徐伟新、俞可平、袁曙宏等 26 名顶尖专家学者合著

《国家命运：中国未来经济转型与改革发展》 吴敬琏、厉以宁、林毅夫、高尚全等 32 位著名经济界顶尖学者合著

《生态文明建设概论》 贾卫列、杨永岗、朱明双 著

《国富新论》 翟玉忠 著

《中国超级经济》 （加）殷敬棠 著

《创新中国教育》 （加）江学勤 著

《谁在导演世界》 边 芹 著

《大国崛起之谜》 李召民 著

《默克尔新传：奋斗会让自已变得更强大》 王拥军 著

《朴槿惠新传：在苦难中微笑成长》 张俊杰 著

《李光耀新传：小国家走出来的大领袖》 王拥军 著

党政干部书架

# 中央编译出版社重点推荐

《毛泽东书法字典》（精装）叶兆银 编
《马克思恩格斯列宁哲学论述摘编》 中央编译局 编
《马克思主义经济学史》（1883~1929）（加）霍华德，（澳）金著 顾海良等译
《活着的马克思》 程建宁 主编
《国家底线》 俞可平 主编
《国平论天下》 国家网信办 主编
《大国前途》 于今 主编
《21世纪生态经济学》（美）赫尔曼·E·达利/小约翰·B·柯布 著
《涅槃与再生》（精装）乐黛云 著
《民主的阴暗面》（英）迈克尔·曼 著